U0443567

王阳明心学

知行合一的精妙心法

十年典藏升级版

王觉仁 著

贵州出版集团
贵州人民出版社

图书在版编目（CIP）数据

王阳明心学 / 王觉仁著 . -- 贵阳：贵州人民出版社，2024.4（2025.8 重印）
ISBN 978-7-221-17883-1

Ⅰ.①王… Ⅱ.①王… Ⅲ.①王守仁（1472—1528）－心学－研究 Ⅳ.① B248.25

中国国家版本馆 CIP 数据核字 (2023) 第 165241 号

WANG YANGMING XINXUE
王阳明心学
王觉仁　著

出 版 人	朱文迅
策划编辑	王晓坤
责任编辑	陈丽梅
装帧设计	颜森设计
责任印制	蔡继磊

出版发行	贵州出版集团　贵州人民出版社
地　　址	贵阳市观山湖区中天会展城会展东路 SOHO 公寓 A 座
印　　刷	三河市中晟雅豪印务有限公司
版　　次	2024 年 4 月第 1 版
印　　次	2025 年 8 月第 5 次印刷
开　　本	700 毫米 ×980 毫米　1/16
印　　张	20.75
字　　数	350 千字
书　　号	ISBN 978-7-221-17883-1
定　　价	59.00 元

如发现图书印装质量问题，请与印刷厂联系调换；版权所有，翻版必究；未经许可，不得转载。

自 序

通往心灵自由之路

近些年，以儒学为主体的中国传统文化，似乎受到了越来越多的提倡和关注。无论官方还是民间，组织还是个人，好像都已经意识到，要实现中华民族的伟大复兴，一个很重要的前提就是，复兴本民族的优秀传统文化。

然而，如何从传承数千年的博大精深的古老文化中，汲取今日国人所需的精神力量和生命智慧，却注定要比我们想象的困难得多。首先，卷帙浩繁、文义艰深的古代典籍会给我们造成极大的阅读和理解障碍；其次，因时代变迁所导致的思维模式、价值观念、生活方式、审美趣味等差异，也足以成为横亘在我们与经典之间的巨大鸿沟；最后，即便我们克服了上述困难，理解并接受了古人的某种思想，可如何让这种思想与自己的身心契合，并将其落实到日常生活中，却仍然是一件棘手的事情。

那么，有没有一种古人的学问，能够最大程度地帮助我们解决上述问题呢？

答案是肯定的，那就是王阳明在五百年前为世人揭櫫的心学。

给出这个结论，并不是说除了阳明心学之外，其他的儒、释、道思想和诸子百家的学问就不够高明或不合时宜，而是因为阳明心学不仅融合了儒、释、道的智慧，而且自其诞生之日起，便具有一种强大的经世致用的品格，并且直接诉诸个体心灵，因而最适于在日常生活中修学实践，也最贴近当下。这几年，阳明心学之所以能在沉寂数百年之后悄然重现，渐受国人青睐，或许正在于此。

"独阳明之学，简径捷易，高明往往喜之。"（严复）

所谓"简径捷易"，不仅意指阳明心学集儒、释、道之大成，而且揭示了其可操作性极强的根本特色。换言之，阳明心学不仅是一门"致广大而尽精微"的心灵哲学，更是一种"极高明而道中庸"的行动哲学。唯其如此，自明朝以降的五百年来，中国、日本、韩国等东亚各国的无数仁人志士和社会精英，才能从中汲取源源不绝的精神力量，练就一颗颗强大的内心，缔造一桩桩掀天揭地的事功。

"王学绝非独善其身之学。而救时良药，未有切于是者。"（梁启超）

"修心炼胆，全从阳明学而来。"（日本倒幕领袖西乡隆盛）

如果说在一百多年前，阳明心学给予世人更多的是一种挽救国家、民族于危亡的胆识、魄力和勇气，那么时至今日，它也必然能够给予我们无尽的智慧和力量，并引领我们走上一条内心强大的道路。

这条道路的起点，就是阳明心学的核心精神，亦即王阳明一生中反复致意、再三提撕的三个字：致良知。在阳明心学的语境中，良知有两层含义：一是与生俱来、人皆有之的道德意识；二是内在于人又超越万物的宇宙本原。

有必要指出的是，这里的"宇宙"并不是科学意义上的物质宇宙，而是哲学意义上的精神宇宙。对于物质宇宙的探索，源于人类固有的求知天性，而对于精神宇宙的叩问，则是来自人性中根深蒂固的终极关怀。生而为人，我们所拥有的生命和世界终归是有限的、短暂的、相对的，但与此同时，人类却始终在自己的灵魂深处仰望并追求着无限、永恒和绝对。由此，世界上绝大多数的宗教和哲学，才在各自的精神宇宙中建构了各自的本体，如基督教的上帝，佛教的真如，伊斯兰教的安拉，柏拉图的理念，康德的自在之物，黑格尔的绝对精神，老庄的道，孔孟的天，禅宗的本来面目，程朱的天理，等等。而在王阳明这里，能够生成天地万物且内在于人心的宇宙本体，就是良知。

王阳明教我们致良知，就是让我们当下体认这个精神本原，借此与他人、天地和万物建立一种广泛而内在的联结。如此一来，我们的生命就能获得一个牢固的基点，心灵就能得以安顿，从而确立人生的意义，展开富有价值的生活。用古人的话说，是谓"安身立命""本立而道生"。当然，相信宇宙有一个精神本质，并且相信人的生命有一个高贵而神圣的来源，是无法用科学手段验证的。因为这是一种信念，坚守这种信念并遵循这样的信念生活，就可以称为信仰。而信仰是既无法证明也无法证伪的，完全取决于每个人自己的选择：你可以认为生命在广袤无垠的宇宙中只是一种渺小而短暂的存在，人来到世上纯属偶然，活着也没什么特别的意义，无非就是吃吃喝喝、男男女女而已；你也可以认为生命的本原是高贵而神圣的，每个人来到这世上，都带有一种使命，就是让自己的人格得以完善，潜能充分发挥，进而为他人和社会创造价值，同时让自己获得一个快乐、幸福、成功的高品质人生。

当然，如果人生可以简化为上述命题的话，我想大多数人都会选择后者。因为避苦趋乐、避祸趋福是人性根深蒂固的自然需求。然而，以什么样的方式去满足这种人性需求，通过什么手段去追求快乐、幸福和成功，却并非不言自明，而是值得我们深入思考的问题。换言之，倘若我们采用的方式和手段存在缺陷，或者出现了方向性的错误，那么我们不但有可能在追求上述事物的过程中付出极大的代价，而且完全有可能走向反面：要么是疲于奔命、身心交瘁，却什么也没得到；要么是得到了某种意义上的成功，却丧失了快乐和幸福；或者就是在别人看来似乎什么都拥有了，自己却仍然感觉不安和不满足，甚至比尚未拥有之前更为茫然和困惑。

毋庸讳言，在当今社会，不少人其实已经不同程度地落入了上述窘境。

究其原因，最根本的有两点：

首先，我们太过于看重物质和金钱，以为快乐、幸福和成功都可以通过物质手段实现，从而导致了物质欲望的膨胀与精神生活的萎缩。今天，我们普遍被这种既定而单一的价值观念和生活方式所困，基本上丧失了选择的自由，似乎不敢再想象生活还有另外的可能。用美国哲学家马尔库塞的话说，这就叫"单向度的人"。

其次，我们太过于看重社会的评价和他人的眼光，以至于把自身的快乐、幸福和成功全部交予社会和他人定义，从而忽视了自己真正的心灵需求。而当流俗的价值观和大众的集体无意识合谋将每个个体绑架，我们的自我就迷失了，而我们的人格也会呈现出严重的"外倾化"特征。用现代新儒家梁漱溟先生的话说，这是一种"重心在外"的人生，而这样的人生很难体会到真正的快乐和幸福，即便你获得了某种"成功"，这样的成功或许也只是外界所定义的，不一定是你自己真正想要的。

当然，要在这个世界上生存，谁都不能没有物质和金钱。但是，问题的关键在于：物质和金钱仅仅是我们获得快乐、幸福和成功的必要条件，而非充分条件。也就是说，没有一定的物质基础，固然很难获得快乐、幸福和成功，但是有了物质基础之后，这些东西却不一定能够自动实现。原因在于，不管我们堆积了多少外部生活的资料，也不管别人对我们做何评价，最终决定我们是否快乐、幸福和成功的根本因素，还是我们自己的感受和体验。换言之，不仅是"快乐、幸福"这种偏于内在体验的事物通常需要心灵的健康，就连"成功"这种更多依赖外在条件的事物，也与完善的人格品质和强大的精神力量息息相关。

因此，要想获得心灵的健康、人格的完善和精神的强大，不再做一个单向度的、重心在外的人，我们就必须修行，必须致良知。

正如良知兼有两重含义（既是本体也是道德意识）一样，致良知之"致"，也兼有二义：一是体认，二是践行。本体可以当下体认，但道德人格的完善，却需要我们在生活中切切实实、一点一滴地践行。如果说前者更像是顿悟，那么后者可谓之渐修。

当良知作为本体的时候，它超越了世间一切二元对立的事物，因而也就超越了善恶，所以王阳明说"无善无恶心之体"；而当良知作为内在于人心的道德意识时，它却具有辨别善恶的功能，所以王阳明说"知善知恶是良知"。

我们在日常生活中的所思、所言、所行，通常不会有人来对我们做出道德判断，而我们自身往往也是疏于照看的。所以，总是要等到种种言行产生了或好或坏的结果，并直接或间接地回到我们自己身上，我们才会豁然有省。因此，如果想在生活中践行阳明心学，那么最紧要的入手处，无疑就是要在待人接物和行住坐卧的每一个当下，时刻保持良知在场。换言之，就是要对自己的所思所想、所言所行始终保持了了分明的观照和觉知——是者知其为是，非者知其为非，然后行其所当行，止其所当止。

这，就是致良知，也是中国传统文化儒、释、道三家关于修行的不二法门。

让良知在场，在有些人看来，也许会觉得是一种束缚，然而吊诡的是，我们目前看上去貌似自由的生活，恰恰受困于各种无形的枷锁：一方面，五光十色的时尚趣味诱惑着我们的感官，刺激着我们的欲望，令我们心甘情愿地成了"拜物教"的忠实信徒；另一方面，无孔不入的流俗价值观又侵蚀着我们的独立思考能力，让我们亦步亦趋地追随大众的思维方式和生活方式，渐渐迷失了自我。而致良知的修行，表面看上去像是一种"束缚"，实则恰恰是通往心灵自由的必经之路。之所以这么说，理由很简单：一个人首先必须有能力自主其心，然后才能得到心灵的健康，也才有资格获得心灵的自由。倘若我们缺乏自作主宰的能力，疏于照看自己的心灵和言行，那么我们就很容易被流俗的价值观绑架，被别人的眼光和评价左右，被自身的种种欲望和情绪困扰。试问，这样的人谈何自由？

此外，也许还有人会说，时刻让良知在场，做人会不会太累？

是的，从某种意义上说，修行的确不是一件轻松快活的事。其实，不光是修行，凡是生活中值得做的事情，比如学习、工作、创业，甚至经营婚姻、抚育孩子等，无不需要付出极大的心力，并且长时间坚持不懈。既然如此，那我们凭什么认为修习阳明心学就可以不必付出努力和心血呢？真正的修行，"须是一棒一条痕，一掴一掌血"，功夫方能得力。这两年，由于阳明心学渐获国人青睐，不乏有人出于追逐时尚或附庸风雅的动机，把阳明心学视同一般意义上的心灵鸡汤，或者当成廉价的成功学，乃至引为茶余饭后的谈资。如此种种，就算不是对传统文化的无知，至少也是对阳明心学的误读。

古代的禅宗大德常把修行喻为"火中生莲""大死大活"。可见，真正意义上的修行，必是一场脱胎换骨的人格转化，亦必是一场浴火重生的精神涅槃。

佛教禅宗的修行如此，阳明心学的修行何独不然？

毫无疑问，要想拥有健康的心灵、完善的人格与强大的精神，没有捷径可走，只能通过刻苦的修行。究竟而言，通往心灵自由的道路，绝非用鲜花和红毯铺就，而是以坚毅和勇气筑成！我相信，从这一刻起，只要你愿意为自己的生命负起责任，只要你愿意迈开脚步真实践履，那么久久行去，终有一日，你必定能够做到"从心所欲不逾矩"，也必定能够达到那个"良知全体呈现、心灵彻底自由"的境界。

2015年5月于福建漳州

目录

自序　通往心灵自由之路

第一章
圣人是怎样炼成的

王阳明身后，其心学由门人王艮、王畿、钱德洪等人发扬光大，遂成一代显学，深刻影响了此后五百年的中国思想史。从明到清，及至民国，无数政治家、思想家和仁人志士，都将王阳明奉为心灵偶像，对阳明心学推崇备至，并从中汲取了源源不绝的精神力量。

一　天才儿童的打油诗：常识不靠谱 / 003
二　何为天下第一等事 / 008
三　通往圣贤之路 / 012
四　做一个内心强大的人 / 017
五　理学对佛、道的复制 / 020
六　遗世独立的修道生涯 / 023
七　我找不着北：心学与理学的PK / 026
八　九死一生的贬谪之路 / 030
九　圣人们悟到了什么 / 034
十　龙场悟道：阳明心学的诞生 / 039

第二章
心是宇宙的立法者

既然"人心"与"天理"无二无别，并且这个"心"是天人合一、不分古今、充塞宇宙的，那么天下自然就没有心外之事、心外之理了。换言之，人格完善与自我实现的道路，并不在外，而就在你我的心中，就看我们敢不敢直下承担、愿不愿意真实践履了。

"决然以圣人为人人可到，便自有担当了！"

一　体认本心，掌握底层逻辑 / 046
二　唯一的成圣之道 / 049
三　忠于内心是强大内心的第一步 / 052
四　建构自己的"意义世界" / 055
五　有一种力量叫"知行合一" / 060
六　阳明心学＆量子力学 / 063

第三章
生活中的心学

心灵修行绝不是圣人悟道的专利品，也不是企业领袖引领时代的独门秘籍，而是所有普通人都可以做的事情。不管你的年龄多大，性别、身份、职业为何，就在日常生活的当下，你随时可以给自己打造一间"心灵密室"，踏上修行之路。

一　如何为成功"保鲜" / 072
二　重建一种"富有意义的生活" / 080
三　内心强大的真正秘密 / 084
四　尘世即净土，人间即天堂 / 091
五　心灵密室：成大事者的"独门秘籍" / 100

第四章
人生的智慧

要让自己能够日理万机而又保持身心泰然，能够用最少的精力处理最繁杂的事务，成为职场上的高效能人士，其秘诀就在于：只动脑，不动心。

民国时期的某位上海滩大佬，说过一段非常经典的话："上等人，有本事，没脾气；中等人，有本事，有脾气；下等人，没本事，有脾气。"

一　通权达变的智慧 / 110
二　练就一颗从容自在的心 / 115
三　做人之道："成色"比"斤两"更重要 / 121
四　人生中最高的精神价值 / 126
五　做你自己：别让生活变成一场秀 / 131

第五章
生命的重建

王阳明的学问之所以叫心学，禅宗之所以又叫"心地法门"，就是因为一切修行都是指向你的心，指向你的态度、观念、思想、人格。只要你的心能够做出转变，只要你的态度、观念、思想、人格都能像一个真正的觉醒者一样，那么当下你就醒来了。

一　心学&禅宗：修行就是"做减法" / 140
二　为人格补钙，让心灵吸氧 / 149
三　死亡的真相&生活的态度 / 156
四　本来面目：认识你自己 / 166
五　一堂心学课：找回心灵的快乐 / 176

第六章
致良知：开启正能量

生命中的许多事物，都是需要用心去体验的。头脑固然可以帮忙，但它绝对无法取代内心的体验。爱情如是，良知亦复如是。所以，在修行过程中，理性思维与直觉体悟就像车之双轮、鸟之双翼，只有二者并用，才能让良知彻底呈现。

一　良知的迷失＆道德的重建 / 190
二　正能量的开启、扩充、运用 / 200
三　正思维：一般思维的 2.0 升级版 / 204
四　我的良知我做主 / 208

第七章
修行，从当下开始

无论你是还在应试教育中苦苦煎熬的学子，还是已经在社会上拼得头破血流的职场中人，只要从现在开始认识你的天命、建立你的天命，找到你喜欢做并且擅长做的事，那么总有一天，你必然会与属于你的幸福和成功不期而遇！

一　格物：修行的入手处 / 216
二　诚意：改变自己，改变世界 / 222
三　工作就是修行 / 233
四　忍辱的境界：提升你的情商和逆商 / 242
五　天生我材必有用：认识你的天命 / 249

第八章
做自己的心灵导师

要想在这个浮躁喧嚣的红尘中获得自在解脱，只能从自性中求，而无法从外在的任何人、任何地方求。换言之，在这个世界上，唯一能够帮助你实现精神转化、开启正能量、提升生命境界的人，只有你自己。

一　超越苦难：建立你的内在自由 / 256
二　禅：住在你心中的导师 / 262
三　心灵世界的密码：良知四句教 / 271
四　什么样的人格，决定什么样的人生 / 280

附　录　一　王阳明年谱 / 289
附　录　二　阳明心学简明纲要 / 293
再版后记 / 313
新版后记 / 317

第一章
圣人是怎样炼成的

王阳明身后，其心学由门人王艮、王畿、钱德洪等人发扬光大，遂成一代显学，深刻影响了此后五百年的中国思想史。从明到清，及至民国，无数政治家、思想家和仁人志士，都将王阳明奉为心灵偶像，对阳明心学推崇备至，并从中汲取了源源不绝的精神力量。

明正德三年（1508年），暮春，西南大山深处。

如墨的夜空无星无月，就像一袭黑衣罩住了大地。远处群山层峦叠嶂，绵延无尽，仿佛一直延伸到了天边。

大风在苍茫林海间奔走呼啸，间或传来一两声凄厉的狼嚎。

一个烛光摇曳的岩洞里，摆着一副石棺。

石棺里坐着一个面容消瘦、须发蓬乱的中年男人。看不出他已经在这里坐了多久，或许是一个时辰，或许是几十年。

岩洞一侧有几张石床，几个年轻的仆从睡得正香。

此刻，整个世界都睡得很香。

不，应该说，这个世界一直都在睡梦之中。万古长夜，举世梦梦，有谁能守着"吾性自足"的一点灵明，从生至死都睁着他的心眼？混浊世间，人欲滔滔，有谁能守着纯然天成的"赤子之心"，在滚滚红尘中拒绝沉沦，昂首向天？

夜半时分，在毫无征兆的情况下，男人突然睁开双目，从石棺中一跃而起。让人诧异的是，在他瘦削苍白的脸庞上，居然有一双如电如炬的眸子。那里面，似乎蕴含着一股充沛浩荡、无穷无尽的生命能量。很难想象，在生存条件如此恶劣的环境中，在这个人迹罕至、几乎已被文明社会遗忘的犄角旮旯里，一个人身上还能保有如此强大的生命力。这至少说明，在这个男人的内心深处，一定挺立着一种不被物夺、不为境转、不与俗世同流、独与天地相通的精神力量。

此刻，这个男人似乎进入了一个寻觅已久却始终不得其门而入的极乐之地，又像是进入了一个廓然无碍、全体光明、物我两忘、能所双亡的天人合一之境。只见他呼啸跳跃，手舞足蹈，摇头晃脑，状若癫狂。仆从们被惊醒了，一个个睁着惺忪的睡眼，直愣愣地看着眼前这一幕——主人莫不是疯了，这三更半夜的鬼呼鬼叫什么呀？！

仆从们当然看不明白。他们自以为已经醒了，实则仍然活在浑浑噩噩的梦中。

因为，他们从来不懂得睁开自己的心眼。

一 天才儿童的打油诗：常识不靠谱

众所周知，这个在深山岩洞中一夕大悟的人，就是王阳明。他悟道的这个地方，名叫龙场驿，位于贵州西北的万山丛棘之中。上面这一幕，就是中国思想史上光芒万丈的一页——龙场悟道。

王阳明，名守仁，字伯安，浙江余姚人，生于明成化八年（1472年），卒于明嘉靖七年农历十一月二十九（1529年1月9日），因曾在越城（今绍兴）会稽山的阳明洞隐居修道，又创办过阳明书院，故世称阳明先生。

据《明史·王守仁传》记载，王阳明出生那天，祖母岑氏梦见一群天神驾着五彩祥云，浩浩荡荡从天而降，云中还有仙乐飘飘。为首的神人怀里抱着一个婴儿，降落在王家门前，然后径直走了进来，把婴儿交给了岑氏……

岑氏猝然惊醒的时候，恰好听见王阳明呱呱落地的第一声啼哭。祖父竹轩公听说此梦，心想既然是天神驾云送子，刚刚出生的孙子就起名为"云"吧。后来，王阳明出生的那座楼，便被乡亲们称为"瑞云楼"。

天神送子，着实让王家人高兴了一阵子。

可是，随着小王云慢慢长大，愁云却渐渐笼上他们的心头。因为孩子从出生直到五岁，居然没有开口说过一句话！看孩子平日的表现，既不像聋哑，也不像痴呆，可他为啥就是不说话呢？

王家人百思不得其解。

王云五岁的一天，奶娘带他在门口玩，一个游方和尚经过，无意中听到奶娘喊王云的名字，忽然放慢脚步，走到王云跟前，摸了摸他的头，然后莫名其妙地说了一句："好个小儿，可惜道破。"说完便飘然而去。

可惜道破？这是啥意思？

王家人上上下下抓破脑袋，却没一个想得明白。要说还是竹轩公他老人家见多识广，只见他眉头紧锁，捋了半天胡子，然后大腿一拍，高声道："给云儿改名字！"

这孩子既然是天神驾云送来的，那么给他起个"云"字，显然是泄露了天机，大大不妥，所以和尚才会说"可惜道破"。当天，竹轩公便给孩子改名"守仁"。

"守仁"二字，源出《论语·卫灵公》："知及之，仁不能守之；虽得之，必失之。"奇妙的是，就在改名的当天，王守仁居然真的就开口说话了，而且不鸣则已，一鸣惊人，不但日常用语对答如流，还把"四书五经"中的好多圣贤之言一口气都给背了出来。

王家人全被镇住了。

竹轩公满脸惊愕地问守仁："乖孙儿，你这都打哪儿学来的？"

守仁答："以前我虽不说话，但是您和父亲读书的时候，我都暗暗记下了。"

竹轩公闻言，不禁大为惊喜。

王守仁十岁那年，父亲王华赴京参加会试，喜中贡士，后参加殿试，高中状元，随后就在越城（王家祖籍）盖了新房，从余姚举家搬迁至此。次年，王华又写信让全家人搬到京城。竹轩公带着王守仁上路，经过金山寺时，与几位老友把盏叙旧，席间自然是要吟诗助兴。竹轩公那天心情好，喝得有点儿高，脑子晕乎乎的，结果拿着笔在那儿憋了半天，愣是一个字都没憋出来。小守仁见状，就伸手跟祖父要笔。竹轩公迟疑地把笔递过去，说："孺子也能作诗？"守仁不答，接过笔去，略微沉吟，就洋洋洒洒地写了起来：

金山一点大如拳，打破维扬水底天。

醉倚妙高台上月，玉箫吹彻洞龙眠。

小守仁一挥而就。竹轩公和那些满腹诗书的老友赶紧凑过去看。一看之下，满座皆惊。因为此诗的意境之虚旷高远、想象之瑰丽宏阔，不要说虚岁才十一的黄毛小儿，就是这些平生以名人雅士自诩的老儒，也不见得写得出来。

竹轩公犯窘之际幸得孙儿解围，不仅没丢脸，还捞足了面子，心里着实窃喜不已。

宴席结束，众人提议到附近的"蔽月山房"去乘凉赏月。竹轩公欣然应允，带着守仁前往。到了地方，老人家忽然来劲儿了，就问守仁，能不能对着眼前的长空皓月、云影山色再来一首诗。

守仁乖巧地点点头，然后眨巴眨巴眼睛，望望月亮，看看山峰，又一首诗脱口而出：

山近月远觉月小，便道此山大于月。
若人有眼大如天，还见山小月更阔。

平心而论，此诗由于是即兴之作，未经推敲，难免有些"打油"味道。但是，这首诗的可贵之处，并不在于辞藻和意境的优美，更不在于格律的工整妥帖，而在于它那与众不同的角度，以及颇具"相对论"意味的思维方式。

小守仁这首诗，是基于这样的一种思考：

世人对事物的认识，普遍受限于所处的位置和观察的角度，所以人们对事物所做的判断是值得怀疑的。比如，观察者坐在山中，便会觉得身边的山很大，天上的月很小；但是，假设有一个观察者能够站在天上观察，就会发现其实山很小，月亮很大。那么，到底哪一种判断为真呢？换句话说，事物的本质又是什么呢？

鉴于小守仁的年龄和所处时代的局限，我们不能指望他给出正确答案。但至少，小守仁通过他的思考给了我们这样一个启发：人的认识能力是有限的，对事物的感知是相对的，所以我们的很多常识其实是经不起推敲的。因此，一个人要想活得明白，首先必须学会怀疑，其次学会独立思考，这样才不会在社会和他人灌输给我们的错误观念中稀里糊涂地过一辈子。

从这首打油诗中，我们不难发现，其实从一开始，王阳明对这个世界的认识就带有很强的主体性和怀疑论色彩，完全不同于人云亦云的流俗之见。因此，与其说这是一首诗，还不如说是一篇充满哲学思辨的小论文。若用现代哲学语言表述，完全可以写成《论人的认识能力的有限性与相对性》，或者《知觉与现象：论事物本质的不可知》。

其实，稍微翻一下西方哲学史，我们就不难找出与王守仁相似的观点。如西方怀疑论鼻祖皮浪就认为，对于世界上的任意一种现象，我们都不能说它是什么，只能说它显得是什么或看起来是什么。皮浪举例说：蜜对我们显得是甜的，但它本质上是否也是甜的，却是一件可疑的事情，因为这不是一个现象，而是一个关于现象的判断。

再如，罗马时期的怀疑论者爱那西德穆，就曾针对人的认识能力的相对性，提出了著名的"十大论式"。其中一条，简直就是王守仁这首《蔽月山房》的翻版。他说："同一事物因距离、位置等的不同而显得不同。大的显得小，方的显得圆，直的显得曲，远看平整的山峰近看却犬牙交错。因此，离开地点和位置，要认识这些事物是不可能的。它们的本性是不可知的。"（苗力田主编《古希腊哲学》）

如果大家对这两位古代哲人还比较陌生，那么大名鼎鼎的康德总听说过吧？事实上，康德也是基于同样的思考，才构建起了"三大批判"的哲学王国。

康德哲学的基点之一，就是这句话：我们只能认识事物对我们的表现，而不可能认识事物本身。但是，康德并未因此陷入不可知论。事实上，正是从人的认识能力的有限性出发，康德才把事物划分为"表现"和"事物自身"（物自体）两个方面。

康德认为，正如事物具有两面性一样，人也具有二重性：一方面，人是"自然存在物"，必须服从自然法则；另一方面，人又是"理性存在者"，可以遵从理性法则行动。作为前者，人受制于普遍必然的自然法则，比如饿了就要吃饭，从二十楼跳下必定玩儿完；可作为后者，人却拥有意志自由，亦即拥有实践道德的自由。

打个比方，假如你是一个被捕的间谍，敌人要你供出上级，这时候如果你只是一个"自然存在物"，为了保命你当然会把所有情报都供出去；可作为一个"理性存在者",你却可以为了你的信仰,为了保护更多的人而牺牲自己,宁可饿死或跳楼也不招供。

这就是人的自由意志,也是人的价值和尊严之所在。在康德看来,人因为自身的有限性,所以要敬畏无限的宇宙,敬畏自然法则;人更因为主体的能动性,所以要让理性为自身立法,并且敬畏内心的道德法则。

当然,王守仁这一年周岁才十岁,相当于刚上小学四年级,虽然属于不世出的天才儿童,但也不可能像康德老师走得那么远。换言之,王守仁对常识的怀疑,只是出于他早慧的天性,不可能有什么成熟的理性思考。可单单这点早慧的天性,已经是同龄人甚至是同时代人所远远不及的了。从这个意义上说,王阳明日后之所以能冒天下之大不韪,对官方意识形态"程朱理学"发出强烈的怀疑和批判,并颠覆其"格物穷理"(于事事物物上求理)的思想,进而在此基础上建构一套"心外无物""心外无理"的心学理论,其实在此已经露出了端倪。

听完小守仁别出心裁的打油诗,竹轩公的老友们大为叹服,纷纷说:"令孙这么聪明,将来定当以文章名天下。"

没想到竹轩公却得了便宜又卖乖,淡淡笑道:"文章小事,何足成名?"

这话乍一听很谦虚,其实往深了想,一点儿都不谦虚。因为这话暗含着老人家对宝贝孙儿的高度期许。也就是说,他很可能已经相信孙儿日后不仅会名扬天下,而且远不止靠文章成名。

事后来看,竹轩公此言确实不算吹牛,因为有明一代,甚至迄今五百年间,要再找出一个像王阳明这样在"立德、立功、立言"三方面都达标的全能型天才,确实无从寻觅。

二　何为天下第一等事

守仁之父王华状元及第后，被授予翰林院修撰，功成名就，前程似锦，可谓同辈中的牛人。为了让儿子将来跟自己一样牛，王华煞费苦心地选择了京师最好的一家私塾，把他送了进去。

不料，天才儿童王守仁进了重点中学，却摇身一变成了问题少年，其表现不仅让老师大伤脑筋，更是让王华大失所望——王守仁不但上课不专心听讲，放学不爱做作业，而且时常翘课，跟他的状元老爸根本不是一个德行。

想当初，守仁之父王华七岁的时候，有一天在家里读书，碰巧外面举行迎春踩街活动，锣鼓喧天，万人空巷，附近的孩子个个都往街上跑，唯独他抱着一本书端坐不动。其母岑夫人不忍，就让他出去玩一会儿，回来再读，没想到王华头也不抬地说了一句："观春不若观书也。"把岑夫人感动得眼泪哗哗的。

后来，王华进了私塾。有一天在上课，正逢当地新县令上任，少不了敲锣打鼓招摇过市。仪仗队从门口经过时，全班同学都跑出去看热闹，只有王华仍旧坐在座位上，还故意拿着一本书大声朗诵，声音都传到了门外。老师赶紧制止他："小点儿声，你就不怕知县大人怪罪吗？"王华答："知县也是人，有什么好怕的！何况我是在读书，谁敢怪罪我？"一句话把老师噎得够呛。

常言道，龙生龙，凤生凤。可身为状元的王华怎么也想不通：自己的儿子咋就不喜欢读书呢？

要是你认为，王守仁天资聪颖，自然厌恶应试教育，所以他翘课肯定不是去玩，而是为了进行独立思考，比如坐在一棵大树下，反思教育体制的弊端、参究宇宙人生的真相什么的，那你就错了。

王守仁翘课只有一个目的——玩。

准确地说，是玩打仗。

每当同学们跟着老师摇头晃脑之乎者也的时候，王守仁就会偷偷地从后门溜出来，跑到街上，招呼一大帮没事干的小孩儿，把他们分成四队，分立东西南北四方，还发给每队一面特制的小旗子，然后自己当大将，站在正中间，指挥各队列阵、奔跑、穿插、变阵等，搞得整条街鸡飞狗跳，尘土飞扬。

可是这一天，当王守仁正玩得兴起的时候，手下的四队人马却忽然安静了下来，一个个都变成了木头，而且眼睛都盯在了他的头部后上方。守仁下意识地转过身去，然后就看见了他老爸那张早已铁青的脸。

王华指着他的鼻子大骂："咱家世代以读书为业，你搞这些乌七八糟的玩意儿想干吗？"

守仁镇定自若地抹了一把脸上的尘土，问："读书有何用处？"

王华道："读书能当大官，就像你老子我，之所以能中状元，都是读书之功。"

守仁眨巴眨巴眼睛，又问："父亲中状元，子孙后代都会是状元吗？"

王华道："你小子想得美，只有我这一代而已，你要想中状元，就给我认真读书！"

守仁扑哧一笑："只有一代，那这状元也没啥稀罕的嘛！"

王华大怒，挽起袖子要揍他。守仁慌忙抱头，一溜烟跑了。

王守仁说状元没啥稀罕，倒不完全是想恶心他父亲，而是他心里确实是这么想的。

几天后，学校老师听说王守仁当众顶撞他父亲，就找他单独谈话，语重心长地讲了很多孝亲的道理。最后，老师说得口干舌燥，守仁也听得哈欠连天。

老师拿他没辙，只好悻悻闭嘴。

守仁伸长四肢活动了一下筋骨，忽然问："人活着要做什么，才是天下第一等事？"

老师又惊又喜，觉得这孩子总算开窍了，赶紧说："读书登第，光宗耀祖，便是天下第一等事。"

守仁很认真地想了想，然后摇了摇头，蹦出这么一句："魁科高第时时有，岂是人间第一流！"

老师登时气结，冷笑了半天，斜着眼睛问他："那依孺子之见，以何事为第一？"

守仁不理会老师的揶揄，很郑重地说了八个字："唯为圣贤，方是第一。"

一个成天吊儿郎当的问题少年，竟敢奢谈圣贤，真是滑天下之大稽！老师摇头苦笑，随后就把这话告诉了王华。

王华一听，也是又好气又好笑，说："孺子之志，何其奢也！"

这话要放在今天，就得这么说："就凭你小子也想当圣贤，简直是扯淡！"

当然，此刻的这位状元公绝对想不到，若干年后，王守仁不仅一不留神就成了圣贤，而且是整个中国乃至整个东亚此后五百年间的第一流圣贤！

站在今天的角度来看，守仁说他老爸那个破状元没啥稀罕，还真没冤枉他。道理很简单：要是没有他儿子王守仁，后世有谁会记得他这个大明成化十七年（1481年）的状元郎王华呢？

今天，要是你的孩子对应试教育不太适应，考试成绩不太理想，请你不要过于责备他，也不要一味地给他施加压力。因为，高考状元年年有，几人成为第一流？在应试教育的模式下成长起来的高考状元，如果不具备核心竞争力，没有养成终身学习、终身成长的习惯，那么大学毕业后也可能一无所长。

可见，决定一个人最终能否成功的关键因素，并不是他的读书成绩或毕业文凭，而是他内心有没有一个属于自己的远大志向，以及为之付出不懈努力的决心。

王守仁经过老爸的多次训斥和老师的多次教育后，仍然恶习不改，天天只想着玩。正当大人们对这个问题少年即将失去信心的时候，一件偶然的事情，彻底改变了王守仁。

有一天，守仁又翘课了，在市场上瞎溜达，看见一个小孩儿在卖鸟，就凑过去问价钱，可问完价钱，掏掏口袋却不够数。守仁眼珠一转，就让那小孩儿先把鸟给他，回头再送钱过来。那小孩儿可不傻，坚持一手交钱一手交货。王守仁顿时怒从心头起，恶向胆边生，伸手就要去抢。那小孩儿也不甘示弱，马上跟他比画开了。

就在这时候，一个算命先生从他们身边经过，无意间瞥了王守仁一眼，忽然停住了脚步。此人精通麻衣神相，当他看到王守仁的相貌时，心里马上跳出一个念头：此子他日大贵，当建非常功名。

算命先生当即把鸟买下，送给了守仁，然后慈爱地抚摸他的脸，意味深长地说了几句话："小朋友，记住我下面的话——日后，当你的胡须长到领口时，你就入了圣境；当胡须长至丹田，你就结了圣胎；当胡须长到丹田以下，你就结成圣果，功德圆满了。"

临走之前，算命先生又叮嘱了一句，就是最后这句话，把王守仁从一个问题少年彻底变成了"三好学生"。他说："小朋友，你一定要读书自爱，我所说的话，将来必定应验！"

王守仁一心想当圣贤，所以深深记住了算命先生的话。从此，街上少了一个呼朋引伴、嬉戏无度的孩子王，而课堂上却多了一个"潜心诵读、学问日进"的好学生。

王守仁脱胎换骨、重新做人的故事告诉我们：如果你要教育你的孩子认真读书，千万不要把自己的期望和目标强加给他，然后告诉他读书就是为了实现这个、实现那个。这样的教育必然是失败的，就像守仁他老爸和老师屡屡把当状元的目标强加给他，结果只能惹来他的排斥、反感和耻笑一样。

聪明的父母和老师，就应该学习算命先生，去发现孩子内心真正的期望，或者通过真诚而有效的沟通，帮助他设定自己真正想要实现的目标，然后鼓励他去实现。这就够了，剩下的事情就靠他自己了。

正如佛陀所说："如世良马，见鞭影而行。"成功的教育方法，就应该像一个有经验的车夫驾驶马车那样，想让马快跑，既不在前面猛拽缰绳，也不在马屁股上狠抽鞭子，而是在马的耳边，给它一记清脆而恰到好处的鞭响。如果真是宝马良驹，自然会奋蹄飞奔，一往无前。换句话说，高明的人，都会把鞭子抽在心上，而不是抽在屁股上。

三　通往圣贤之路

　　光阴荏苒，转眼王守仁就十五岁了。这一年，他独自离开京城，骑马游历了长城，先后登临居庸关、紫荆关、倒马关（明称"内三关"，为京畿屏障，乃兵家必争之地）。

　　伫立在巍峨雄壮、地势险峻的关城上，王守仁极目远眺，只见群山苍莽，峰峦叠翠，岩溪在涧谷中潺潺奔流，苍鹰在高天上自在翱翔，而长城则像一条蜿蜒伸展的巨龙，霸气十足地横卧在天地之间。

　　霎时，一股指点江山、驰骋天下的豪情壮志陡然溢满了他的胸膛。

　　史称王守仁这次游历，一路考察风俗民情，凭吊古战场，思考御边之策，"慨然有经略四方之志"。其实，早在游长城之前，年仅十四岁的王守仁便成天"习学弓马，留心兵法"，读遍了所能找到的古代兵书，而且逢人便说："儒者患不知兵。仲尼有文章，必有武备。区区章句之儒，平时叨窃富贵，以词章粉饰太平，临事遇变，束手无策，此通儒之所羞也。"由此可见，此时的王守仁虽然早已从贪玩厌学的顽童变成了认真读书的好学生，但是天性中固有的尚武任侠之气，却一刻也没有从他的生命中消失。

　　自宋朝以降，中国士大夫普遍养成了一种"无事袖手谈心性，临危一死报君王"的陋习，平时谈玄说妙、讲经论道，对经世济民的实用之学不屑一顾，一旦社会动乱或外寇入侵，便只能悬梁投井，一死了之，以最愚蠢、最悲哀的方式为旧王朝殉葬。至于那些本来就只把圣贤之道挂在嘴上的假道学，就更不堪了，一遇危难立马变节，连尽忠效死都做不到。

对于这些百无一用的腐儒和口是心非的假儒，王守仁从少年时代起便深恶痛绝，因而才会以"通儒"自励自勉。

所谓通儒，就是能够将"经济之学"（经世济民之学）与"心性之学"（尽心知性之学）融贯为一的符合孔孟精神的真儒。换言之，通儒的标准，就是德行与事功二者兼备、思想与行动毫无脱节。日后，王守仁之所以力倡"知行合一"之教，便是希望以此活泼刚健、浑然一体的真儒精神，疗救那种空疏支离、浮躁虚伪的时代病。

事实上，王守仁从小就不是一个光说不练的孩子，刚一立志要当文武双全的通儒，他就准备甩开膀子上战场了。当时，由于北方各地爆发严重旱灾，官府救灾不力，导致民变蜂起。如京畿地区的石英、王勇，陕西地区的石和尚、刘千斤等，集合了盗贼在周边地区作乱，声势都搞得很大。而各地官兵多是酒囊饭袋，无力围剿，只好任由他们在眼皮底下攻城拔寨，抢钱抢粮。

眼看盗匪如此猖獗，以天下为己任的王守仁当然不肯坐视，于是便去找他老爸，说准备跟同学们联名上书，请求从军，还说只要朝廷给他壮士一万人，便能"削平草寇，以靖海内"云云。王华听了半天，只给了他这么一句："你脑子有病啊？满嘴跑火车，找死啊你！"（"汝病狂耶？书生妄言，取死耳！"）

王守仁的一腔热血就这样被浇灭了，从此一个字也不敢再提。

当然，王守仁并未放弃自己的通儒之志，他只是小心翼翼地把它收藏起来而已。

许多年后，当王守仁在南赣、江西、广西等地接二连三地平定叛乱、"削平草寇"之时，我们仿佛仍然可以看到当初那个立志要当通儒的倔强少年的身影。

弘治元年（1488年），十七岁的王守仁听从父亲之命，到江西南昌与一位姓诸的远房表妹完婚（岳父诸养和是他的表舅，也是王华至交，时任江西布政司参议）。可就在新婚之夜，王守仁干了一件让所有人都哭笑不得的事——他把新娘子一个人扔在洞房里，跟大伙儿玩了整整一夜的躲猫猫。

要问守仁兄这一夜是怎么过的，说来好笑，他是跟一个九十多岁的老道一块儿过的。

其实，守仁兄也不是故意要放新娘鸽子，他这么做，实在是无心之失。

话说结婚这天，宾客们吃过喜宴，闹过洞房，就各自散去了。王守仁陪新娘子坐了一会儿，感觉有点儿气闷，就想到外面呼吸一下新鲜空气，没想到在后花园里走着走着，竟信步走出了官署，然后也不知怎么七拐八弯，就来到了一处道观前。

王守仁仰头一看，上书"铁柱宫"三个大字。

当时，守仁兄正对静坐修道十分着迷，所以也不管它是什么宫，抬脚就走了进去。

一进门，就看见一个庞眉皓首的老道正在盘腿静坐，端的是一派仙风道骨，周围气场那可不是一般的强大。守仁兄欢喜得紧，连忙过去搭讪。老道仿佛预料他会来一样，很自然地跟他聊了起来。

谈话中，老道自称无为道人，说今年已经九十有六。王守仁看他精神矍铄，声若洪钟，精神头儿比年轻人还要健旺，心里大为叹服，料其必为得道之人，当即向他请教养生修道之法。老道也觉得跟这个年轻人挺投缘，便将平生所学倾囊相授。

于是，这一老一少就这样进入了一个忘我之境——不知今夕是何年，不知此地是何乡；不知日薄西山倦鸟归巢，亦不知东方既白残月渐隐；忘却了一切人间纷扰，也忘却了所有尘缘俗念……

王守仁这边浑然忘我，却苦了那个在洞房里傻坐了一夜的新娘子——本以为春宵一刻值千金，却只能独守空房到天明。

拂晓时分，新娘子再也熬不住了，就去告诉了她父亲。

诸大人一听，顿时又惊又怒。新郎官竟敢在洞房之夜玩失踪，这算哪门子事儿？！

诸大人立刻派出衙役全城搜索，最后终于在铁柱宫里，把那个浑然忘却人间事的王守仁给逮了个正着。

问明了事情原委，诸家父女才长长地松了一口气。还好，人家新郎官只是热心求道，不是去干什么见不得人的事儿，那就原谅他这一回，下不为例。

次年，王守仁携新婚妻子返回越城。路过上饶时，特地去拜会了当地大儒娄一斋。娄大师是程朱理学的忠实信徒，他热情地接待了王守仁，向他讲解了一番朱子格物致知的大义。王守仁深有感悟，尤其是最后一句，更是让他受用终身。

娄大师说："圣人必可学而至。"

就是这句话，从此照亮了王阳明的圣贤之路。如果说，少年时代的王守仁向塾师追问"第一等事"，还只是出于一种自发而模糊的生命本能，那么现在受娄一斋启发而树立的"学为圣贤"之志，则无疑是一种自觉而坚定的精神追求。此后，每每端居静坐，王守仁常自忖过去的种种谐谑豪放之过，猛下了一番克己改过的功夫。

有了无为道人的修身养性之法，加上程朱理学的格物致知之义，王守仁就像一个得到了两大门派武功秘籍的高手一样，在"学为圣贤"的道路上突飞猛进、一日千里。

弘治五年（1492 年），二十一岁的王守仁乡试中举，随即赶赴京师，准备参加来年春天的会试。在复习备考期间，王守仁把能够找到的朱熹的书全部通读了一遍，然后苦思朱子的"格物穷理"之意。一天，他坐在窗前读书，看到一句话，"众物必有表里精粗，一草一木，皆涵至理"，然后一抬头，恰好看见后院那一片青翠葱郁的竹子，忽然有了想法。

第二天，王守仁拉了一个姓钱的同学，准备按照朱子所讲的道理开始格物。他要"格"的对象，就是后院的那丛竹子。既然朱圣人说"一草一木，皆涵至理"，那他就非要把竹子里头的天理格出来不可。

接下来，两个年轻人啥事儿不干，从早到晚就死盯着那丛竹子。就这么盯了三天，钱同学实在扛不住了，两眼一黑，歪倒在地。王守仁暗骂他不中用，让下人把小钱抬下去灌参汤，然后一个人继续格。

四天，五天，六天……

人家耶和华都把一个世界造好了，可王守仁愣是没从竹子里格出一丝天理来。到了第七天，耶和华收工休息去了，守仁的格物工作也终于有了结果。这结果跟小钱同学如出一辙——王守仁两眼一黑，脑袋一歪，人事不省了。

当然，天理还在乌有之乡，没跟守仁打半声招呼。

"格竹子"的彻底失败，让王守仁对朱子的格物之学产生了前所未有的惶惑和怀疑：几根竹子就格掉半条命了，我还拿什么去格万事万物？！

当然，此时的王守仁还不敢把这种怀疑公然表达出来，他只能用"圣贤有分"（当圣贤也要看有没有天分）这样的话来安慰自己。

平心而论，王守仁用这么生猛的办法格竹子，实在是误解了朱子的本意。朱熹的格物穷理，意思是要通过对自然界和社会生活中事事物物的观察、思考和研究，认识到其中蕴含的永恒而普遍的"理"。这个理有两层意思：一是指事物的条理、规律、准则，二是指生成天地万物的宇宙本体。虽然"理"很抽象，但只要居敬存诚，穷究不已，等到用力久了，功夫深了，自有豁然贯通的一天。

不难看出，程朱理学走的是渐悟的路子，而心性刚猛的王守仁则不自觉地用了佛教禅宗的顿悟法门，企图毕其功于一役，从几根竹子格出天理，其结果当然只能是两眼一黑，脑袋一歪，被抬下去灌参汤了。

虽然格竹子格出了笑话，但是王守仁这种拼命三郎的劲头还是值得表扬的。因为，圣贤事业不同于做生意，并非每一笔投资都马上要有回报。毋宁说，它更像是科学实验，每一次失败，都是向成功靠近了一步。换言之，就是在王守仁如此用功的当下，其精神境界就已经非常人可及了——即便尚未超凡入圣，也已经与流俗迥然不同。

四 做一个内心强大的人

弘治六年（1493年）春，王守仁参加会试，不幸落第。弘治九年（1496年），他第二次应试，再度落榜。一些跟他一样好几年没考上的同学深感沮丧，都以寒窗十载却屡屡落第为耻。王守仁说："世以不得第为耻，吾以不得第动心为耻。"

同学们一听，不得不佩服王守仁的涵养。

古人所谓的涵养，放在今天来看，其实就是内心强大。所谓"动心"，是指一个人因外在的遭遇而产生了负面情绪，然后又让这种情绪左右了心态。所以，王守仁说他"以不得第动心为耻"，就是指无论有没有考上，他都不动心，一旦动心，对他而言就是一种耻辱。换言之，在王守仁看来，科举的失败并不算失败，只有因这种失败而引发挫折感，进而导致内心痛苦和烦恼，才是真正的失败。

一言以蔽之，"不动心"就是要求一个人无论面对怎样的境遇，都要保持内心的淡定和从容，永远做自己心灵的主人和情绪的主宰者。孟子对此的表述就是："富贵不能淫，贫贱不能移，威武不能屈。"《中庸》的说法是："素富贵，行乎富贵；素贫贱，行乎贫贱；素夷狄，行乎夷狄；素患难，行乎患难。

君子无入而不自得焉。"这是儒家的一种修行功夫，也是一个人在这个世界上安身立命的根本。

不过，有必要指出的是，儒家圣贤这种"无入而不自得"的淡定，绝不是一种逆来顺受的犬儒哲学，更不是阿Q似的精神胜利，而是一种把握事物真相的智慧，一种重心在内、不假外求的生活态度，以及由此而生的一种自由而强大的精神力量。

这种自由而强大的精神力量，就是孟子所说的"浩然之气"。正是因为这种不动心的境界不是一种僵化窒碍或者自欺欺人的东西，所以王阳明日后在给学生讲解孟子之"不动心"的时候，才会在"浩然之气"前面加上八个字——纵横自在，活泼泼地。

人之所以比动物高贵，首先是因为人具有理性思考的能力，其次就是人拥有自由意志。也就是说，对于外界发生的种种事情，我们始终有权选择自己的态度、看法和反应。如果是巴甫洛夫实验室里的那条狗，一看见肉骨头，唯一的反应只能是流哈喇子。可作为一个人，我们可以摆脱外在环境的支配，超越条件反射的动物本能，自由决定我们的反应和行为。

作为一个人，面对别人指责或谩骂的时候，你可以选择从容面对、理智化解，而不是暴跳如雷或大打出手；作为一个人，当你开车在上下班高峰被堵得不可动弹的时候，你可以选择放松、深呼吸，听听音乐，而不是抱怨、诅咒和拼命按喇叭；作为一个人，当股市熊途漫漫、市值严重缩水的时候，你也可以选择翻开巴菲特的书，把"长期持有、价值投资"这八个字当成解脱痛苦的心灵咒语，然后静静等待牛市的到来，而不是选择"上天台"。

俗话说，人生不如意事十之八九。我们活在这世上，既控制不了别人的嘴，也控制不了红绿灯，更控制不了股市涨跌，但是无论何时，我们都可以控制自己的心。所以，"不动心"绝不是儒家圣贤的思想专利，而是我们每个人在日常生活中都可以修炼的人生功课。

心理学的研究表明，我们生活中的绝大多数的负面情绪，其实都不是因为事情本身，而是源于我们对事情所抱有的看法。美国著名的整形医生和心理学家马尔茨，就曾经谈到他保持内心强大的秘诀——把事实与看法分开。

马尔茨说："当我宣布想当一名医生时，有人说我的愿望不会实现，因为我家里很穷。是的，我母亲是很穷，这是事实，但说我永远不会成为医生，这只是一种看法。后来又有人对我说，我不可能在德国读研究生，一个年轻的外科医生不可能在纽约挂牌营业，靠自己从事整形医学事业是不可能的。而这些事情，最后我都做到了，因为我始终提醒自己：所有这些'不可能'，都只是看法，而非事实。"（马尔茨《心理控制术》）

马尔茨还告诉我们：要想有效控制心理，做一个内心强大的人，就必须把事实与看法、真实情况与放大的障碍分离开，然后把我们的反应和行动，牢固地建立在事实本身而不是自己或他人的看法之上。

对于王守仁来讲，不得第是事实，但是把"不得第"当成耻辱，只是一种看法。王守仁之所以屡屡落第而不动心，就在于他用智慧看穿了这一点。

五　理学对佛、道的复制

　　弘治十二年（1499年），28岁的王守仁第三次参加会试，终于金榜题名、进士及第，从此登上大明的政治舞台。次年，他被授予刑部主事之职，奉命前往直隶、淮安等府，会同当地官员断案审狱。在此期间，他查清了许多冤案，"所录囚多所平反，民称不冤"。

　　公事干完，性喜山水的守仁兄老毛病又犯了，就跑到九华山玩了一趟。在这里，他参访了许多奇人异士，第一个叫蔡蓬头，是个道士。此人貌如其名，脸有菜色，蓬头散发，长年在九华山隐居修仙。王守仁一看就知道此人不俗，便对他执礼甚恭，虚心请教修道之法。蔡蓬头爱搭不理，只翻了翻白眼，说了两个字："尚未。"大概是说王守仁还没资格求仙问道，说完掉头就走。王守仁以为有旁人在场他不便说，就屏退随从，独自跟在他屁股后面，一再求教，可蔡蓬头始终就那俩字——尚未。

　　王守仁不死心，再三作揖鞠躬，穷追不舍。蔡蓬头被他缠得不耐烦，就说了一句："你自以为执礼甚恭，可我看你终不忘官相。"然后咧嘴一笑，甩甩手走了，把虚心好学、不耻下问的王大人扔在原地，半晌没回过神来。

　　"终不忘官相"这五个字可谓一针见血，把王守仁既爱修道又爱当官，既不舍山水又眷恋庙堂的纠结一语道破。

王守仁久久回味蔡蓬头的话,不禁哑然失笑。

第二天,王守仁又听说地藏洞有个异人,住的是天然洞穴,睡的是松枝落叶,且长年不食人间烟火,饿了就摘野果,渴了就喝山泉水,堪称货真价实的"天然哥"。这样的神人,王守仁当然要去拜会一下。

随后,王守仁攀峭壁,走险峰,好不容易找到了他,没想到这哥们儿却在睡大觉。王守仁怀疑他是假寐,也不客气,一屁股在他身边坐下,然后挠他的脚底。"天然哥"一个激灵就醒了,诧异地看着这个不速之客,问道:"路险,何得至此?"

王守仁笑而不答,却反问:"何为修道的最上乘功夫?"

一照面就抛出如此重量级的问题,把"天然哥"吓了一跳。他知道来者不俗,便不再装酷,很真诚地跟王守仁探讨了起来。两个人聊得甚为投机,话题遍及儒、释、道三家。二人从先儒的"尽心知性"聊到道家的"抱朴守一",然后从程朱的"格物致知"聊到禅宗的"明心见性",最后又聊到北宋大儒周濂溪和程明道。

临别前,"天然哥"用一句话结束了交谈:"周濂溪、程明道是儒家两个好秀才。"

周濂溪就是理学的开山鼻祖周敦颐,其代表作《太极图说》吸收了道家的宇宙发生论,将之与《易传》结合,建构了儒家哲学的宇宙生成模式。周敦颐的主要思想不仅受到道家影响,也受到佛教影响,如其脍炙人口的美文《爱莲说》的中心思想"出淤泥而不染",就被指为是对法藏《华严经探玄记》中"如世莲华,在泥不染"的复制,因而被钱锺书讥为"拾人牙慧"。

程明道就是"二程"中的大哥程颢,与弟弟程颐同为理学的代表人物。他十几岁时"厌科举之业,慨然有求道之志",然后遍学百家,"出入于老、释者几十年",最后"返求六经",归宗儒学,与程颐共同创立了"天理"学说。宋明理学因此得名。

作为理学的开山人物,周敦颐和程颢都有非常明显的援道入儒、援佛入儒的倾向,尽管他们自己不太喜欢承认,但这种学术渊源昭然可见。纵观儒学发展史,孔孟儒学重在修齐治平,其根本精神是实践的、社会的、人伦的;到了汉唐时期,诸儒重在名物训诂、典章制度,于儒学的本体论几乎无所致意,更无所阐发；及至两宋，儒学才别开生面，大谈本原、心性和宇宙，并引领宋明理学走上了一条抽象的、心性的、本体化的道路，从而极大地推动了儒学的发展。由此可见，如果没有佛道两家在本体论、认识论、心性论上所提供的异常丰富的思想资源和理论工具，理学几乎不可能发生。

也许，正是在这个意义上，九华山的这位"天然哥"才会把周程二人视为"儒家好秀才"。因为如果不是他们对佛道两家进行大胆复制，宋代儒学便无法实现"推陈出新、继往开来"的历史使命。

假如当时有知识产权法，周濂溪、程明道这帮理学大佬，估计都要被佛道两家推上被告席。而作为理学在有明一代的重要传承者和心学的集大成者，王阳明在这个被告席上当然也享有一个座位。换言之，王阳明从佛道两家获取的核心机密，一点儿都不比他的前辈少，甚至有过之而无不及。说白了，王阳明最终之所以会从程朱理学的"格物穷理"走向心学的"心即是理"，很大程度上便是得益于对佛道两家思想的浸淫，同时也得益于佛道两家教给他的操作性很强的修道方法。

六　遗世独立的修道生涯

弘治十五年（1502年），王守仁从九华山归来，回京复命。此时，京中的才子们正大搞"文艺复兴运动"，以李梦阳、何景明为首的一帮恃才傲物的愤青，掀起了"学古诗文"的热潮，对假大空的八股文章展开了疾风骤雨般的批判和进攻。

王守仁过去也喜欢跟他们掺和，动不动就写一些针砭时弊、紧扣社会热点的诗文，或者公开发帖骂骂官场腐败、公款吃喝什么的，可自从九华山归来，他对这一切忽然没了兴趣："吾焉能以有限精神为无用之虚文也！"

我们知道，早在少年时代，王守仁对"词章之学"就很不感冒，如今随着修道的深入，更是厌恶这种空腹高心、龇牙咧嘴的愤青姿态，所以马上就跟李梦阳这帮人说拜拜了。

失去王守仁这样一位干将，李、何等人惋惜不已。王守仁笑着说："使学如韩、柳，不过为文人；辞如李、杜，不过为诗人，果有志于心性之学，以颜（颜回）、闵（孔子学生闵损，以孝著称）为期，非第一等德业乎？"

王守仁向来是言行一致的人，既然说了要追求"第一等德业"，那就说到做到，不但跟李梦阳等人说了拜拜，而且马上给皇帝打了一份辞职报告，以养病为由要求回老家，连乌纱帽都不要了。

此时的王守仁只是个芝麻绿豆官，在皇帝眼里根本没什么存在感，所以报告很快就被批准了。一回家乡，王守仁也不住家里，马上跑到会稽山的阳明洞搭了个精舍，一心一意要干他的第一德业——远离尘寰、潜心修道。

你别说，王守仁这么一发狠，还真让他修出了名堂。

其弟子王畿后来有关于他修道体验的记载："为晦翁（朱熹）格物穷理之学，几至于殒（差点儿挂掉）。时苦其烦且难，自叹以为若于圣学无缘。乃始究心于老、佛之学，筑洞天精庐，日夕勤修，炼习伏藏，洞悉机要，其于彼家（佛、道二家）所谓见性（佛家的明心见性）抱一（道家的抱朴守一）之旨，非惟通其义，盖已得其髓矣。自谓尝于静中内照，形躯如水晶宫，忘己忘物，忘天忘地，与空虚同体，光耀神气，恍惚变幻，似欲言而忘其所以言，乃真境象也。"

很显然，王守仁在阳明洞用的这些功夫，所谓"见性""抱一"等，无不印有如假包换的佛、道标志，他却玩得得心应手，并且玩出了很不一般的境界：通过静坐内观，已能透视身体，并进入物我两忘、天地消泯的光明之境。王阳明后来之所以能在龙场悟道，其实就是得益于这个时候打下的底子，可见若无"老、佛之学"，也就没有阳明心学了。

根据王畿的记载，王守仁不仅通过静坐练出了透视，还练出了遥感。

某一日，他在洞中静坐，忽然睁开双目，对家童说，有几个友人来访，赶快出去迎接，并且附带说明友人是从哪个方向过来的，上山走的是哪条路。

家童半信半疑，走到半路果然遇见了那几个人。那几个朋友听家童一说，大为惊异，都说守仁兄快得道成仙了。

由于练出了一些特异功能，王守仁也不免有些沾沾自喜。可没过多久，他便幡然醒悟，意识到这些透视、遥感的玩意儿只是修道中的副产品，万不可执着，否则便会陷溺其中，迷失自性，忘却了修道的初衷。用他自己的话说就是："此簸弄精神，非道也。"

此后，王守仁只一心静坐，不再玩那些与心性无关的东西了。

随着修道体验的深入，远离尘劳、遗世独立的定境之乐越来越强，也越来越让他感到自在和愉悦。时间一长，他渐渐就有了出世之念。假如王守仁就顺着这一念而去，那么会稽山可能会多出一个不食人间烟火的"天然哥"，而中国思想史则无疑会失去一位五百年不遇的圣哲。

所幸,出世之念一起,王守仁便立刻想到了在世的老祖母(此时竹轩公已过世)和父亲。这么一想,他心里便充满了纠结。如果说,此时的王守仁已经是一只远离尘嚣、冉冉高飞的风筝,那么儒家的孝亲之念就是一根看不见的细绳,始终牢牢地牵系着他。

就这样在纠结中又过了一些时日,有一天王守仁忽然大悟:"此孝悌一念生于孩提,若此念可去,断灭种性矣。"

思虑及此,王守仁便收拾铺盖,头也不回地下山了。

弘治十六年(1503年),王守仁移居杭州西湖,"复思用世"。

说到底,王守仁毕竟是孔门中人,佛、老于他而言,只是行路的车马,只是渡河的舟楫。而在道路的前方,在河流的彼岸,始终高悬着一个不可撼动、不可改易的目标,那就是成为儒家的圣贤!

七　我找不着北：心学与理学的PK

弘治末年，王守仁复出，历任山东乡试主考、兵部武选清吏司主事等职，其间与翰林庶吉士湛若水一见如故，相交甚契。他们都对早已官方化、八股化的程朱理学深感不满，称其"言益详，道益晦，析理益精，学益支离"，遂相约将真正的圣贤之学发扬光大。

差不多是这个时候，王守仁开始收徒讲学，力劝那些年轻士子不要沉溺于辞章记诵，应该首先树立"必为圣贤"之志，然后致力于真正具有精神价值的"身心之学"。

所谓身心之学，就是我们前面提过的"君子无入而不自得"的学问，它可以使人内心强大；同时，它也是人的理性为自身立法的学问，可以让人为自己建构生命的意义。

王守仁从少儿时代起便立志为圣贤，至此30多岁，其间的心路历程不可谓不曲折。对此，他的挚友湛若水曾帮他做了这样的总结："初溺于任侠之习；再溺于骑射之习；三溺于辞章之习；四溺于神仙之习；五溺于佛氏之习。"

维特根斯坦说过："哲学问题具有这样的形式——我找不着北。"王守仁在二十多年间经历的"五溺",就是属于典型的"找不着北"的表现。明知"圣贤必可学而至",但是学什么,怎么学,学到哪里才是头,却没有人告诉他。就像程朱的格物之学一样,今天格一物,明天格一物,可要格到何时才算数,也压根儿没谱儿。对此,就连程颐和朱熹两位老夫子,也只能耸耸肩,摊摊手,说:"凡一物上有一理,须是穷致其理。若只格一物便通众理,虽颜子(颜回)亦不敢如此道。须是今日格一件,明日又格一件,积习既多,然后脱然自有贯通处。"

王守仁之所以一路走来这么辛苦,今天溺这个,明天溺那个,首先固然是生命力过于旺盛、兴趣爱好过于广泛所致,但最主要的,还是他对于程朱"今日格一件,明日又格一件"之说的笃信和践履。可是这么格来格去,最后只能把自己的精神格得支离破碎、漫无所归,至于北在哪里,终究还是一片惘然。

直到阳明洞修道归来,王守仁才隐约找着了一点儿北的踪迹。这要得益于他在与湛若水交流中得到的重大启悟。用他自己的话说就是:"而后吾之志益坚,毅然若不可遏。则予之资于甘泉(湛若水的号)多矣。"

那么,王守仁从湛若水那里所资甚多的,究竟是什么呢?

说起来你可能不信,当王守仁还在溺这个溺那个漫无所归的时候,人家湛若水同学早就是根正苗红的心学传人了。湛若水的老师是陈白沙,而陈白沙被誉为明代心学的先驱,其学问所宗,正是宋明儒学中心学一派的创始人——陆九渊。

陆九渊与朱熹同为南宋一代大儒。朱熹是理学的集大成者,陆九渊是心学的开山掌门。陆比朱小9岁,两人私下是朋友,但在学术思想上分歧巨大,因而掐了一辈子架。

南宋淳熙二年(1175年),应当时的著名学者吕祖谦邀请,朱陆两大学派分别组团前往江西上饶的鹅湖寺,举行了一场南宋儒林最高级别的学术PK。本次"华山论剑"不仅陆掌门与朱大师亲自到场,而且双方的门人、新朋老友也全部参加,连同闽北、浙东、皖南的儒林高手也都闻风而来,可谓盛况空前,一时无两。

擂台上,双方围绕着"无极与太极""天理与人欲""尊德性与道问学"等重大命题,展开了激烈的论战。参赛选手们"板砖与口水齐飞,怒目共横眉一色"，可持续 PK 了三天，最后却谁也没有说服谁。

分歧依旧在，几度夕阳红。

这场朱陆之间的学术 PK，就是历史上著名的"鹅湖之会"。

关于朱老夫子的思想，我们已经有所了解。下面，我们就来看一看陆掌门的功夫是什么路数，就知道他为何与朱老掐得那么厉害了。

早在十几岁时，小陆就经常思考宇宙人生的大问题。有一天，他看到古书中对"宇宙"二字的解释是"四方上下曰宇，往古来今曰宙"，当下大悟，自道："宇宙内事，乃己分内事；己分内事，乃宇宙内事。"然后又在读书笔记上写下这么一句话——宇宙便是吾心，吾心即是宇宙。

从此，这句话就成了陆九渊开山立派的思想宗旨。

由于"吾心"与"宇宙"同一，陆九渊自然提出了"心即理"的命题。他说："心，一心也；理，一理也。至当归一，精义无二。此心此理，实不容有二。"在此基础上，他又提出了"发明本心"之说，意思是既然"本心"即是理，那么为学的目的就在于发明本心，只要"切己自反"，便无须向外去求。因此，一个人既不需要读很多书，也不需要格很多物，只要把妨碍本心的物欲剥落干净，即便大字不识一个，也可以在天地之间堂堂正正做一个人。

正是在这个意义上，陆九渊喊出了一句振聋发聩的口号——学苟知本，六经皆我注脚！

"六经注我"这个成语，就是打这儿来的。

陆九渊称自家这种修行路数为"易简功夫"，批评老朱的"格物穷理"琐碎支离。他认为，应该教人"先发明人之本心，而后使之博览"。对此，老朱当然很有意见，他反驳说，小陆的方法太简约，有流于空疏之嫌，应该教人先"泛观博览，而后归之约"。

一边是"发明本心""六经注我"，一边是"格物穷理""我注六经"，针尖对麦芒，自然是吵翻天也和谐不了。

显而易见，陆九渊这套简易直截的心学功夫，对于历经"五溺"依旧找不着北的王守仁而言，不啻久旱逢甘霖；而在南宋与程朱理学分庭抗礼的九渊心学，到了明代，也因为程朱理学被明朝官方定于一尊而相形见绌，逐渐被边缘化。所以，心学与守仁的相遇，实在是双方之大幸，也是儒学之大幸，更是中国日后万千学人之大幸！

没有遇见心学,王阳明最终或许能当大官,但绝对成不了圣人;没有遇见王阳明,陆九渊的心学只能流于小众的孤芳自赏,甚至从此湮没不闻,绝对不可能在明代重绽光芒,更不可能在后世大放异彩。

所以,阳明与心学,可谓合则双美,离则两伤。

八　九死一生的贬谪之路

弘治十八年（1505年）五月，明孝宗朱祐樘驾崩，年仅15岁的朱厚照即位。

这位朱厚照，就是传说中很有恶搞天分的正德皇帝。我看过他的画像，长得很帅，不过可惜的是，他心灵不美，还有点儿变态。

据说，历史上很多皇帝都是拥有执照的合法流氓，若此说不诬，厚照兄就是其中"光荣"的一员。早在东宫时，朱厚照身边就围绕着一群志趣相投的好朋友，这些人或老或少，或胖或瘦，但都有一个显著的特点：无家无室，无儿无女，而且身残志坚。

你猜对了，这群人就是太监。

朱厚照宠幸的太监有刘瑾、马永成、谷大用等八人。小帅哥当了皇帝后，刘瑾等人风生水起，一边怂恿皇帝飞鹰走马，嬉戏宴游，甚至炒房地产（在京畿附近购置大量田庄，坐收地租，充实小金库）；一边大肆干政，卖官鬻爵，并且骑在文官头上屙屎屙尿。对此八人，时人无不侧目，谓之"八虎"。

自古以来，文官与太监就是一对冤家，尤其是当少主登基的时候，二者更会为了争夺对小皇帝的控制权而势同水火。面对"八虎"的擅权乱政，户部尚书韩文和愤青才子李梦阳（时任户部郎中）忍无可忍，率先发难，纠集阁臣百官联名上疏，力劝皇帝诛杀"八虎"。

然而，对朱厚照来讲，刘瑾等人都是哥们儿，没他们陪着一块儿玩耍，人生就了无乐趣，所以"八虎"不可或缺；而阁臣百官算什么东西？充其量就是大明公司的高级打工仔而已，就算把你们都炒了又怎么样？我老朱家的乌纱还怕没人戴？

所以，对于群臣义愤填膺的谏言，朱厚照只当放屁，理都不理。内阁辅臣刘健、谢迁深感无奈，双双打了辞职报告，铺盖一卷回家了。随后，刘瑾开始反击，把始作俑者韩文、李梦阳等人全部炒了鱿鱼。南京的言官戴铣、薄彦徽等二十多人看不过眼，纷纷上疏，也都被刘瑾扒掉裤子打烂了屁股（学名叫廷杖），戴铣死于杖下。

在刘瑾的淫威之下，满朝文武噤若寒蝉，再也没人敢以卵击石。但就在这个时候，王守仁站了出来，他给朱厚照上了一道奏疏，里头没有一个骂太监的字眼儿，而且轻轻拍了拍朱帅哥的马屁，说他"聪明超绝"，只要知过能改就是人民的好皇帝云云。综观整篇文章，措辞平和，态度冷静，只讲理，不拍砖，唯一的诉求就是劝正德皇帝赦免薄彦徽等人。

显然，王守仁这么做是相当明智的。在当时那种情况下，企图把万恶的刘瑾扳倒是一种很傻很天真的想法。换句话说，在刘瑾的淫威之下，同志们所能做的，就只有尽力为革命保存一点儿火种而已。

可是，即便王守仁已经相当克制了，刘瑾还是没有放过他。

原因很简单，刘瑾是流氓。如果说朱厚照是披着龙袍的流氓，那么刘瑾就是当众裸奔的流氓，跟他干仗固然是死路一条，跟他讲理同样没有好下场。很快，一道诏书颁下，王守仁被扒掉裤子打了四十大板，最后又被贬为贵州龙场驿丞。

正德二年（1507年）春，王守仁踏上了山高水远的贬谪之路。这一路走得险象环生，惊悚异常。

刘瑾放逐王守仁，表面上好像要放他一条生路，实际上是想暗中干掉他。王守仁离京后，刘瑾就派了两个锦衣卫的杀手一路尾随。行至钱塘江时，王守仁急中生智，将衣服鞋帽投入江中，布置了一个投水自杀的假现场，成功骗过了两个职业杀手。

随后，王守仁偷偷爬上一条商船，不料又遇台风，险些葬身海底。船在海上漂流一天一夜后，停靠在福建。他弃舟登岸，一路狼狈不堪地蹿进大山之中。王守仁走到半夜，饥寒交迫，幸好看见一座寺庙，赶紧拍门要求借宿，不料和尚毫无慈悲心，把他轰了出来。王守仁只好摸黑继续赶路，好在不远处就有一间破土地庙，他啥也不想，进去倒头便睡。岂料这破庙是一只老虎的地盘。老虎大半夜回家，见"卧室"被占，就"绕廊大吼"，深表抗议。可守仁兄睡得比什么都死，愣是一动不动，老虎瞧这家伙如此淡定，只好甘拜下风，摇摇尾巴走了。

次日一早，隔壁庙里的和尚料定王守仁已经葬身虎口，就打算过来取他的行囊，捞几两银子花花。可是，让这个无良和尚大感意外的是，昨晚那家伙不但毫发无损，还在土地庙的院子里伸胳膊踢腿地做早操。和尚大骇："公非常人也！不然，得无恙乎？"随即恭恭敬敬地把他请回寺庙，好茶好饭招待。

让王守仁没想到的是，就是在这里，他居然与当年铁柱宫的无为道人不期而遇。旧人重逢，王守仁大为唏嘘，可老道仿佛专门在这儿等他似的，一点儿都不意外，也不和他寒暄，一开口就问他接下来有何打算。守仁想了想，说，只有隐姓埋名，远走他乡了。

显然，王守仁并不想去龙场驿送死。

老道说："你还有亲人在，若你远遁，刘瑾迁怒于你父，该怎么办？"

王守仁登时醒悟，遂于山房壁上奋笔挥毫，留下了一首诗：

险夷原不滞胸中，何异浮云过太空！
夜静海涛三万里，月明飞锡下天风。

在这九死一生的逃亡路上，在这朝不保夕的困境之中，一个人若无深厚的学养与强大的内心，断然写不出如此气象磅礴、胸怀磊落的豪迈之作。

随后，王守仁告别无为道人，经鄱阳湖抵达南京，看望了被刘瑾排挤至此的父亲。同年十二月，他带上几个仆从，取道江西，进入湖南，由湘江西行，过洞庭湖，再溯沅江西上，然后又由沅江支流进入贵州。历经舟车劳顿之苦，终于在正德三年（1508年）春，抵达贵州西北万山丛棘中的龙场驿。

从此，王守仁就在这个瘴疠肆虐、野兽横行的蛮荒之地当了一个小小的驿丞。他手下唯一的兵，就是一个发白齿摇、行动不便的老驿吏；他所管理的全部资产，就是这座破败不堪的驿站，外加二十三匹羸弱的老马，以及二十三副发霉的铺陈。更要命的是，身为驿站站长的王守仁，却没有权利住在驿站里。因为按朝廷规定，谪官不得居驿站，所以他只能在附近搭个草棚，跟几个仆从一起窝在里面。不久，他在离驿站三里远的龙岗山找到了一个天然岩洞，才算有了一个遮风避雨的栖身之所。

在如此艰难险恶的环境中生存，对王守仁来讲其实不是问题，因为这么多年对圣贤之道的浸淫，早把他练出来了，纵然尚未成圣成贤，也已非凡夫俗子。更何况，孟老夫子早就讲过："天将降大任于是人也，必先苦其心志，劳其筋骨，饿其体肤，空乏其身，行拂乱其所为，所以动心忍性，曾益其所不能。"王守仁只要把这句话每天念上一百遍，就足以超然物外、百毒不侵了。

老大道行高深，再怎么水深火热都扛得住，但是，底下的小弟们可就惨了，跟随王守仁到此的几个年轻仆从，没过多久就一个个病倒了。王守仁只好跟他们掉了个个儿，天天服侍他们，不但要砍柴、挑水、做饭，还要把饭喂到他们嘴里。

小弟们被老大服侍着，肚子是饱了，可还是整天愁眉苦脸。王守仁担心他们得忧郁症，就每天朗诵诗歌给他们听，丰富他们的文化生活。

小弟们听完诗朗诵，感觉是好了一点儿，可每当抬头看见月亮，又犯了思乡病。这时候，王守仁就会给他们唱一些家乡的小曲儿。但是，还是有个小弟超级难伺候，就算老大唱得再卖力也没用，王守仁只好给他讲笑话，声情并茂，眉飞色舞，最后才算把这小子逗乐了。

在王守仁的精心照料下，仆从们的病总算好了。至此，王守仁才得以从俗务尘劳中抽身而出，专心求道，史称其"日夜端居澄默，以求静一"，"久之，胸中洒洒"。后来，王守仁自忖已将得失荣辱置之度外，唯独"生死一念"尚未勘破，便给自己打造了一副石棺，日夜在棺中静坐参究：圣人处此，更有何道？

若圣人处此绝境之中，还能有什么超越之道？

九　圣人们悟到了什么

大约距王守仁的时代两千年前,一个叫乔达摩·悉达多的王子抛弃所有荣华富贵,出家当了一个沙门,来到尼连禅河(恒河支流)附近的山林中苦行,一心要寻求"解脱生死"之道。

据说,他在这里整整苦修了六年,其间修习过长立不倒、坐卧荆棘、拔除须发、烈日暴晒、坟场静坐等苦行,穴居且不吃任何熟食,仅以果子、草叶果腹,乃至日食一麦一粟,甚至绝食修定,结果搞得形销骨立、心神衰竭,还是未能找到解脱之道。

最后,悉达多终于发现,人的身体与心灵是息息相关的,虐待自己的身体并不能换来心性的觉悟。于是,他放弃苦修,在尼连禅河沐浴,洗去满身污垢,并接受一个牧女供养的乳糜,才慢慢恢复了体力。之后,悉达多在河边找到了一棵枝叶繁茂的毕钵罗树(后来被称为菩提树),在树下敷吉祥草为座,面朝东方,结跏趺坐,于安详自适的禅定状态中,静观身心内外的一切,体悟宇宙人生的真相。

临入座前,悉达多对自己发誓:"我今若不证无上菩提,宁可碎此身,终不起此座!"

那些禅定的夜晚，悉达多深入观照自己的身体、感受和思想，看见每个细胞、每种觉受和每个念头，都像是生灭之流中的一滴水，旋生旋灭，旋起旋落。他无法在身心之中找到任何一物是永恒不变的。再观照世间的一切，既没有任何东西不是依照因缘条件的聚合而生起，也没有任何东西不是由于因缘条件的离散而坏灭。小到一只蚂蚁、一朵花、一棵树，大到一个王朝、一个国家、一种文明，莫不是在缘起法则中生（诞生）、住（存在）、异（变异）、灭（消亡）。然而，世人往往把无常变化的东西视为恒常，因而没有的时候就逐求，得到的时候就贪恋，失去的时候就痛苦，然后就有了烦恼、忧愁、愤怒、嫉妒、傲慢、仇恨……

天色渐亮的时候，悉达多看着头上的一片毕钵罗树叶，就仿佛从中看见了天空、大地、阳光、雨水，乃至看见了一切。是的，如果没有万物的存在，就没有这片树叶；而如果没有这片叶子，没有那颗沙粒，没有空中飞翔的小鸟，没有静静流淌的恒河，就没有这个森罗万象的宇宙。从一只虫子身上，你可以看见大地的历史；从一颗星星身上，你可以看见宇宙写下的诗。一即一切，一切即一，万物互即互入、相依相存，没有任何一样事物可以脱离万物的怀抱而独立存在。然而，世人往往把互相依存的东西视为独立自存的个体，同时也把完整和谐的宇宙切割成了一个一个碎块，然后分成你的、我的、他的，以及好的、坏的、美的、丑的、有利的、有害的……

悉达多就这样以觉知之光照破了无明黑暗，洞察了宇宙人生的真相。

他从毕钵罗树下站了起来，开始向众生传播他所悟到的真理。他说："诸行无常（世间所有现象都是生灭变化的，没有恒常的本质），诸法无我（世间所有事物都是相互依存的，没有独立的实体），涅槃寂静（觉知无常无我的道理，找到众苦的根源，然后通过正确的修行，就能在生生灭灭、流转变迁的当下，契入不生不灭、寂然常照的解脱境界）。"

从悉达多悟道的这一刻起，人们就叫他佛陀——一个觉悟的人。

因为他创立了佛教，人们就称他为释迦牟尼——释迦族的圣人。

公元 27 年，在约旦河下游的耶路撒冷，出现了一个叫约翰的先知，他身穿兽皮，披头散发，向每一个他所遇见的犹太人高喊："天国近了，你们应当悔改！弥赛亚（由上帝选中的救世主）就要出现了。"约翰的呼喊令人想起了《圣经》以赛亚书中的一段话："有人在旷野高喊：'预备耶和华的道路，在沙漠地修平我们神的道……'"

不久，拿撒勒的一个年轻木匠得知先知约翰的消息，便抛家舍业，赶来听他布道，并要求受洗。约翰知道他就是传说中的弥赛亚，说："我怎么敢给你洗礼呢？我本来应该接受你的洗礼。"木匠说："我们应当按照道理去做。"于是，约翰就用约旦河的水给这个年轻人施行了洗礼。

受洗之后，年轻人并没有回拿撒勒继续当他的木匠，而是决定远离人群，禁欲修炼，彻悟上帝的真理。之后，年轻人来到了约旦河东岸的荒原上——在这个巴勒斯坦的不毛之地，在这个世界上最荒凉的地方之一，开始了他艰难而伟大的修道历程。

这个年轻人，就是耶稣。

在耶稣生活的时代，犹太人失去了自己的国家，处在罗马人的统治和奴役之下。面对异族统治，犹太人分成了许多派别，有主张通过暴力斗争争取民族独立的"奋锐党"，也有依附罗马人对其他犹太人实行残暴统治的"撒都该派"。而耶稣在修道中苦苦思索的主要问题，就是犹太人应该选择一条怎样的道路，才能彻底摆脱苦难。

在人迹罕至的荒原上，经过四十天的禁食苦修，耶稣终于得到了上帝的启示，一种新的思想逐渐在他的心中清晰起来。耶稣认为，犹太人一切苦难的根源在于背离了上帝，忘记了上帝的教诲。不管是自然灾害，还是异族统治，都只是这一根源导致的结果。因此，犹太人应该进行深刻的忏悔，真正遵行上帝之道，只有这样，才能得到上帝的拯救，摆脱一切苦难，建立美好而永恒的上帝之国。

一个崭新的宗教，就这样在巴勒斯坦的荒原上悄然诞生了。

耶稣坚信，自己就是上帝应许给犹太人的弥赛亚，就是上帝的儿子。随后，他回到家乡加利利省，开始了他的传道生涯，宣讲天国的福音，劝人悔改，远离恶行……

后来，人们把耶稣称为"基督"，其意与弥赛亚一样，都是指犹太人的救世主、道成肉身的神。耶稣创立的宗教，就是基督教。如今，世界上的基督徒已经超过了二十亿。

阿拉伯半岛的麦加附近，有一座希拉山，山上有一个岩洞。伊斯兰历的每年9月，都会有一个年轻人带着干粮来洞里隐居一段时间，在此斋戒、祈祷、沉思冥想。

大约从25岁起，这个年轻人就养成了这个习惯，并一直保持了十多年。每次隐居结束，回到家中，妻子总会发现他一脸憔悴、形容枯槁，但他乐此不疲。显然，对一般人来讲难以接受的离群索居的生活，对此人而言，却是一种不可或缺的精神享受。

这个与众不同的人，就是穆罕默德。

当时的阿拉伯社会，局势动荡，经济萧条，各部族之间经常爆发流血冲突；而在宗教信仰方面，此时的阿拉伯人还处于原始和蒙昧的阶段，他们崇拜各种自然物，各部落都有自己的部落神，思想意识极其混乱。

穆罕默德每年的山洞隐居，就是在思考这些问题。冥冥之中，他总是怀有一种强烈的使命感，要统一阿拉伯人的精神世界，更要消除阿拉伯社会的动荡和分裂。

公元610年，40岁的穆罕默德照例开始了他的洞中隐修，一切看上去都与往年并无不同。一天深夜，穆罕默德正在静坐冥想，突然间，一个命令式的声音清晰地响了起来："你读吧！"

穆罕默德吓了一大跳，睁眼一看，洞里只有他一个人。正在他不知所措之际，神秘的声音再次响起："你读吧！"穆罕默德纳闷儿地想：我不会读啊，读什么呢？紧接着，刚才的声音已经变成了句子，然后一句接着一句，穆罕默德情不自禁地跟着诵读起来……

这一幕，就是伊斯兰教所说的"安拉的启示"。穆罕默德相信他听到的声音，是天使奉安拉之命向他转达的。造物主安拉已经委任他为使者，在部族中劝善止恶，反对偶像崇拜，只崇奉宇宙万物的创造者、执掌者、独一无二的安拉。

从此，不惑之年的穆罕默德作为伊斯兰教先知，担起了传播宗教的神圣使命，肩负起变革社会、济世救民的重大职责，走上了曲折漫长的传教之路。在此后的二十三年中，每当面临艰苦复杂的斗争，他总能得到真主的启示、命令和告诫。所有这些天启记录下来后，就成了伊斯兰教的圣典《古兰经》。

穆罕默德的出生地麦加，从此成为全世界穆斯林独一无二的圣地。如今，每年前往麦加朝圣的穆斯林多达数百万。

释迦牟尼35岁彻悟了宇宙人生的真理，耶稣基督30岁左右得到了上帝的启示，穆罕默德40岁听到了安拉的命令，然后，他们都悟道成圣了。

公元1508年，在贵州西北的大山深处，37岁的王守仁又会悟到什么呢？

十　龙场悟道：阳明心学的诞生

浓墨般的黑暗中，深山岩洞中一灯如豆，犹如万古长夜中我心本具的一点灵明。风吹过，烛光微微颤动，仿佛随时都会熄灭。王守仁像一具雕像一样坐在石棺中，看见往事一幕幕从心头闪过。

那一年在蔽月山房，有个11岁的孩子一手指山，一手指月，用一种稚嫩却又毋庸置疑的口吻说："若人有眼大如天，还见山小月更阔。"

那一年在京师，有个少年笑父亲的状元只有一代，没啥稀罕，然后又一本正经地对塾师说："唯为圣贤，方为天下第一等事。"

那一年路过江西上饶，有个青年听见娄一斋说"圣人必可学而至"，遂坚定了成圣成贤的志向。

那一年在京师，有个21岁的新科举子面对一丛竹子格了七天七夜，结果两眼一黑，歪倒在地。

那一年在九华山，有个年轻的官场中人遍访奇人异士，不禁被佛道两家遁世修行、超然物外的魅力深深吸引。

那一年在阳明洞，有个弃官逃世的隐修者，在甚深定境中怡然自得，隐然有出世之想，却又幡然醒悟：此非圣人之道。

那一年在京师，有个格物多年却依旧"找不着北"的程朱信徒结识了湛若水，始觉陆九渊的心学深契本心，遂恍然有悟，但终究不得入其门。

…………

往事一幕幕在心中飘过，然后又像镜花水月一样消散于无形。王守仁心中万念俱泯，唯剩一个念头：圣人处此，更有何道？

此时的王守仁，无疑是把自己逼入了绝地——他之所以给自己打造石棺，绝不是想搞行为艺术，而是要将自己置于无所凭借、无所依傍、无所希冀的绝地！

就像那则禅宗公案所问："若论此事，如人上树，口衔树枝，脚不踏枝，手不攀枝。树下忽有人问，如何是祖师（达摩）西来意。不对他，又违他所问。若对他，又丧身失命。当恁么时，作么生对（这个时候，如何应对）？"

圣人处此，更有何道？

正恁么时，作么生对？

这是一个全然归零的状态——离言绝待，能所双亡，开口就错，动念即乖。

这是通天路，也是无门关——剑刃上行，冰凌上走，不涉阶梯，悬崖撒手！

此时此刻，要么置之死地而后生，大死而后大活；要么变成死灰槁木，化为这边瘴之地的一抔黄土。

问世间"道"为何物，直教人生死相许！

不知道过了多久，王守仁心中有一点光明渐渐透显出来。恍兮惚兮之中，仿佛有人在对他说话（瘖寐中若有人语之者）。这声音既像是在耳边响起，又像是来自他的内心深处。然后，一直蕴藏在他体内的一股强大的生命能量，就像在地底长久奔突的岩浆终于找到了突破口一样，突然迸发而出，令他的心灵和身体同时发出了剧烈的震颤……

于是，就有了本书开头"不觉呼跃，从者皆惊"的一幕。

关于开悟，人本主义哲学家艾里希·弗洛姆做过这样的描述："人的眼睛突然睁开了；他自己和世界突然显现在一种完全不同的光亮之中，能够从完全不同的角度去观看。在这种体验发生之前，往往有大量焦虑产生，而在此之后，一种新的力量感和自信心却油然而生。"

弗洛姆描述的虽然是禅宗的开悟状态，但以此来看王守仁的龙场悟道，则可谓若合符节。如果要更真切地领悟这场悟道的意义，我们不妨再来听听现代新儒家牟宗三先生所言："这是阳明一生所受的濒临生死边缘的大挫折。……人到绝途，方能重生。必现实的一切，都被敲碎，一无所有，然后'海底涌红轮'，一个'普遍的精神实体'始彻底呈现。此之谓大开悟。得失荣辱，甚至生命，都被迫放弃，不在念中，亦无法在念中，然后得真皈依。"

此刻，对王守仁而言，虽然山还是山，水还是水，龙场驿还是龙场驿，但他已经在一个全新的宇宙中重生了，就连这个黑暗逼仄的岩洞，也已经变成一座促成他获得"真皈依"的辉煌圣殿；而曾经深深困扰他的所有焦虑、痛苦、矛盾、迷茫，也已经在刹那间烟消云散，仿佛从来没有存在过一样。

天地我心，一片光明！

史称，王守仁在这个暮春的深夜，在"居夷处困，动心忍性之余"，终于"忽悟格物致知之旨"。那么，他所悟到的究竟是什么呢？

一句话："始知圣人之道，吾性自足，向之求理于事物者，误也！"（《王阳明年谱》）

所谓圣人之道，用我们今天的语言来表达，就是人的自我成长、自我完善、自我实现的方法和过程。而圣人，就是潜能充分实现、人格臻于完善的人。所谓吾性自足，并不是说我本来就是圣人，而是说我的心性之中具备一切成为圣人的潜能或者说"圣性"。后来王门学人常说的"满街都是圣人"，指的就是这种潜能。正因为这种潜能或"圣性"是我本来具有的，所以我如果向外追求，到外在的事事物物中去寻求成圣之道，那就是彻底搞错了方向。

王阳明在悟道时说的这句话，既是他在朱子理学中摸索了二十多年的思想终点，也是整个阳明心学的逻辑起点。正是从这个地方开始，王阳明正式与朱子理学分道扬镳了。

悟道后，王阳明受聘于贵阳文明书院讲学，始揭"知行合一"之旨。

正德五年（1510年），刘瑾倒台，王阳明重返政坛，此后广收门徒，讲学论道，阳明心学开始流传天下。

正德十一年（1516年），王阳明升任都察院左佥都御史，巡抚南赣，先后平定福建、江西、湖广、广东等地的叛乱。在此期间，王阳明始倡"致良知"之教。

正德十四年（1519年），王阳明奉命前往福建处理兵变事宜，至丰城，闻宁王朱宸濠反，遂举义兵，仅用三十五天便将其平定，从此声望日隆。两年后，王阳明升任南京兵部尚书，封"新建伯"。

嘉靖七年（1528年），王阳明平定广西之乱后，农历十月因病请求致仕，农历十一月（1529年初）于返乡途中病逝，终年57岁。临终前，弟子问他有何遗言，王阳明微微一笑，说："此心光明，亦复何言！"然后溘然长逝。

隆庆二年（1568年），即王阳明去世四十年后，明穆宗给王阳明的盖棺论定是"两肩正气，一代伟人，具拨乱反正之才，展救世安民之略"。

两百年后，清朝大学士张廷玉等人在编纂《明史》时如此评价："终明之世，文臣用兵制胜，未有如守仁者也。"

王阳明身后，其心学由门人王艮、王畿、钱德洪等人发扬光大，遂成一代显学，深刻影响了此后五百年的中国思想史。从明到清，及至民国，无数政治家、思想家和仁人志士，都将王阳明奉为心灵偶像，对阳明心学推崇备至，并从中汲取了源源不绝的精神力量。比如徐阶、胡宗宪、黄宗羲、曾国藩、左宗棠、严复、孙中山、梁启超、章太炎、蔡元培等，都是阳明粉丝；尤其是蒋介石，更是对王阳明情有独钟，终其一生都把一部《阳明全集》摆在案头，并一再对人说："余所重者，王阳明知行合一之说。此心有立，然后可以应天地鬼神万物之变也。"（吕芳上主编《蒋介石日记》）

明末，阳明心学漂洋过海，传至日本，感召拥趸无数，成为幕府末期维新志士西乡隆盛、佐久间象山、吉田松阴等人最强大的精神武器，对明治维新和日本的近代化产生了重大影响。如日本学者高濑武次郎所言："我邦阳明学之特色，在其有活动的事业家……乃至维新诸豪杰震天动地之伟业，殆无一不由于王学所赐予。"在日本有"军神"之称的东乡平八郎，更是刻了一块"一生伏首拜阳明"的印章，随身携带，时时拿出来观瞻抚摩。

日本之所以能在明治维新之后迅速崛起，成为东亚强国，一定程度上要归功于阳明心学。然而，反观中国近代，王学末流却走上了空疏支离、浅薄浮躁的老路，失去了提振人心、经世济民之大用，无怪乎蒋介石要大声疾呼："日本自立国以来，举国上下，普遍学我们中国的是什么？就是中国的儒道，而儒道中最得力的，就是中国王阳明知行合一'致良知'的哲学。他们窃取'致良知'哲学的唾余，便改造了衰弱萎靡的日本，统一了支离破碎的封建国家，竟成就了一个今日称霸的民族。而我们中国人自己却忘了自己的立国精神，

抛弃了自己固有最良的武器。""我们要革命、要救国，就必须奉行阳明心说。"（吕芳上主编《蒋介石日记》）

时至今日，阳明心学仍然被日本许多一流企业家奉为圭臬，并且身体力行。而在中国，知识界对他的研究仍然囿于学术圈内，普通人对王阳明更是知之甚少。当代新儒家杜维明先生曾说，"五百年来，儒家的源头活水就在王阳明""21世纪将是王阳明的世纪"。但愿此言能够成真。不过我希望，这个"王阳明的世纪"最终将属于中国。

国人要了解王阳明的心学智慧，不可不读其代表作《传习录》。蒋介石曾自称"最喜欢读王阳明的《传习录》"，并将其作为"终生的精神食粮"。

《传习录》是王阳明的门人弟子对其语录、书信所做的汇编，分上、中、下三卷，由徐爱、陆澄、薛侃、南大吉、钱德洪陆续编集而成。《传习录》包含了王阳明的主要哲学思想，是一部深刻影响后世的儒学经典。今笔者撷其精华，从心理学、佛教禅宗、西方哲学、量子力学等多个维度进行阐发，旨在破译王阳明的心灵密码，让读者在认识阳明心学智慧、掌握其根本精神的同时，还能在现实生活中有效实践，修炼内心强大的自己，实现心性本具的一切潜能，获得一个智慧、喜悦、幸福、美好的人生。

第二章
心是宇宙的立法者

既然"人心"与"天理"无二无别，并且这个"心"是天人合一、不分古今、充塞宇宙的，那么天下自然就没有心外之事、心外之理了。换言之，人格完善与自我实现的道路，并不在外，而就在你我的心中，就看我们敢不敢直下承担、愿不愿意真实践履了。

"决然以圣人为人人可到，便自有担当了！"

一 体认本心，掌握底层逻辑

爱（徐爱）问："至善只求诸心。心恐于天下事理，有不能尽。"
先生曰："心即理也。天下又有心外之事，心外之理乎？"

——《传习录·上·徐爱录》

徐爱，字曰仁，号横山，生于明成化二十三年（1487年），卒于正德十二年（1517年），终年仅31岁，浙江余姚人，是王阳明的妹夫，也是他的第一个学生，曾任南京工部郎中。

王阳明与徐爱之间的讲求问答，类似于释迦牟尼在鹿野苑对侍者憍陈如等人的"初转法轮"。所以，《传习录》开头部分，都是心学最基本、最首要的东西。比如"心即理"这三个字，就是阳明心学万变不离其宗的一个基点，也是心学与理学的根本分歧所在。

在阐发王阳明的这个命题之前，我们有必要先来看看，关于"理"和"心"，朱熹是怎么理解和定义的。

在朱熹那里，"理"是可以派生天地万物的宇宙本体，"理也者，形而上之道也，生物之本也"。所谓形而上，就是形体未生之前，也就是天地万物都还没形成的时候。朱熹说"理"是天地万物形成之前的"道"，也就等于说"理"是永恒的、超验的、抽象的。他曾经用这样的语言描述理：它"只是个净洁空阔的世界，无形迹"，"无情意，无计度，无造作"。

而"心"是什么呢？朱熹说："心者，人之知觉，主于身而应于事者也。"这句话很好理解，就是说心具有能知能觉的功能，是身体的主宰，人以此知觉功能便能与外在的事事物物打交道。但是关于"心"，朱熹的话并没有说完，后面还有一句："指其生于形气之私者而言，则谓之人心；指其发于义理之公者而言，则谓之道心。"也就是说，"心"具有二重性：当它表现为个体之私时，便是人心；当它合乎天理时，便是道心。所以在朱熹那里，人格完善的过程就是以天理主宰人心、转人心为道心的过程。

正因为朱熹认为理是抽象、永恒、无形无迹、超乎个体的，并不是人心当下能够直接体认的，所以人才要格物穷理，到事事物物中去把那个天理找回来。

而在王阳明这里，"心"首先当然也是指知觉功能，"心不是一块血肉，凡知觉处便是心，如耳目之知视听，手足之知痛痒，此知觉便是心也"（《传习录》卷下）。但是，王阳明与朱熹的根本不同之处，就在于他没有把"心"打成两截，分什么人心和道心，而是认为此"心"即是天理。在王阳明看来，你当下能够直接体验的这个心，这个"能视听言动"的心，便是天地万物的本体，超越时空的宇宙本原。他说："心也者，吾所得于天之理也，无间于天人，无分于古今。"用心学鼻祖陆九渊的话来说，就是"万物森然于方寸之间，满心而发，充塞宇宙，无非此理"。

既然"人心"与"天理"无二无别，并且这个"心"是天人合一、不分古今、充塞宇宙的，那么天下自然就没有心外之事、心外之理了。换言之，人格完善与自我实现的道路，并不在外，而就在你我的心中，就看我们敢不敢直下承担、愿不愿意真实践履了。

"决然以圣人为人人可到，便自有担当了！"（《传习录》卷下）

这就是阳明心学最核心的精神价值，也是王阳明留给后世的最重要的精神遗产之一——主体性的确立和主体意识的高扬。

在朱熹的语境中，天理是外在于我的普遍的道德规范，所以人格完善的基础便不是根植于我的内心，即便我被教导要成圣成贤，也只是被动服从于一套既定的社会价值观。而在王阳明看来，成圣成贤的潜能和动能都内在于我的生命之中，因此人格完善与自我实现便是我与生俱来的责任（因为你是金矿，所以必须成为金子），同时又是我的天赋权利（任何外在遭遇都无法剥夺你的金子本色）。而人的主动性、自信心和创造力，也就在这里显露无遗并强势生发了。

回到徐爱所提的问题，他认为若只是在自己的心上追求"至善"，恐怕还是弄不懂这世上很多事物的道理。应该说，徐爱同学的问题是颇有代表性的，今天的许多读者，同样会有类似的困惑：就算一个人致了良知，也不等于自动掌握了各种知识，那在心上做功夫的意义何在呢？

事实上，王阳明说"心即理"，并不是说一个人只要体认了本心，就等于知晓了世间的万事万物。在王阳明这里，体认本心的意义，在于体认这个世界的底层逻辑。

这个世界看上去纷繁复杂、森罗万象，但其实大道至简，真正的底层逻辑往往并不复杂，无非是根植于人心与人性罢了。正所谓"人同此心，心同此理"，一个体认了本心的人，必然有着对人心与人性的深刻洞见，也必然能够掌握这个世界的底层逻辑，进而拥有远超常人的认知能力。

王阳明经常把心比喻成镜子，而一旦体认了本心，致了良知，就等于拥有了一面洁净澄澈、无物不照的"心镜"，也就等于拥有了强大的认知能力。有了它，我们还需要担心弄不懂这世上很多事物的道理吗？

二　唯一的成圣之道

爱曰："如事父之孝，事君之忠，交友之信，治民之仁，其间有许多理在，恐亦不可不察。"

先生叹曰："此说之蔽久矣，岂一语所能悟？……心即理也。此心无私欲之蔽，即是天理，不须外面添一分。以此纯乎天理之心，发之事父便是孝，发之事君便是忠，发之交友治民便是信与仁。只在此心去人欲、存天理上用功便是。"

——《传习录·上·徐爱录》

关于世间万事的各种道理和知识，徐爱举了几个具体例子，如果放在今天的语境中，他说的大致可以理解为家庭、职场、交友之道、为官之道。徐爱认为在这些事情上，还是有很多道理需要去学习的。其逻辑，仍旧是朱熹那套"格物穷理"，显然还是没能明白王阳明"心即理"的真义。

在王阳明看来，无论是家庭、职场、交友还是为官，其底层逻辑都是一样的，那就是要以发自本心的真情实感去待人处事。所谓"此心无私欲之蔽"，说的就是这个底层逻辑。对父母孝顺，本质就是对父母的爱；在职场上工作，首先就要忠于自己的职责；与朋友交往，就是要以真诚和诚信为本；为官从政，就是要以人民为本，急百姓之所急，忧百姓之所忧，真正做到民有所盼，政有所为。

而所有这一切，无不是出自内心的真情实感，否则即便懂得再多道理，也只能流于虚伪做作的形式主义。换言之，若没有对父母的爱，没有对工作的责任感，没有对朋友的真诚，没有对百姓疾苦的感同身受，那么所谓的孝顺、忠诚、诚信、仁爱又从何谈起呢？抽离了真情实感，一切伦理行为都将只是自欺欺人的作秀。

正是在这个意义上，王阳明才会对徐爱说："只在此心去人欲、存天理上用功便是。"

"存天理，去人欲"是整个宋明理学最根本、最核心的思想，也是宋明以降所有儒家学人成圣成贤的必由之路和不二法门。在这一点上，阳明心学与程朱理学毫无二致，因为二者都属于宋明理学的范畴。然而到了近代，随着五四新文化运动的兴起，这六个字却遭到了无数国人的口诛笔伐，因为在很多人的印象中，"存天理，去人欲"就是封建礼教、扼杀人性的代名词，当然要把它扫进历史的垃圾堆。

其实，这是后人对宋明理学的误解。

理学固然强调存天理、去人欲，但这并不意味着理学完全否定人欲存在的合理性。事实上，朱熹本人更强调人欲是一种本然存在，不可能也不应该完全遏制。他说："虽圣人不能无人心，如饥食渴饮之类。""若是饥而欲食，渴而欲饮，则此欲亦岂能无。"

孔子他老人家也说过："饮食男女，人之大欲存焉。"所谓"饮食"，指的就是人的衣、食、住、行等物质需求，"男女"指的是人的性需求。这都属于人的合理欲望，不但不应禁绝，反而应该予以一定程度的满足。例如，孔子有一次到卫国，看见当地人烟稠密，弟子就问他，现在卫国的人口已经很多了，接下来该做什么？孔子说："富之（让他们富起来）。"弟子又问，富了以后呢？孔子说："教之（教化他们）。"可见孔子也主张，在教人追求人格完善之前，必须先满足人的物质欲望（这就是"先富后教"的思想）。

既然从孔子到朱熹都没有完全否定人的欲望，那么理学所谓的"去人欲"

又是什么意思呢?

其实,这里的"人欲",并不能简单等同于"人的欲望",而是指人的"超出合理范围、违背正当原则的欲望"。虽然这种"合理"与"正当"很难在学理上进行界定,却不难在生活中观察到。比如大部分人活着,都必须通过工作换取衣、食、住、行等生活必需品,这样的行为都是合理正当的,不属于理学要"去"的人欲范畴。但是,如果像某国前总统夫人那样,拥有数千双鞋子、手套,数千只手提包,甚至内裤、胸罩、袜子的数量,都成千上万,以及数百件欧洲大师亲自设计制作的时装(所有这些当然全是世界名牌),就属于不合理、不正当的欲望。这才是理学批判的"人欲"。

简单地说,理学要灭的只是溢出道德堤坝、在社会上肆意横流的物欲,而不是在法律和道德规范内活动的人的正常欲望。用朱熹的话说就是"欲则水之流而至于滥也",不好的欲望,就是水流得过头而导致了泛滥。所谓"滥",就是超出了合理范围、违背了正当原则的意思。至于人的一般生理和心理需求,那当然是正当的,同时也是合乎道德的。在朱熹看来,"须是食其所当食,欲其所当欲""乃不失所谓道心"。

当然,理学中也有糟粕,比如男人不仅可以三妻四妾,还可以嫖妓,女人却必须从一而终、恪守贞节;老公再坏也不能离婚,老公死了还不能改嫁,程颐程老夫子还为此振臂高呼:"饿死事小,失节事大!"但是,这种严重扼杀人性、无视女性权利的思想,并非理学主流。对于今天的我们来讲,用一句老话来说:取其精华,弃其糟粕也。

在儒学的谱系中,从狭义上讲,程朱理学与陆王心学是两个学派,但从广义上说,宋明理学也包含了心学。所以,在"存天理,去人欲"这个命题上,阳明心学与程朱理学是完全一致的。王阳明与朱熹的不同,主要是对本体认识的不同,以及由此引发的修学手段的差异。至于"存天理,去人欲"这个核心理念,则是整个宋明理学始终遵循并践履的唯一的成圣之道。

该理念之所以成为所有宋明理学家共同的精神指南,原因也很简单——若不去掉那些不合理、不正当的欲望,连做人都不一定够格,何敢奢谈成圣?

三　忠于内心是强大内心的第一步

爱曰:"闻先生如此说,爱已觉有省悟处。但旧说缠于胸中,尚有未脱然者。如事父一事,其间温清定省之类,有许多节目,不知亦须讲求否?"

先生曰:"如何不讲求?只是有个头脑。只是就此心去人欲存天理上讲求。……此心若无人欲,纯是天理,是个诚于孝亲的心,冬时自然思量父母的寒,便自要求个温的道理;夏时自然思量父母的热,便自要求个清的道理。这都是那诚孝的心发出来的条件。却是须有这诚孝的心,然后有这条件发出来。譬之树木,这诚孝的心便是根,许多条件便是枝叶。须先有根,然后有枝叶。不是先寻了枝叶,然后去种根。"

——《传习录·上·徐爱录》

徐爱虽然大体明白了阳明先生的意思,但旧习未脱,仍然纠结于一些细枝末节。比如孝顺父母这件事,他就认为在"温清定省"这些细节上仍须讲求。言下之意,似乎很多东西不是一句"体认本心"所能概括的。

所谓"温清定省",是中国人几千年来的孝顺父母之礼。温,是冬天用自己的身体把父母的被子温热;清,是夏天用扇子把父母的草席扇凉;定,是夜晚让父母睡得安稳;省,是早上要向父母问安。

由于时代条件已经发生了天翻地覆的变化,今天的中国人不可能也没必要按照古人的方式去孝顺父母。但是,孝顺的表现方式会过时,孝顺的内在道理却亘古不易。在今天要做到"温清定省",其实也不难,只要冬天给父母买条电热毯,夏天给父母装台空调,出差在外给父母打个电话,逢年过节跟父母吃顿团圆饭,不就是孝顺了吗?就像阳明先生说的,"诚孝的心"才是根本,具体怎么做都是"枝叶"。根不会变,但枝叶却可以常换常新,而且只要有根,就不怕没有枝叶。用今天的话说,"爱父母的心"才是根本,至于具体怎么做才算孝顺,大可因人而异,不必拘泥于外在形式。所以,读古人的书要读其精神,千万不要死在古人句下。

进言之,正如理解"孝顺"不能拘泥于形式一样,在今天的语境下,古人常说的"忠君"概念也不能死抠字眼,而应该理解成敬业精神或职业道德。在当今时代,虽然已没有"君",但只要身处社会,就必然会与他人形成雇佣关系、交换关系或合作关系。所以,时至今日,所谓的"忠",就是要求你认真对待自己的工作,忠实履行自己的职责,并用负责任的态度去对待那些与你有着雇佣关系、交换关系或合作关系的人。

虽然我们现在说的敬业精神,内涵已经跟古代的忠君思想有很大不同,但在某些特殊情况下,一个真正具有敬业精神和职业道德的人,仍会把客户的利益和生命放在首位,而把自己的利益和生命放在第二位。比如,浙江大巴司机吴斌驾车行驶在高速路上,一个铁块突然飞来,砸碎前挡玻璃,并当场把他砸成重伤,可他在生命的最后一刻,强忍疼痛,按照规范动作减慢车速、靠边停车,然后拉上手刹、熄火,通知乘客有秩序地下车,最后才倒下。吴斌的行为和表现感动了无数网友,他用自己的生命诠释了职业道德的含义,因而被誉为"最美司机"。

还有一个真实的故事,说的是一个银行家,刚开了一家银行,吸收了一些小额存款,就碰上了金融危机,所有资金一夜之间化为乌有,他不得不宣告破产。此后,这个失败的银行家决定带领他的家人,通过余生的艰苦工作和节衣缩食,把亏欠储户的那些存款全部还上。一年一年过去,一笔笔还款带着利息被寄到当初那些储户手中。储户们被感动了，因为他们知道：银行倒闭纯属不可抗力，严格来讲，责任并不在那个银行家身上，他们虽然因此遭受了损失，但这个损失由众人分摊较易承受，全让一个人承担显然过于沉重。于是，储户们一致发表声明，表示余下的欠款可以不用偿还了。然而，银行家却将此事视为自己必须履行的道德义务，仍旧坚持不懈地做了下去。就这样，这位银行家牺牲了余生的一切享乐，放弃了很多事业机会，只遵守一个来自内心的道德命令——还钱。直到生命的终点，他才还清了最后一笔欠款。

今天，如果我们很难理解"忠"这个字眼，那么吴斌和银行家的故事就是最好的诠释：忠，既不是一种外在强加的道德规范，也不是一种基于尊卑等级秩序的无条件服从，而是一个人对自身职责的忠实履行，以及对心中道德法则的敬畏和坚守。这是人自己为自己立法，然后自己立法自己遵守。正是在这里，人才体现了区别于动物的高贵与尊严。

在心学的语境中，"心中的道德法则"就是天理，所以王阳明才会说："以此纯乎天理之心，发之事父便是孝，发之事君便是忠，发之交友治民便是信与仁。"

真正的忠，真正的孝，真正的道德，真正的良心，都是由内而外的，它们并不因外在的掌声而建立，也不因外在的打击而消失。敬畏、坚守并履行这些东西，并不一定能带给我们财富、地位和名声；心中的道德法则或天理，也从未向我们承诺过快乐、幸福和成功。但是，如果没有对这些东西的敬畏和坚守，一个人就很难称其为人，一个社会也很难给它的成员带来真正的和谐与幸福。

这些东西是我们生命的根，我们要把根留住。

四 建构自己的"意义世界"

爱（徐爱）因未会先生知行合一之训，与宗贤、惟贤（也是阳明的学生）往复辩论，未能决，以问于先生。

先生曰："试举看。"

爱曰："如今人尽有知得'父当孝、兄当弟'者，却不能孝、不能弟。便是知与行分明是两件。"

先生曰："此已被私欲隔断，不是知行的本体了。未有知而不行者。知而不行，只是未知。圣贤教人知行，正是要复那本体，不是着你只恁的便罢。故《大学》指个真知行与人看，说'如好好色，如恶恶臭'。见好色属知，好好色属行。只见那好色时，已自好了，不是见了后，又立个心去好。闻恶臭属知，恶恶臭属行，只闻那恶臭时，已自恶了。不是闻了后，别立个心去恶。……就如称某人知孝，某人知弟。必是其人已曾行孝行弟，方可称他知孝知弟。不成只是晓得说些孝弟的话，便可称为知孝弟。"

——《传习录·上·徐爱录》

"知"和"行"是同一件事

"知行合一"是阳明心学的又一个核心命题。如果把阳明心学看成一把宝剑，那么"心即理"就是剑柄，"知行合一"就是锋利的剑刃。很多人都认为，阳明心学"知行合一"的意思，就是指理论与实践的统一，或者说理论与实践不可分离。这样的认识，就算不是对阳明心学的误读，至少也是一种很肤浅的理解。

事实上，"知"并不仅仅是指理论，"行"也不仅仅是指实践。因为理论虽然可以指导实践，但它本身并不是实践；实践虽然来自理论，但它本身也不是理论。所以，当我们把"知"和"行"理解成"理论"和"实践"的时候，其实已经把"知"和"行"当成了两种不同的东西。可在阳明心学的语境中，真正的"知"，里面必然包含了"行"；真正的"行"，里面必然也包含了"知"。所以王阳明才会说："只说一个知，已自有行在。只说一个行，已自有知在。"

换言之，"知"和"行"本来就是一件事，只是为了表述的方便，或者是考虑到不同情况下的针对性，才把它分成两件。就像一枚硬币的两面一样，我们可以说一面是图案，一面是字，但我们不能忘记它们不是两个独立的东西，而是同属于一枚硬币。而把"知"和"行"理解成"理论"和"实践"的人，尽管也能说出理论和实践不可分离的道理，但就在他们这么说的当下，其实已经把"知"和"行"一分为二了——因为必须是两枚硬币，说它们"不可分离"才有意义，倘若本来就是一枚硬币的两面，说它们"不可分离"还有意义吗？

既然"知"和"行"不能简单等同于我们一般所理解的理论和实践，那么王阳明所谓的"知"和"行"到底是什么意思呢？

用最简单的语言表达，"知"就是人的认知功能，"行"就是人的行动功能。在一般情况下，我们仅凭字义就可以理解这两个概念，但是，在阳明心学的语境中，这两个概念却有着常人意识不到的极为丰富和深刻的内涵。

同一个世界，在不同人眼中是不一样的

首先，我们必须知道的是，人的心灵并不是一张空白的 A4 纸，我们的认知能力也不是一台复印机，所以，它不会把外在事物原原本本复制到我们的心灵上。关于这一点，西方哲学的认识论已经讲得很透彻，比如康德就对此进行了非常复杂的论证，最后得出的结论是：心灵的内在结构决定了我们所能知道的内容。

从每个人的日常经验出发，我们也不难发现，人的心灵其实更像是画布和颜料，而认知能力就像是画笔，不同的人面对同一个事物或同一个场景，会有不同的反应、感受和体验，因而每个人都会在心里创作出与别人不一样的"作品"。

正如鲁迅所说，一部《红楼梦》，经学家看见《易》，道学家看见淫，才子看见缠绵，革命家看见排满，流言家看见宫闱秘事。由此可见，每个人心中的《红楼梦》都不一样。

再如，我们面前放着一个苹果，在你眼中，它是一种可以补充维生素的水果；可在果虫眼中，那却是人家的家园和粮仓；在水果商贩眼中，它是可以换钱的商品；在生物学家眼中，它是一堆细胞；在物理学家眼中，它是一堆分子、原子和电子；基督徒看见它，就想起了夏娃和人类的原罪；牛顿看见它，就发现了万有引力；乔布斯看见它，拿起来咬了一小口，就有了让全世界"果粉"为之疯狂的 iPad（苹果平板电脑）和 iPhone（苹果手机）。仅仅一个苹果就会让我们产生这么多的纠结和惊喜，那么世界呢？这个纷纭复杂的世界对几十亿人来说，会是一样的吗？换句话说，你能告诉我苹果本身应该是什么，或这个世界本身应该是什么样的吗？

我想，你不能。

同样，我也不能。

由此可见，人对外界的认知，绝不仅仅是感觉器官对外界信息的一种被动接收，而往往是认识主体将自身的知识、经验、观念、态度、感受等投射到了对象物上，才构成了人的认识活动。换言之，在这个过程中，人会通过自身的认知系统和意识结构，把外在的物质自然"人化"，或者说是审美化、符号化。

关于审美化，杜甫名句"感时花溅泪，恨别鸟惊心"就是最好的注解：人因为心中伤感，看见花瓣上沾着露珠，就觉得花在流泪；亲人分别，满心

离愁别恨，看见飞鸟掠过，便觉鸟跟人一样惊惶。这就是人通过意识活动把自然审美化的典型例证。这样的诗歌不胜枚举，从某种意义上说，一部中国诗歌史，就是一部把自然审美化的历史。

此外，人类社会之所以能够摆脱原始状态，从山顶洞里走出来，告别茹毛饮血、结绳记事的生活，就是因为发明了语言、文字、艺术、哲学、宗教、科学等。如果人类没有通过这些文化行为把物质自然"符号化"，文明就无法传播、继承和发展。正是在这个意义上，德国哲学家恩斯特·卡西尔说："人是符号的动物。"

而无论是把自然审美化还是符号化，本质上都是人通过意识活动赋予这个世界以某种"意义"的过程。奥地利心理学家阿德勒说过："无人能脱离意义。我们是通过我们赋予现实的意义来感受现实的。我们所感受到的，不是现实本身，而是经过阐释的现实。"

所谓"经过阐释的现实"，其实就是自然世界的"意义化"。

有一个故事，说一个中国人、一个印度人和一个美国人结伴去看大瀑布。中国人一看，立马张大嘴巴："大自然真美啊！"印度人则双目微闭、两手合十："这就是神的力量！"美国人则蹙着眉头环顾四周："怎么不建个水电站？这也太浪费了！"

面对同一个本无意义的自然，不同的族群、不同的人基于各自的文化，却可以赋予这个自然以千差万别的意义。因此，不管你自觉或不自觉，只要你在这个世界上活动，你总是会按照某种预设的眼光去认识世界。换言之，每个人其实都戴着一副有色眼镜。

是被动接受别人对世界的解释，还是主动建构自己的"意义世界"？

在政治学上经常使用的"意识形态"这个词，就是一副典型的有色眼镜。

谁解释了世界，谁差不多就掌握了世界。德国诗人海涅说过："一个教授在他宁静的书房里孕育出来的哲学观念，可能毁灭一个文明。"（以赛亚·伯林《自由论》）

当意识形态渗透到人的内心时，通常会换个词，叫世界观或人生观。除非你是一个从石器时代穿越过来的人，否则从小到大，你所在的家庭、学校、社会，就会把一整套观念潜移默化地植入你的意识结构中。所以，不管你自己是否觉察，你总是要按照一套既定的世界观和人生观来看待世界，并且在这个世界中采取行动。

但是，同样是获得一套价值观，却有两条截然不同的途径：一是不经省察、不经选择地被动接受；二是自觉主动地寻求和建构。

若是前者，你得到的虽然也是一个经过解释和规定的"意义的世界"，但你是被外在力量抛进去的，你的主动权和自由已经被先行抽离了。尽管把你抛进去的力量有可能向你许诺一个天堂，可最终你会发现，"被给予"的世界只能是一个囚笼（悲哀的是，我们大多数人都被关在这样的囚笼中而不自知）。

若是后者，当你怀着困惑在寻求属于你的"意义世界"时（比如王阳明在二十年间的"五溺"），你就已经是在行使你的主动权和自由了，此时你的主体性就会悄然形成，这个世界的诸多可能性也会向你敞开。虽然你最终选择的仍然是前人创造的某种价值观（比如王阳明最终选择的就是陆九渊早他三百年就创立的心学），但在此之前，你有足够的自由去思考这些观念对你意味着什么。而且最重要的是，正因为你的"意义世界"不是"被给予"的，而是主动寻求并建构的，所以，你在这个过程中获得的力量和智慧，以及最终创造的意义和价值（比如阳明心学五百年来对中国和其他东亚国家的影响），是前者根本无法比拟的。

而王阳明所说的"知"和"行"，指的就是建构这样一个意义世界的动态过程。所谓"知"，重在改造旧有的意识结构和内容，建立一套符合圣贤之道的世界观和人生观；所谓"行"，重在通过与外界的互动，来落实、深化你的认识和观念。究其实，二者本来就是对同一件事的两个不同角度的描述。时至今日，如果我们依旧把"知"和"行"简单地理解成"理论和实践"，那让王阳明情何以堪？

在朱熹那里，世界有两个，一个是抽象的理世界，一个是具体的物世界；但在王阳明这里，世界只有一个，那就是被他赋予了意义的世界。也就是说，无论是理还是物，都必须经由我的主体意识的投射，才能产生意义。因此，在阳明心学的世界里，知，就是意义的寻求和确立，本身就是一种行动；行，就是意义的展现和完成，因而也就离不了知。

五 有一种力量叫"知行合一"

  某尝说知是行的主意,行是知的功夫;知是行之始,行是知之成。若会得时,只说一个知,已自有行在;只说一个行,已自有知在。古人所以既说一个"知",又说一个"行"者,只为世间有一种人,懵懵懂懂的任意去做,全不解思惟省察,也只是个冥行妄作,所以必说个知,方才行得是。又有一种人,茫茫荡荡,悬空去思索,全不肯着实躬行,也只是个揣摸影响,所以必说一个行,方才知得真。此是古人不得已补偏救弊的说话,若见得这个意时,即一言而足。今人却就将知行分作两件去做,以为必先知了,然后能行。我如今且去讲习讨论做知的工夫,待知得真了,方去做行的工夫,故遂终身不行,亦遂终身不知。此不是小病痛,其来已非一日矣。某今说个知行合一,正是对病的药,又不是某凿空杜撰。知行本体原是如此。

——《传习录·上·徐爱录》

  在阳明心学的语境中,"知"本身就是一种建构意义世界的行动(知是行的主意），所以起心动念都是行，"我今说个知行合一，正要人晓得一念发动处，便即是行了"（《传习录》卷下）；而"行"本身就是一种价值观的落实和体现（行是知的功夫），所以这样的"行"也就等于是"知"的自然流溢。

你在街上看见一个美女，觉得她美，这就是知，随即动了一念喜欢之心，这就是行。接着你碰见一个"乞讨者"，觉得他脏，这就是知，随即动了一念厌恶之心，这就是行。所以王阳明说，要弄清楚知行合一，最形象的例子就是"如好好色"（第一个"好"读成 hào，作动词用）、"如恶恶臭"（第一个"恶"读成 wù，作动词用）。见到美女你自然心生喜欢，无须告诉自己应该去喜欢，这就是知行合一；见到"乞讨者"你自然心生厌恶，无须告诉自己应该去厌恶，这也是知行合一。

当然，王阳明说起心动念就是"行"，并不意味着"行"就只有起心动念。如果你从未通过与外界的互动体现你的价值观，那就意味着你的意义世界不曾建立起来，因而这样的"知"就是"茫茫荡荡，悬空去思索"的；而如果你没有赋予你的存在和世界以自己认同的意义，你的行为就没有意义和目的，因而这样的"行"就是"懵懵懂懂、任意去做"的。

所以在王阳明的辞典里，根本找不到一个没有行动的"知"，也找不到一个没有观念的"行"。"圣学只一个功夫，知行不可分作两事。"（《传习录》卷上）

科学上有一种东西叫"全息照片"。所谓全息，就是假如这张照片拍摄的是一张人脸，那么就算你把整张照片撕碎，任意捡起其中的一小张碎片，放大以后来看，它依然是一张完整的人脸。无论用全息技术拍摄任何东西，其中任意一个微小部分都能包含整张照片的全体信息，所以叫"全息"。也就是说，在全息照片中，不仅整体包含了部分，而且部分也包含了整体（佛学对此的表述是"须弥纳芥子，芥子纳须弥"。须弥是极大之意，芥子是极小之意，极大可包含极小，极小也可包含极大）。

对此，王阳明的表述是："一节之知，即全体之知，全体之知，即一节之知。"（《传习录》卷下）

人本主义心理学家马斯洛曾经提出一个命题，叫"存在性认知"，这个命题与阳明心学知行合一的境界，颇有异曲同工之妙。所谓存在性认知，是指人在追求自我实现的过程中获得的一种新的认知能力。马斯洛认为，这是一种本质性的认识。他对这种认识的描述是：在认识主体极为热烈、投入的关注下，认识对象作为整体被把握；同时，主体自身的本质也在与对象的融合中更趋完善。这是一种辩证的、整合的认识，又是真正主动、自由、创造性的认识。

在马斯洛看来，存在性认知是人在高峰体验（类似于王阳明的龙场悟道）中获得的超常认识，同时也是人对存在的本体界的领略。这是主观与客观的高度和谐统一，是认识论与本体论的微妙结合。用他的原话来说就是，在存在性认知中，"'是什么样'与'应当怎么样'已合而为一，没有任何差异和矛盾。感知到的是什么，同时就应该是什么"。

"是什么样"指的是你的潜在本性，"应当怎么样"就是一旦你认识自己的潜在本性，就要全然去实现它，就像一颗橡树的种子会"迫切要求"成长为一棵橡树一样。

"是什么样"就是对本性（天理、良知）的觉知，"应当怎么样"就是为实现本性而采取的行动（存天理、致良知），二者有机统一在"存在性认知"（知行合一）之中。因此，只要你懂得了王阳明所说的知行合一是什么，你也就走在了马斯洛所说的自我实现的道路上。

东海有圣人出焉，此心同也，此理同也。

西海有圣人出焉，此心同也，此理同也。（陆九渊语）

六　阳明心学 & 量子力学

　　身之主宰便是心，心之所发便是意，意之本体便是知，意之所在便是物。如意在于事亲，即事亲便是一物。意在于事君，即事君便是一物。意在于仁民爱物，即仁民爱物便是一物。意在于视听言动，即视听言动便是一物。所以某说无心外之理，无心外之物。

——《传习录·上·徐爱录》

今天的我们信仰什么？

　　数千年来，世代中国人心中都存活着一些神圣的事物，比如自然、神灵、祖先、历史、天意、民心、道德、良知等等。人们总是怀着敬畏之心仰望它们，如同仰望康德头上的星空。可是现在却很少有人愿意仰望了，因为这些神圣的事物都已被现代文明"祛魅"，曾经美丽的星空也已碎裂，人们的头顶只剩下一片虚无。

　　如今，很多人表面活得很强大，其实内心都很脆弱——他们似乎什么都不信，但还是信钱；似乎什么都不拜，但还是拜物；似乎什么都不敬畏，但还是敬畏权力。

其实，从严格意义上讲，我们中国人是有信仰的。因为信仰并不能简单地跟宗教画等号。广义而言，只要对这个世界做出一套完整而自洽的解释，并基于这样的解释去行动，它就是信仰。所以，问题也许不在于信仰的有无，而在于我们所相信的这个东西能给我们带来什么。它是在教导我们追求精神上的成长，还是在怂恿我们追求物质上的成功？它是告诉我们人生短暂，一死永灭，所以人活着就是要及时行乐，还是告诉我们在变幻无常的世俗生活背后还隐藏着某些神圣和永恒的事物，所以人生的意义就在于寻找宇宙和生命的真相？它是教会我们敬畏天地、敬畏生命、关爱他人、心存良知，还是教会我们敬畏权力、膜拜金钱、冷漠自私、利益至上？它是让我们活得一天比一天充实、自在、喜悦、安宁，还是让我们始终活在一个空虚、焦虑、痛苦、不安的状态之中？

当然，在这个世界上，也许没有哪一种信仰足以成为"包治百病"的心灵解药，但至少某些信仰更具备解毒功能，而某些信仰更容易释放心灵毒素，这一点只要稍加思考，还是不难发现的。在此，我无意为世界上的各大主义和宗教制作一个好坏优劣的排行榜，只想强调一点：不管你信仰什么，都必须是你经过思考、判断后做出的理性选择。倘若你信仰的东西未经检验、比较和考察，只有一套狭隘的观念，那我只能遗憾地告诉你——你并没有在精神上真正成人。

一个人在精神上成人的最重要标志，就是要意识到，他人或社会赋予我的思想和观念，只是诸多可选择的观念体系中的一种，它是可以受到质疑和检验的。

人类对物质的认识历程

德国哲学家施泰格缪勒说过："在20世纪，一方面唯物主义哲学（它把物质说成是唯一真正的实在）不仅在世界上许多国家成为现行官方世界观的组成部分，而且即使在西方哲学中，譬如在所谓身心讨论的范围内，也常常处于支配地位。但是另一方面，恰恰是这个物质概念始终是使这个世纪的科学感到最困难、最难解决和最难理解的概念。"

在牛顿被苹果砸中的那个时代（古典物理学时期），所有人都认为，我们周围的世界是独立存在的，它由各种物体（比如桌子、椅子、行星、原子等）组成。无论我们是否去观察它们，这些物体一直都在那儿存在着。这就是唯物主义哲学的世界观，也是我们绝大多数普通人的生活常识。从牛顿力学和常识来看，一张桌子的长短、形状和质量是桌子本身的固有属性，绝不会因为我们看不看它、是站着看它还是跑着看它而改变。也就是说，在这种世界观之下，物质还是很乖的，丝毫不让人头疼。

然而，随着爱因斯坦相对论的出现，原本很老实的物质就开始变脸了。按照相对论，你站着看一张桌子和跑着看一张桌子，它的长短、形状和质量是不一样的。也就是说，同一个物体，对于选取了不同观察条件的观察者而言，就有不同的长度、形状和质量。理论上讲，观察结果可以因观察者及观察条件的不同而有无数个，且每一个都是真实的。

对此，哲学家罗素举过一个形象的例子。他说，假如你坐在一列90米长的火车上，以光速的60%驶过一个站台。这时，在站台上的人看来，这列火车只有70多米长，你也变小了，而且行动变得很笨拙，车上钟表的走时也会减慢20%。假如站台上的人能听见你说话，那么你的声音也会变得含混不清、十分缓慢，犹如唱片卡住了一样。同理，站台上的人对你来讲也会全部变形。

既然物质可以由于观察条件的不同而随意"变形"，那它还有什么"独立存在"的客观属性可言呢？

相对论的出现，在宏观尺度上打破了物质具有"绝对客观"属性的观念，等于剥掉了它的外衣；而紧随其后的量子力学，则在微观尺度上彻底颠覆了物质的基本实在性，形同脱掉了它的内衣，并迫使它开始了一场疯狂的裸奔——其疯狂程度甚至连爱因斯坦都不敢相信、不能接受，以至于终生排斥量子力学。

物质的疯狂裸奔是从原子开始的。

在量子力学诞生之前，人们以为所有的物质客体都严格遵守牛顿力学的三大定律，比如行星一直在其轨道上运转，子弹沿着精确的路线飞向靶标；

而原子的内部结构，也被认为是微缩的太阳系——电子绕着原子核飞速旋转，就像行星围绕太阳旋转一样。然而，1913年，一个叫尼尔斯·玻尔的丹麦年轻人突然提出一个理论，认为电子根本不存在一个清晰的运动轨迹，它会在这一刻运行在这个轨道，下一刻运行在另一个轨道，而且这样的跳跃不用经过其中的任何空间。也就是说，物质会突然间从无到有，又会倏忽从有到无。不仅是电子，所有已知的微观粒子，包括原子，我们都不可能知道其具体的运动规律。说白了，我们日常体验到的硬邦邦的物质，已经变成了一群不可捉摸、随处乱窜的幽灵。

这个划时代的科学发现，就是著名的"量子跃迁"。

1926年，玻尔的学生海森堡进一步提出，我们不可能知道一个原子或者一个电子在什么位置上，同时又知道它在如何运动。你不仅不可能知道，而且，具有确定的位置和运动的原子这一概念，本身就是无意义的。你可以问原子在哪里，并得到一个答案，也可以问原子如何运动，并得到一个答案，但你不可能同时知道二者的答案。

这就是量子力学的另一个基本理论：测不准原理。

如果上述理论已经让你有点儿晕的话，那么玻尔接下来的这句话，肯定会让你抓狂："原子的诡异世界只有被观察时才变成具体的实在。换言之，没有观察时，原子就是一个幽灵；只有当你看它时，它才变成物质。"

倘若一个东西只有在我看它时才变成东西，那它算什么"东西"？！

是的，假如你是一个只愿意相信常识的人，那你肯定会很困惑，物质为何会依赖我们的观察才存在呢？

其实，困惑的不光是你，伟大的爱因斯坦比你还纠结，所以愤然说出了一句名言："上帝不掷骰子。"然后就跟玻尔掐架，掐不赢就跟量子力学说拜拜了。对此，玻尔倒是表现得相当淡定，他说："要是谁第一次听说量子论时没有发火，那他就是没弄明白量子论。"

在量子力学中，微观粒子的主要特征被描述为"波粒二象性"：一个电子或光子，有时候会表现得像一个粒子，有时候则表现得像一个波。它是粒子还是波，取决于实验和观察。当它表现为粒子时，就是一小块浓缩的物质，你可以把它理解为当当碰撞的小球；当它表现为波时，就是一种不定型的运动，能够扩散和消失。

一个东西怎么会既是粒子又是波呢？难道，我现在坐的这把硬邦邦的、实实在在的椅子，就是由这样一群如同幻影的原子幽灵组成的吗？

按照量子力学，我只能回答你：是的。

为了形象化地说明微观粒子的这种"两可"状态，量子力学的创始人之一薛定谔，在1935年设计了一个有点儿残忍的实验（当然只是思想实验）：一只猫被关在一个盒子里，盒中还有一个装毒剂的瓶子，瓶子受控于一个粒子衰变的装置。在观察者进行观察之前，粒子是否发生衰变是无法确定的，所以毒剂被释放与否的概率就是百分之五十。这也就意味着，这只悲惨的猫随时处于一种非死非活、又死又活的"叠加态"中。非得等到一个观察者出现，才能搞定这只猫的死活——你一看它，它要么就全死，要么就全活。

这就是著名的"薛定谔猫实验"。我第一次读到这个实验时，也几乎惊掉了下巴。不过，当我想起《传习录》中的一个故事时，我就释然了。其实，早在薛定谔恶搞那只猫的四百年前，王阳明就已经表述过类似思想了。

这个思想源于一个小故事。

故事有一个美丽的名字，叫《岩中花树》。

岩中花树：王阳明的整体论世界观

先生游南镇，一友指岩中花树问曰："天下无心外之物，如此花树，在深山中自开自落，于我心亦何相关？"

先生曰："你未看此花时，此花与汝心同归于寂。你来看此花时，则此花颜色一时明白起来。便知此花，不在你的心外。"（《传习录》卷下）

在王阳明看来，当一朵花在山中寂寞开无主、没有被任何人观察到之前，它是处于一种"潜隐"（寂）的状态，直到有人来看它，它的形状和颜色才会"一时明白起来"，也就是瞬间从"叠加态"变成了"现实态"。

我想，任何一个量子物理学家，或者任何一个承认量子论的科学家和普通读者，在看到这个故事时，都不会觉得王阳明荒谬。当代著名物理学家保罗·戴维斯说过："人们对世界的常识性看法，即把客体看作与我们的观察无关的'在那里'确实存在的东西，这种看法在量子论面前完全站不住脚了。"另一位物理学家约翰·惠勒（"黑洞"术语的发明者）也说过："实在的切性质，要等到一个有意识的观察者参与之后才能确定。"（保罗·戴维斯《上帝与新物理学》）

正如我们在上节所讨论的，王阳明希望建立的意义世界，其实并非唯心，也非唯物，而是一个心物统一的整体的世界。

事实上，当代的前沿科学也一直在努力建构一种"整体论"的世界观。诚如当代量子理论物理学家大卫·玻姆所言："现在最受强调的是不可分的整体性，在整体的世界中，观察工具与被观察的东西不是分开的。"（保罗·戴维斯《上帝与新物理学》）

王阳明说"无心外之理，无心外之物"，并不是想否定规律、法则和万事万物的存在，而只是想表明——任何规律、法则和事物，都不可能脱离人的认知能力而存在；同样，人的意识也不能脱离这些东西而单独存在。正如他所说的："夫物理不外于吾心。外吾心而求物理，无物理矣；遗物理而求吾心，吾心又何物邪？"（《传习录》卷中）

可见，在王阳明这里，主体与客体，内心与外物，本来就是不可分割的整体。而且，恰恰是由于人的自由意识和创造意识的介入，生活中的一切事物——不管是事君（在职场尽责）、事亲（在家庭尽心）、仁民（关爱他人）、爱物（珍爱万物），还是日常生活中看似琐碎的视听言动——才能被赋予整体性的意义，从而获得存在的价值。

关于王阳明这种整体论的世界观，不要说我们，就算那些整天跟在他身边的学生，脑子也经常转不过弯儿。

有一次，一个不开窍的同学就问他了："先生，您常说心物一体，按我的理解，我自己的身体是全身上下血气流通的，所以叫作同体，可要是我和他人，那就是异体了，至于禽兽草木，那就隔得更远了，怎么能叫同体呢？"

王阳明说："你只是在人与万物感应的浅表层次上看，当然看不出同体。其实，何止人与禽兽草木同体，即使天地也是与我同体的，鬼神也是与我同体的。"

这位同学一听，更加摸不着头脑。

王阳明问他："你看这个天地之间，什么是天地的心？"

同学答："曾经听说人是天地的心。"

"人又以什么做心？"

"只是一个灵明。"

接下来，王阳明说了一段非常经典的话。这段话，几乎所有介绍阳明心学的书都会摘引：

可知充天塞地中间，只有这个灵明，人只为形体自间隔了。我的灵明，便是天地鬼神的主宰。天没有我的灵明，谁去仰他高？地没有我的灵明，谁去俯他深？鬼神没有我的灵明，谁去辨他吉凶灾祥？天地鬼神万物离却我的灵明，便没有天地鬼神万物了。我的灵明离却天地鬼神万物，亦没有我的灵明。如此便是一气流通的，如何与他间隔得？（《传习录》卷下）

这段话既是对"心外无物、心外无理"的最好诠释，也充分展现了王阳明的整体论世界观。如果有人认为王阳明否定外物的存在，那他怎么会说"离却天地鬼神万物，亦没有我的灵明"呢？又怎么会说"遗物理而求吾心，吾心又何物"呢？

第三章
生活中的心学

心灵修行绝不是圣人悟道的专利品,也不是企业领袖引领时代的独门秘籍,而是所有普通人都可以做的事情。不管你的年龄多大,性别、身份、职业为何,就在日常生活的当下,你随时可以给自己打造一间"心灵密室",踏上修行之路。

一　如何为成功"保鲜"

陆澄问:"主一之功,如读书,则一心在读书上,接客,则一心在接客上,可以为主一乎?"

先生曰:"好色则一心在好色上,好货则一心在好货上,可以为主一乎?是所谓逐物,非主一也。主一是专主一个天理。"

——《传习录·上·陆澄录》

天理是什么?

陆澄,字原静,浙江吴兴人,官至刑部主事,是王阳明最早的学生之一,也是《传习录》的编者之一。

小陆同学之所以提这个问题,估计是当时王阳明正在讲授心学的"功夫论"。所谓功夫,当然不是指降龙十八掌或九阴白骨爪,而是指心学的修行方法,即如何在日常生活中用功,以修炼出一个强大内心。

所谓"主一之功",指的是专一精纯、心无旁骛的用功方法,属宋明儒学修行要诀，相当于佛教的"一心不乱""一门深入"，也相当于道家的"抱朴守一"。

小陆同学很实诚，他听老师说"主一"，就想当然地把它理解为"专注"。所以他觉得，只要读书的时候专心读书，待人接物的时候专心待人接物，功夫可能就差不离儿了。

王阳明一听，差点儿没把刚喝的一口茶喷出来。

他狠狠地咳了几下，对小陆说："哦，照你这么说，好色的时候就专心好色，贪财的时候就专心贪财，这也叫'主一'咯？"

小陆的脸唰地红了，赶紧把头低下去。

王阳明把茶杯往桌上一放，接着道："你这叫追逐外物！哪儿是什么主一？所谓主一，就是专主一个天理。"

"专主一个天理"这六个字既是王门圣学的无上心咒，也是整个宋明理学的不二法门。

可是，天理是什么呢？

按照程朱理学，天理就是天经地义、亘古不变的伦理原则和道德规范。

这也是今天的教科书普遍给出的答案。但是，我想说，这个答案是让你考试用的，如果你不需要参加这方面的考试，那这个答案对你根本没用。

为什么这么说？

因为，这是程朱的答案。而我们知道，孔孟的心性之学之所以逐渐演变成道德教条，就是从程朱二老夫子开始的。当然，这里头也有朱元璋的一份"功劳"。自从朱元璋把程朱理学定于一尊，又把动辄说"民贵君轻"的孟子从孔庙扫地出门之后，原本充满独立精神的孔孟儒学就逐渐式微了，而程朱理学则日益官学化、教条化，最终演变成了明清统治者牢笼天下的思想利器，以至天下的文人士子皆"敢于诬孔孟，必不敢非程朱"。

所幸，我们还有王阳明。如果说程朱对天理的权威解释只是让人考状元用的，那么在王阳明这里，天理又是什么呢？

王阳明说，天理绝对不是外界和他人强加给你的道德规范，而是你内心深处的良知，是"人皆有之，不假外求"的"心之本体"（《传习录》卷上）。换言之，无论天理还是良知，都是每个人与生俱来的东西，既不是后天习得的，也不是外在强加的。

看到这儿，有些读者可能会问："照你这么说，所有人生来就都是大善人了，这个世界为什么还有那么多恶人恶行呢？"对此，我们必须知道，天理和良知本身并不等于善，而只是一种辨别善恶的能力。对此，王阳明曾经打过一个比方：天理和良知就像一面明亮的镜子，镜子本身无所谓善恶，但它具有照出善恶、辨别善恶的功能。

也就是说，我们并非生来就是一个善人或者有道德的人，而只是具有一种辨别善恶和践行道德的能力。举个最简单的例子，小孩子看电视最喜欢评论谁是好人，谁是坏蛋，几乎不用大人教，自己就会。虽然他的判断不一定准确，而且标准可能很幼稚，但我们不能不承认——他的道德意识是与生俱来的。

正是在这个意义上，我们说，天理既不是肉食者制定的约束草民的道德训条，也不是老天爷在你出生时就配发给你的一张"善人资格证书"，而是有待于你去发现、去选择、去坚守、去实践的一种道德意识和道德能力（存天理的"存"字，就是作动词用的，意思就是发现、选择、坚守、实践）。

事实上，"道德"的原意，本来就不是指现成的规范和准则。"道"的本义是道路的道（《易经》："履道坦坦""反复其道"），是等待你去发现并行走的一条道路；"德"的本义是获得的得（《礼记》："德者，得也。"），是等着你去实践并获得的一种价值。

正因为道德是一条道路，所以你可以选择去走，也可以选择不走；正因为道德是一种价值，所以你可以选择坚守，也可以选择放弃。一切端赖于你的选择，只要你愿意承担相应的后果。换言之，天理、良知本身只是一面镜子，它既可以照物，也可以蒙尘。虽然我们说天理和良知是每个人与生俱来的，但这个世界上仍然会有许多良知泯灭的人和违背天理的事，而其根本原因就在于这一切都是每个人的自主选择。

所以，王阳明才会提出"专主一个天理"，意思就是让我们坚守自己的道德意识，运用我们的道德能力，时刻守护这面内心的明镜，使之不受灰尘染污。

王阳明说，若你能将"好色、好货、好名"等灰尘污垢通通"扫除荡涤"，使之"无复纤毫留滞"，便能获得一个"全体廓然，纯是天理"的强大内心。

说到这里，我估计很多读者可能要嗤之以鼻了："什么？让我们把好色、好货、好名的心思全部扫除干净，只剩下一个光秃秃的天理，那活着还有什么意思？！"

心学是要让人无情无欲吗？

事实上，心学并不是要把人变成不食人间烟火的神仙，更无意把你变成无情无欲的死灰槁木。所谓叫你不要"好色"，并不是要你斩断情丝遁入空门，或者强迫你过无性婚姻生活，而是要求你把男女之欲控制在一个合理、正常、适度的范围内。

同理，叫你不要"好利"、不要"好名"，也不是让你不要挣钱、不要当官，或逼你放弃名望地位，而是要求你在打拼事业的过程当中，不要唯利是图，不要不择手段，更不要以损害社会、损害他人为代价去换取名利，因为你一旦这么干了，最终受害的只能是自己，而你汲汲以求的名利，到头来也只能变成镜花水月。

事实上，心学非但不排除合理、正当的人欲，而且只要你能在所思所想、所言所行中"专主一个天理"，那么你的官当得越大越好，你的事功干得越大越好，你的名声和社会影响力自然也是越大越好。

要证明那些宋明理学家并不排斥动机纯正、取之有道的名利，其实也很简单，只要翻翻他们的履历就清楚了：周敦颐、张载、程颢、程颐、朱熹、陆九渊、吕祖谦、文天祥，直到湛若水、王阳明，乃至王阳明的弟子钱德洪、王畿等人，有哪个不是当官的？

尽管王阳明的衣钵传人、创建泰州学派的王艮，从小家境贫寒，且一生未入仕途，但至少年轻时就做生意发家了，所以他第一次去见王阳明的时候，就是盛装华服，坐着古代皇帝封禅专用的"蒲轮车"，一路招摇过市、牛烘烘去的。

基本上可以说，在宋明理学家中，除了邵康节等寥寥数人一辈子不进官场外，绝大多数都是高级公务员。这些人家里头，哪个没有几百亩田产、三两处豪宅、几十号仆人？这些人出门，哪个没有车马座驾、听差随从？他们所到之处，哪个地方没人接待？他们所拥有的资产，即便称不上富豪级别，至少也是中产以上吧？他们的身份、地位和社会名望，在当时有谁敢轻视，有谁敢不拿他们当回事儿？

别人暂且不提，就说王阳明，官至江西巡抚、南京兵部尚书，此后又兼左佥都御史、两广总督、两广巡抚……大伙儿说说，如果心学是劝人摒弃一切、不要事功的，王阳明能取得这样的成就吗？

还有，王阳明教我们摒除"好色"之心，这绝不意味着他反对爱情，更不等于他彻底否定异性之间的正当爱慕。事实上，王阳明本人30多岁的时候，就曾经在他妻子诸氏之外，有过一个神秘的红颜知己。

之所以说神秘，是因为这位女子在目前可见的史料中只出现过一次，而且没留下姓名，更没有留下任何可供查考的蛛丝马迹。我们唯一知道的是：正德二年（1507年）春，王阳明被贬为龙场驿丞，启程离京的时候，湛若水等几位好友为他送行，其中就有这个不知名的红颜知己。

当时，湛若水等人都为王阳明赋诗壮行，这个女子肯定也写了，但诗没流传下来。如今我们可以看到的，只有王阳明回赠给她的这一首：

忆与美人别，惠我云锦裳。
锦裳不足贵，遗我冰雪肠。
寸肠亦何遗？誓言终不渝。
珍重美人意，深秋以为期。

王阳明与这位美人之间有何"不渝"的"誓言"，今天我们已经不得而知，但可以肯定的是，两个人的关系不同寻常。

古代男人可以一妻多妾，当官的娶三五个老婆更是常见之事，所以我们揭开王阳明的这桩地下恋情，也算不上爆什么猛料，更不是想吸引读者眼球，而只是想表明：理学家不是木头，他们跟我们一样，也有感情和欲望，唯一不同的只是——我们常常被自己的感情和欲望左右，甚至被其主宰，以致经常做出让自己后悔的事情；而他们却懂得用自己的道德能力，去控制、疏导并转化自己的感情和欲望，从而保持内心世界的光明与纯净。

说到底，无论是理学还是心学，既不提倡"禁欲"，也不赞成"纵欲"，而只是教人"节欲"。诚如现代新儒家、国学大师熊十力所言:"(欲望)不一定是坏的东西,只要导之于正便得。如孟子教齐宣王好色好货,都可推己及人,使天下无旷夫,无怨女,及使百姓同利。这欲何尝不可推广去做好的?如果要做绝欲工夫,必弄得人生无活气,却是根本错误。……欲不可绝而不可不节也。"(《十力语要》)

所以,王阳明教人"专主一个天理",把"好色、好利、好名"等一应私心"扫除荡涤",并不是要人们摒弃七情六欲,而是要把握一个度,凡事节制,遵循合理、正当的原则,防止情感的泛滥与欲望的膨胀,从而让你在物欲横流、名缰利锁的红尘俗世中立定脚跟,做自己的主人,不盲从,不迷失,不颠倒,不异化,始终保持人格的独立、心灵的自由与道德的在场。

要想成功就必须脸厚心黑吗?

今日不少人有一个观念误区,认为一个人要想成功,就必须摒弃道德、脸厚心黑,因而坊间的权谋书、官场书往往卖得很火。但是,王阳明用他的经历和成就告诉我们——做一个心存天理的有品质的人,跟做一个功成名就的有权势的人,二者并不矛盾;不仅不矛盾,而且恰恰是一个人的内在品质,最终决定了他的成功所能达到的高度,以及这种成功所能持续的时间长度。

改革开放以来,中国的一些企业家,凭借他们的勇气和才干,还有时代赋予的机遇,以及对潜规则的谙熟和利用,纷纷白手起家,在短时间内缔造了一个又一个高速成长的企业,然而近年来,我们却目睹了不少光芒万丈的明星企业一夜陨落的残酷现实。最典型的,莫过于少数乳制品企业的沦陷。

导致他们失败的原因也许有很多,但最根本的一点,也许就是这四个字——道德缺失。

以研究中国企业失败案例著称的吴晓波说过:"当今中国的商业界仍处于潜规则太多的时期。……我们至今缺少对一种简单而普适的商业逻辑的尊重,缺少对公平透明的游戏规则的遵守,缺少对符合人性的商业道德的敬畏。所有这一切都使得中国企业的神话或悲剧难以避免地蒙上了一层莫名的

灰色。"（吴晓波《大败局》）

为此，他引用余秋雨的话说，"我们的历史太长、权谋太深、兵法太多、黑箱太大、内幕太厚、口舌太贪、眼光太杂、预计太险，因此，对一切都'构思过度'"。

所谓的构思过度，其实就是宋明理学家们一再指称的"私欲的障蔽"。

在对十九个中国企业的失败案例做过研究之后，吴晓波得出结论："绝大多数（企业）的失败都是因为忽视了经营管理最基本的原则，从而在相当程度上导致了经营的惨败和自信心的丧失。在写作这些案例的时候，我不由得会想起宋代理学家朱熹的那句被咒骂了数百年的格言——'存天理，灭人欲'。对于企业家来说，'存商理，灭人欲'也许是一个值得记取的生存理念。"

我不知道吴晓波对"商理"的具体定义是什么，但我想，无论商理具有怎样的面目，它都必然脱胎于天理，也必然会与企业家的道德修养和内在品质息息相关。因此，我们有理由认为，中国许多企业家虽然有各种各样的办法获得成功，但他们始终没有培养起足以配得上这种成功的内在品质——无论是在他们自己的生命中，还是在他们创建的企业中。

由于品质不过关，所以他们成功的"保鲜期"注定都不会太长。换言之，小成功、伪成功，或许可以在短时间内靠"术"取得，但是大的成功，真正的成功，则必须有"道"来支撑和贯穿。

日本著名企业家稻盛和夫，被誉为"经营四圣"之一（其他三位是松下幸之助、盛田昭夫、本田宗一郎），一人创建了两家"世界500强"企业（京瓷株式会社、日本第二电电株式会社），其中的京瓷株式会社创造了四十多年从未亏损的纪录。2010年，原本已经退居二线、皈依佛门的稻盛和夫，又以78岁高龄接受了日本政府的盛情邀请，出手拯救破产的日本航空公司。而一个拥有如此成就的顶级企业家，其一以贯之的人生哲学和经营理念，归结起来就是中国儒家常讲的四个字——敬天爱人。

敬天，就是敬畏天理，恪守做人的道德。

爱人，就是利益他人、服务社会、增进人类福祉。

稻盛和夫说："人生在世，为欲所迷，为欲所困，可以说是我们人这种动物的本性，如果放任这种本性，我们就会无止境地追求财富、地位和名誉，就会沉湎于享乐。"然而,"当死亡来临的时候,你在今世所创造的地位、名誉、财产就得统统放弃,只能带着你的'灵魂'开始新的征程"。

基于这样的领悟,稻盛和夫认为,人活着,最重要的事情并不是去追求那些外在的东西,而是要做一个有品质的人。具体的做法,就是"追求做人的正确的准则"。他说:"作为人,是正确还是错误,是符合还是违反基本的伦理道德——我把这一条当作人生最重要的规范铭记在心,毕生坚守不渝。"

有趣的是,作为两家世界500强企业的创办人,稻盛和夫所坚守不渝的那些基本道德,无非就是我们上小学时就懂得的常识,如不可说谎、不给人添乱、要正直、不贪心、不能只顾自己等等。

有谁能够想到,就是这些最基本、最单纯的道德品质,居然会成为一个世界级企业家经营人生、经营企业时最为珍视的黄金法则呢?

真理往往是简单的,简单到常常被我们忽视、遗忘、抛弃。

有必要指出的是,稻盛和夫生平最服膺、最崇拜的人,就是日本维新领袖西乡隆盛,而众所周知,西乡隆盛正是王阳明在日本最忠实的粉丝之一。"我的家乡出了两位对日本近代史的明治维新做出过很大贡献的人物,他们就是西乡隆盛和大久保利通('明治维新三杰'中的两位)。我非常喜欢西乡隆盛,他对中国王阳明的学说有相当高的造诣。……每次流放总会带上阳明哲学、儒教的书籍,即使是在贫瘠的荒岛上遭受牢狱之灾,也不断地提高完善自我。"(稻盛和夫《活法》)

很显然,西乡隆盛就是王阳明在日本的"私淑弟子",而稻盛和夫无疑就是王阳明在日本的"再传弟子"。中国的阳明心学,就是这样在"墙外"一次又一次开出了鲜艳的花朵,并一次又一次结出了丰硕的果实。

在此,我不禁想问:要到什么时候,我们才能重拾古人的智慧,读懂、践履并光大阳明心学?要到什么时候,中国企业和中国企业家才能在人生与企业的经营中,按照王阳明所说的那样"专主一个天理"?要到什么时候,他们才能记起那些最基本、最单纯的道德意识,学会做一个有品质的人,从而让道德为成功"保鲜"?

我相信,这一天不会太久。

二　重建一种"富有意义的生活"

（陆澄）问"立志"。

先生曰："只念念要存天理，即是立志。能不忘乎此，久则自然心中凝聚。犹道家所谓结圣胎也。此天理之念常存，驯至于美、大、圣、神，亦只从此一念存养扩充去耳。"

——《传习录·上·陆澄录》

古人之志 vs 今人之志

小陆同学听完王老师的讲解，又经过一段时间的学习摸索，终于弄懂了，原来"主一之功"不是指专注于外在的事事物物，而是指无论待人接物还是独居静坐时，皆一心专注于内在的天理良知，就像孔子说的："君子无终食之间违仁，造次必于是，颠沛必于是。"

小陆学问有了长进，心中甚喜，这一日忽然想到先儒常说的"立志"，便向王老师请教，一个人怎么做才算是真正的立志。

王阳明说:"只是念念要存天理,便是立志。能不忘这一点,久而久之,自然心中凝聚,犹如道家所讲的'结圣胎'。此天理之念常存,以至于达到'美、大、圣、神'的境界,也只是从这一念存养扩充去而已。"

所谓"美、大、圣、神",意指人的四种人格境界,是孟子提出来的。他说:"可欲之谓善,有诸己之谓信,充实之谓美,充实而有光辉之谓大,大而化之之谓圣,圣而不可知之之谓神。"(《孟子·尽心下》)

孟子讲这段话,是在评价他的一个学生乐正子,他认为乐正子达到了"善"和"信"的标准,但还远远达不到"美、大、圣、神"的境界。他说:"一个人表现出了人们喜欢的品质,就叫作善;他确实具有这些品质(不是作秀),就叫作信;这些优秀的品质能够充溢满盈,就叫作美;不但充溢,还能焕发出很大的人格光辉,就叫作大;那种巨大的人格力量还能化导流俗,净化人心,就叫作圣;圣德达到神妙不可测度的最高境界,就叫作神。"

今天,对于古人动不动就搬出圣啊神啊这类超级霸气的字眼儿,我们很容易产生误解,以为这些东西都是古代精神贵族玩的高级奢侈品,跟我们这些凡夫俗子没啥关系,跟日常生活更是沾不上边。其实,这是我们高看了古人,低估了自己。

人是神性与动物性的结合。无论是古人还是今人,在这点上都是一样的。所以,关键并不在于我们能不能获得神圣,而在于我们愿不愿意走向神圣。一个人越能克服自己身上的动物性,他就离动物状态越远,离神越近,而人性的提升就是在这样的过程中实现的。

王阳明教我们"立志",实际上就是让我们确立一种生命的姿态,一种背对动物性、面朝神性的姿态。一旦我们确立了这种姿态,就等于为平凡琐碎的日常生活赋予了一种神圣的意义。就此而言,我们可以说:所谓神圣的境界,并不是一个处所,而是一条道路。换言之,人永远不可能成为神,但人可以无止境地趋近神圣。而一种有价值、有意义的生活,就是在这种无限的趋近中向我们敞开的。正如熊十力所说:"凡人无志愿者,则其生活虚浮无力,日常念虑云为,无往不是苟且,无往不是偷惰,无往不是散漫。……人必有真实志愿,方能把握其身心,充实其生活。"(《十力语要》)

王阳明的再传弟子、泰州学派的罗近溪,曾经讲过他年少时立志的故事。罗近溪说,他十几岁时,曾经跟一个族兄一起去探望一位身患重病的长辈。这个长辈据说混得很不错，有身份，有地位，还很有钱，一辈子顺风顺水，"凡事如意"。可是，一旦死神来催，这些东西通通没用。等罗近溪和他族兄赶到时，那个长辈已经陷入弥留状态。老人看着他们，一句话也说不出来，只是一声接一声地叹气，好像对自己的一生很不满意的样子。

回来的路上，这哥儿俩就陷入了沉思。

罗近溪对族兄说："他老人家一辈子活得那么如意，为什么临了还一直叹气？大哥，你说说看，假如我们兄弟读书有成，科举登第，将来仕途得意，甚至做到宰相，临终时还会不会叹气？"

族兄想了想，说："恐怕也免不了。"

罗近溪若有所悟："如此，我辈须寻个不叹气的事做。"

据罗近溪后来回忆，就是从那时候起，他确立了一生的志向。这个志向，其实跟王阳明年少时一样，就是要做天下第一等事，成为天下第一等人。简言之，就是四个字——学为圣贤。

对王阳明和罗近溪来讲，"学为圣贤"就是他们的第一等事、"不叹气的事"，那么对我们来讲，要寻个什么样的事做，才算第一等的，临了才不会叹气呢？

如今这个时代，很多人都会把物质上的成功视为人生的"第一等事"，竭尽全力追求财富。

钱固然重要，因为没有它我们就无法生存，但当它凌驾于所有价值之上，并且成为一个社会中多数人的人生目标时，我们就等于把自己从"人的生活"集体降格为"动物性的生存"了。

无止境地追逐物欲，信奉"消费至上"，沉迷于感官享乐，已经成了很多人唯一的生活方式。而以这样的方式生活，最终恐怕也免不了是要"叹气"的。

富有意义的生活

早在20世纪30年代，熊十力先生就曾对当时国人的生活方式和内心世界进行了犀利的揭示和鞭挞。他认为，国人之所以精神萎靡、人格堕落，皆因"无志"。他说,志愿这种东西,绝不是平常人所认为的"我欲如何如何",而是像王夫之所说的"志者,心之所存主",也就是王阳明一再强调的"专主一个天理""念念要存天理"。这才是真正的立志。而当时国人心中却没有这样的主宰,"唯中(心中)无所存主,故种种竞逐于外:竞贪,竞淫,竞利,竞名,竞权,竞势,竞种种便利嗜好。竞争其私而背大公,国已亡而无所觉知,种将灭而不关痛痒,人气灭绝,一至此极"(《十力语要》)。

虽然时间已经过去将近一个世纪,中国也早已摆脱亡国灭种的危险,并且走上了民族复兴的伟大征程,但是熊十力对世人的批判和指责似乎并未过时,依旧具有一定的启示意义。

熊十力说:"儒家教学者,必先立志;佛家教学者,首重发心。所发何心?所立何志?即不私一己之心之志,易言之,即公一己于天地万物之心之志而已。"(《十力语要》)

所谓"不私一己""公一己于天地万物",用王阳明的说法,就是"视天下之人,无外内远近,凡有血气,皆其昆弟赤子之亲,莫不欲安全而教养之""视人犹己,视国犹家""视民之饥溺,犹己之饥溺"(《传习录》卷中)。

今日国人往往对于老祖宗的一些教诲不以为然,甚至嗤之以鼻,殊不知,要拥有一个有意义的人生,许多根本性的东西是不因时代变化而变化的。

因此,先哲的严苛责备,只要是真正指出了我们罹患的心灵疾病,那么我们唯一应该采取的正确态度,就是诚实地面对自己,该反思就反思,该内省就内省,然后通过修行做出改变。

唯其如此,我们才可望在未来的某一天,重新健康地行走在大地之上、阳光之下,过上一种富有意义的生活。

但是,在此之前,我们显然应该回到古代的中国人那里,回到伟大的王阳明那里,去找回那些被我们遗忘已久并抛弃已久的道德、智慧和真理,然后在传统文化久已坍塌的废墟之上,重建中国人的内心世界和外部生活。

而对我们每个个体来讲,首先能做的,还是要从自己的内心下手。而入手的第一件事,就是两个字——立志。换言之,我们应该学会在关注肉体生存的同时,也关注我们的精神、灵魂、心智健康和人格完善。

三　内心强大的真正秘密

（陆澄）问："圣人应变不穷，莫亦是预先讲求否？"

先生曰："如何讲求得许多？圣人之心如明镜。只是一个明，则随感而应，无物不照。未有已往之形尚在，未照之形先具者。若后世所讲，却是如此。是以与圣人之学大背。周公制礼作乐，以文天下，皆圣人所能为。尧舜何不尽为之，而待于周公？孔子删述六经以诏万世，亦圣人所能为，周公何不先为之，而有待于孔子？是知圣人遇此时，方有此事。只怕镜不明，不怕物来不能照。讲求事变，亦是照时事，然学者却须先有个明的工夫。学者惟患此心之未能明，不患事变之不能尽。"

——《传习录·上·陆澄录》

不是敌人太过强大，而是我们太过弱小

一个光着脚的人要去远方，但是道路上布满荆棘，他该怎么办？

答案一：打着赤脚一路踩过去；答案二：把路上的荆棘砍光；答案三：

穿上一双结实的鞋子。

我想大多数人都会选择答案三。所以，这个问题对所有正常人来讲，都不称其为问题。那么，接下来请看问题二：

一个人毫无准备地来到世界上，但这个世界是如此险恶，他该怎么办？

答案一：豁出命去跟这个世界拼杀；答案二：把世界改造得和谐一点儿；答案三：修炼一个强大的内心。

只要脑子还清醒，我想大家都会选择答案三。但是，真正的问题在于：人生并不是这么一道简单的选择题。你回想一下，在你踏入这个险恶的社会之前，有人提醒你要修炼内心了吗？就算有，你知道内心强大的真正定义是什么吗？就算知道，你真的已经修炼出一个足够强大的内心了吗？

如果我所料不错，面对这三个问题，多数人都会一脸茫然地摇头。

我们来到这个世界上，其实是被动的，因为事先没有任何人征求过我们的意见。正由于此，按照海德格尔的说法，我们都是"被抛在世"的。

我们被抛在世、慢慢长大后，被要求学习很多知识，掌握很多谋生技能，了解很多人情世故，洞悉形形色色的潜规则，然后就被抛到职场、商场或官场上去拼杀。看上去，我们准备得很充分，可是几轮拼杀下来，往往遍体鳞伤，无力再战。

你想过这到底是为什么吗？

在冲上战场之前，我们明明记得自己已经戴上了头盔，穿上了铠甲，拿上了刀剑，还跨上了战马，可为什么还是被砍得七荤八素、伤痕累累呢？

原因很简单：不是敌人太过强大，而是我们太过弱小。

我们为什么弱小？

因为我们所有的装备都齐了，可就差一件护心保命、刀枪不入的"软猬甲"。

那么，什么才是我们人生战场上不可或缺的"软猬甲"呢？

别急，通过小陆同学的问题，我们慢慢就能找到答案。

小陆虽然整天跟在王阳明身边学习圣人之道，可他的悟性显然没有徐爱高，所以经常提一些比较缺乏技术含量的问题——不过还好是这样的问题，才有利于我们这些同样悟性不高的同学跟他一块儿学习；另外，虽然问题质量不高，王阳明的答案却真正是心学的命根子，也是我们最需要的东西。

这不，小陆同学这两天碰上了烦心事，本想用王老师教的心学功夫对付一下，没想到终究还是内力不足，事情不但没解决，还徒增烦恼，只好向老师求教："我听说，圣人面对外在的事物和变化时，总有无穷的应对方法，莫非是他们事先都研究过？"

小陆同学的毛病跟我们类似，以为学好了文化知识，掌握了谋生技能，了解了人情世故和潜规则，就能出去打天下了，没想到还是嫩了点儿，三两下就败下阵来了。小陆很郁闷：人家过去那些成功人士（圣人）不也只是如此吗？莫非是我的知识不够多、技能不够高、对人情世故和潜规则还没研究透？

王阳明的回答是："哪里能研究得了那么多？圣人之心如同明镜，只是一个干净明亮，则随感而应，无物不照。不可能过去的事物影像还停留着，还没来的事物就已经映照在上面了。如果像后世人们所说的那样，圣人预先把什么都研究过了，那就与圣人之学严重背离了。周公制礼作乐惠及天下，都是过去圣人能做到的，尧舜为何不都做了而等到周公呢？孔子编纂'六经'教育万世，也是过去圣人能做到的，周公为何不先做了而等到孔子呢？所以，圣人是遇到这样的时代，才做这样的事情。只怕你镜子不明亮，不怕物来不能照。研究事物的变化，也是事物照到镜子时的事，但前提是你要先有让镜子明亮的功夫。说到底，你要担心的只是你的镜子不够亮，不用担心事物的变化无法应对。"

小陆同学听完，皱着眉头在那儿想了半天，也不知道听懂了没有。

旁边的徐爱一看，料他必是找不着北，赶紧又为他解释了一番："人的心就像镜子，不过圣人的心是明亮的镜子，常人的心是昏暗的镜子。近代的格物之说（指程朱之学），就如同以镜照物，主要是在'照'上用功，但不知镜子本身乌漆麻黑的，如何照得见？而先生的格物，却是专门去磨那镜子，让它通体明亮，这就叫在'磨'上用功，但是镜子磨亮之后，并不是一切就可以了，还是要去照物。"

要追求面子，更要关心"里子"

如果你跟小陆同学一样困惑，那并不能说明你笨，只能表明你很少关注自己的内心世界。王阳明教我们磨亮心的镜子，意思就是要我们把习惯向外

"照物"的眼睛转回来，审视自己的内心，认识真实的自我。具体而言，就是要在这个充满不确定性的世界上，寻找并建立起一种不被物夺、不为境转、不追随流俗、不盲从他人的人生观和价值观。

要做到这一点，你必须问自己几个问题：

我为什么活着？人生有何意义？要做什么事才不会虚度此生？我要的是什么？什么东西对我是好的、正确的、重要的？什么对我是坏的、错误的、次要的？

在这个世界上，很多人活了一辈子，也许都从来没有思考过上述问题。

有一个故事，说在一个国际夏令营里，老师让来自世界各地的孩子讨论一个问题，题目是"世界粮食匮乏问题"。孩子们都听不懂，于是发达国家的孩子第一个问："什么是世界？"发达国家的人牛气惯了，所以只知道有自己国家，从不知有世界。贫穷国家的孩子问："什么是粮食？"他们太穷了，所以不知粮食为何物。老牌富裕国家的孩子问："什么是匮乏？"他们太富了，也没见过"匮乏"什么样。最后轮到个别国家的孩子，他问："什么是问题？"这几个孩子只知道接受现成的答案，既不善于提问题，也不善于思考和解决问题，所以只能提这样的"问题"。

这当然是个笑话，但是，这个笑话在很大程度上道出了现代人的一种现状：从小到大接受的教育，都是实用知识，目的是将来成为某一领域的专门人才，而在事关人生的根本问题上，教育却很少指引人去思考。

爱因斯坦认为，教育最重要的目标，就是培养每个人的独立思考能力，他把这种能力称为"人的内在自由"。而错误的教育，只会向学生灌输特定的知识，表面上培养了专家，实际上却扼杀了人的独立思考能力和"内在自由"。

的确，如果一个人从未独立思考人生的意义，从未面对真实的自我，内心世界混乱而又迷茫，那他就算掌握再多专门知识，充其量也只能帮自己多找到几根"肉骨头"而已。

要避免这样的情况，就必须对上述那几个根本问题做出自己的回答。

原则上讲，由于每个人都是独一无二的，所以上述问题的答案也应该千差万别，但在当今世界上，如果我们进行问卷调查，多数人的回答却可能是极其相似，甚至惊人一致的。换句话说，绝大多数答案可能都会围绕一个简单的核心,那就是物质上的成功。

一个人要在世界上生存,固然需要各种物质条件,这一点无可厚非。但是,"有意义的生活"绝对不能仅仅用物质标准来衡量,更不能简化为金钱、权力、地位和名望。事实上,上天给予每个人的禀赋、性情、能力、好恶,以及人生起点、成长条件、生活环境、外在机遇等,都是不一样的,所以至少在理论上讲,没有两个人的人生观和价值观会百分之百一致。从这个意义上说,如果今天的年轻人都以成为"网红"、"明星"和"富豪"为人生目标,大家都在拼命追求票子、位子、房子、车子,总想活得更有面子,却没人去关心生命的"里子",那这个社会绝对是病了,而且病得很重。

做真正的自己,做自己认为正确的事

人活在世上,要成为一个什么样的人,要做什么事才有意义,从来没有标准答案。因为每个人的世界观、人生观和价值观,都是千差万别的。

在我们身边,就有一些人的活法,和多数人不太一样,有时候会让我们感到难以理解。

一个年近九旬的老人,生活在一个荒山秃岭、风沙肆虐的地方。23岁那年,他在光秃秃的荒山上种下了第一棵树,然后"种树"就成了他毕生的事业和唯一的使命。从20世纪50年代至今,他用一把锄头、一副肩头和一个甲子的时光种绿了家乡的每一个山头。六十多年里,他亲手种下了8万余株各类树木,面积达到133公顷。如今树已成荫,山已成林,可他说,只要还活着,走得动,就要一直种下去……

一个拥有高学历的美国青年,可以远渡重洋来到中国的一所偏僻小学教书,而他在中国教书五年所积累的"物质财富",就是一个随身携带的帆布包,里面有一顶棒球帽、一本相册、两套换洗衣服、一双旧球鞋,还有饭盆、口杯、牙刷、剃须刀等生活必需品,最后就是一面五星红旗。当有人问他为何把中国国旗带在身边时,他说是为了时时提醒自己:你现在是一位中国教师,你要多为中国教书育人。

一对年近五旬的夫妻,在一所肿瘤医院旁边的小巷里搭了个"抗癌厨房",

每天凌晨四点备好炉火，供病人家属炒菜，为的是让病人吃到家的味道。而他们收取的费用，起初是炒一个菜五毛钱，后来煤、电涨价，才改收一元钱，只为维持收支平衡，过年期间还免费。从2003年起，他们十余年如一日，起早贪黑，却不是为了赚钱。他们的初心很简单："有的病治不好了，但是能让病人吃得好一些，家属的遗憾也能少一些。"

一位研究中国古典文学的女教授，早年侨居海外，执教于美国、加拿大的多所大学，却从1979年开始，每年利用假期回中国讲学，并主动提出不要任何报酬。几十年来，她到国内几十所大学巡回讲学，举行古典诗词专题讲演数百场，培养了大批学术人才。如今，90多岁高龄的她仍讲学不辍，还捐出3500多万元支持传统文化研究。她说："人的精神品格能够提升，提升以后，他就有他自己内心的一份快乐。他不会每天总是为追求现实的那一点金钱之类的东西，而丢掉人生最宝贵的价值。"

那个一生种树的老人叫李洪占，被他披上绿装的那个地方叫蔡家堡，位于青海省海东市互助土族自治县；那个来中国教书的美国青年叫大卫，他的事迹曾被《实话实说》栏目报道；那对为病人及家属提供"共享厨房"的夫妻，丈夫叫万佐成，老伴儿叫熊庚香，生活在江西南昌；那位主动回国的女教授，叫叶嘉莹，现任教于南开大学，她一生只做了一件事，就是将中国古诗词的美带给世人。

这些人就在我们的身边，看上去也许平凡，但他们却活出了属于自己的精彩人生。因为他们懂得做真正的自己，懂得做自己认为正确的事，懂得生活的真谛不在于索取多少，而在于能给予社会和人类同胞多少。

王阳明教我们擦亮心的镜子，就是让我们洗去"好色、好名、好利"等物欲的污垢，让内在于本心的天理显露。如此，你的人生就有了主宰。然后，你就能像这些平民英雄一样，敢于在这个浮躁喧嚣的世界上，倾听内心的声音，选择自己想要的人生目标、生活方式和价值观念，做真正的自己，做自己认为正确的事情。

就像乔布斯所说的："你的时间有限，所以不要为别人而活，不要被教条所限，不要活在别人的观念里，不要让别人的意见左右自己内心的声音。最重要的是，勇敢地去追随自己的心灵和直觉。只有自己的心灵和直觉才知道你自己的真实想法，其他一切都是次要的。"（沃尔特·艾萨克森《史

蒂夫·乔布斯传》）

"请观风急天寒夜，谁是当门定脚人？"（宋代邵雍语）

擦亮心镜，追随你的心灵，你就是这个"定脚人"。

从此，你不但具有为人生寻找确定意义的能力，还能拥有不同于流俗、做自己的勇气。用王阳明的话说，就是"随感而应，无物不照"。

这，才是内心强大的真正秘密。

这，才是你人生战场上不可或缺的"软猬甲"。

四　尘世即净土，人间即天堂

（陆澄）问"上达"工夫。

先生曰："后儒教人，才涉精微，便谓'上达'，未当学，且说'下学'。是分'下学''上达'为二也。夫目可得见，耳可得闻，口可得言，心可得思者，皆'下学'也。目不可得见，耳不可得闻，口不可得言，心不可得思者，'上达'也。如木之栽培灌溉，是'下学'也。至于日夜之所息，条达畅茂，乃是'上达'。人安能预其力哉？故凡可用功，可告语者，皆'下学'。'上达'只在'下学'里。凡圣人所说，虽极精微，俱是'下学'。学者只从'下学'里用功，自然'上达'去，不必别寻个'上达'的工夫。"

——《传习录·上·陆澄录》

拿什么来喂养我们的灵魂？

所谓"下学""上达"，语出《论语·宪问》，原文是"下学而上达"。意思是通过在日常生活中的磨炼和修行，达到对"天命""天道"的认识和体悟。

先秦儒学中的"天命""天道",与宋明儒学中的"天理",主要的意思都差不多。用今天的语言来表达,也可以称为"宇宙法则""终极真理"等。可不管用什么词,它们都有一个共同的特征——抽象。

正因为抽象,所以小陆同学又傻眼了,想了好几天也没弄明白这"上达"究竟是要达到哪儿去,更不知道"上达"的功夫应该怎么练,只好去问王老师。

王阳明知道,这个问题是有相当普遍性的,不光小陆傻眼,其他很多同学也都摸不着边儿,所以就讲解得比较详细。

"后代的儒者教人,往往一涉及精微之处,就说这是'上达'的功夫,不便学,而只去讲'下学'的功夫。这是将'上达'和'下学'打成两截儿了。现在,我告诉你什么是'下学':凡是眼睛看得到、耳朵听得到、口中能说清楚、心里能想明白的东西,都是'下学'。那么什么是'上达'呢?凡是眼睛看不到、耳朵听不到、口中难以表达、心中难以思议的东西,就是'上达'。打个比方,对树的栽培灌溉是'下学',而树的昼夜生长、枝繁叶茂就是'上达',人岂能对树木的生长进行干预?所以说,凡是可以下功夫、可以讲说的,都是'下学',而所谓的'上达',其实不在别处,就在'下学'里。凡是圣人所说的,无论如何精妙细微,都是'下学'。今日学者,只管从'下学'里用功,自然能够'上达',不必另外找寻一个'上达'的功夫。"

小陆同学歪着脑袋听了半天,总算听懂了一半,知道只要在日常生活中用功,自然能够"上达",但是他对于"上达"究竟是要达到哪儿去,还是一片懵懂。

其实,也怪不得小陆犯晕,因为自古以来,绝大多数人对抽象事物向来就漠不关心,而到了今天,像"天命""天道""天理"这类词儿,更是被我们早早扫进了历史的垃圾堆——它们只能静静地躺在落满灰尘的古籍里,跟现实生活的距离简直可以用光年计。

可是,人生的吊诡之处就在于:这些抽象事物虽然表面上跟现实生活毫不相关,但它们会从根本上决定你的生活质量。

为什么?

答案很简单——人是有灵魂的动物。

我们会拿食物来喂养我们的肉体,拿声色来喂养我们的感官,拿金钱和权力来喂养我们的欲望,可你有没有想过,要拿什么东西来喂养我们的灵魂?

除非你认为自己没有灵魂，或者认为人的幸福不需要灵魂参与，否则你就必须为饥饿的灵魂找到合适的养料。物质上的成功固然可以满足我们的生存需要和虚荣心，给我们带来快乐和成就感，但它并不必然带给我们幸福，更无法帮助我们找到人生的意义。

世界上有很多并不幸福的成功人士，也有很多物质条件一般但自己觉得幸福的人。我们有没有想过，这是为什么？

原因同样很简单——前者不懂得照料自己的灵魂，后者却懂得怎样为灵魂输送养分。

而灵魂所需的最重要的养分，就是那些看上去与现实生活相距遥远的精神世界的事物，就是那些被我们弃若敝屣的超越日常经验的"抽象事物"。

"理义之悦我心，犹刍豢之悦我口。"（《孟子·告子上》）

要让我们的灵魂不至于因营养匮乏而饿死，我们就不能仅仅追求那些"目可得见，耳可得闻，口可得言，心可得思"的事物，而同样要关注那些"目不可得见，耳不可得闻，口不可得言，心不可得思"的事物。

用哲学语言来讲，前者可以称为现象的、经验的世界，后者可以称为本体的、超验的世界；前者指向物质的生存，后者指向灵魂的生活。

宇宙和生命，都有一个高贵而神圣的来源

维特根斯坦说过一句话："真正的神秘，不是世界怎样存在，而是世界竟然存在。"

这是什么意思？

很简单，关注"世界怎样存在"，指向的是现象界、经验界的事物，也就是"目可得见，耳可得闻，口可得言，心可得思"的事物，举凡我们日常生活中的一切活动，包括科学研究，都在这个范畴中。而关注"世界竟然存在"，则是要弄明白这个世界是怎么来的，世界为什么能够存在，这样的问题就指向了本体界和超验界，它所研究的必然是"目不可得见，耳不可得闻，口不可得言，心不可得思"的事物，而这正是哲学、宗教关心的命题。

在维特根斯坦的语境中，"世界"自然包含其中的存在物，所以他这句

话也可以这么说:"真正的神秘,不是生命怎样存在,而是生命竟然存在。"

科学告诉我们,宇宙源于大爆炸,人是由猿进化而来的,这就是在说世界(生命)怎样存在。但是,科学却没法告诉我们世界(生命)为何存在。比如,为什么会有大爆炸?奇点是从何而来的?如果像某些科学家形容的那样,大爆炸之后的宇宙只是一锅盲目的"原子粥",那么这锅粥为什么滚着滚着就有了生命?像草履虫这样的单细胞生物,为何会一步步演变成猿,然后又进化成有智慧、有灵魂的人类?

如果你告诉我这一切都是出于偶然,那么我们一起来看看下面这个研究数据:一个叫杜诺伊的法国物理学家曾经计算过,构成细胞的蛋白质分子在最佳自然条件下形成所需的时间是 10 的 234 次方亿年!如果是在一般自然条件下,所需时间更是长得无法想象。可实际上,地球才存在 10 亿年就出现生物了,而且那时候的地球还是一颗滚烫的火球。也就是说,地球刚刚冷却,生物就马上出现了。如果用"偶然"就可以解释,那么这样的"偶然"又何异于精心设计?

假如你在沙漠上走,看见了一块石头,这并不值得奇怪,可如果你看见的是一块手表,你还会说它是偶然产生的吗?你肯定会认为,这是某种智慧生物设计制造的。

有趣的是,我们这个宇宙所表现出的和谐秩序与精密程度,就很像是出于某种意志所设计的。众所周知,地球之所以能够产生并维持生命,需要天文、物理、化学等无数方面的无数条件的巧妙组合,假如太阳稍微大一点儿或小一点儿,地轴与轨道平面的交角稍稍变一下,大气和水的数量、成分不是现在的状态,地球附近没有木星这样的大行星来吸引彗星撞击,那么地球上绝不可能出现生物,更不可能有人类。

面对如此奇妙、和谐、完美的宇宙,很多科学家(包括牛顿和爱因斯坦)在震撼和惊叹之余,都不愿意相信偶然,而情愿相信这一切都是上帝创造的。爱因斯坦说过:"自然界里和思维世界里有着庄严的和不可思议的秩序。""你很难在造诣较深的科学家中间,找到一个没有自己宗教情感的人。"

当然,爱因斯坦说的宗教情感,并不是膜拜某种神灵或人格化的上帝,而是相信宇宙万物和所有生命,肯定都有一个高贵而神圣的来源。换言之,面对"世界(生命)为何存在"的命题,真正的科学家都是充满谦卑和敬畏的,他们会坦然承认——这样的问题已经远远超出了他们的知识范围。

除了"世界(生命)为何存在"这个问题外,"人为什么活着""生从何来,死往何去"等问题,也都是科学无法解决的,只能交给哲学和宗教。而围绕哲学、宗教这些核心命题所进行的思考,以及由此思考引发的行为,就构成了人的灵魂生活和精神生活。

在这个世界上,大多数人向来只关心肉体在尘世活得好不好,却很少去关心生命、宇宙的本原,以及灵魂与生活的关系。我们始终把目光牢牢钉死在现象界和经验界,却生生割断了与本体界、超越界的精神联系,因而把自己从"人"降格为"物",最终当然只能造成生命的异化。

儒、释、道的精神遗产

事实上,中国几千年来的儒、释、道文化,绝不缺乏对终极真理的叩问、探求和阐释,中国历代的智者哲人也从未中断对生命、宇宙的深邃思考。换言之,由中国历代精英知识分子所构建起来的精神传统,跟世界上任何一个国家、民族所创造的文化比起来,都是毫不逊色的,中国文化并不缺乏深刻的精神追求和超越性的品格。

可问题是,为什么中国人在这样的文化中浸泡了两千多年,最终形成的民族性格却倾向于实用主义呢?

首先,有一点是难以避免的,那就是不管在什么国家、什么时代,精英文化与大众文化之间,必然存在巨大的断裂与落差。换言之,无论何时何地,追求灵魂卓越的人只能是少数,大多数老百姓更关心的还是"食、色"与物质上的成功。这一点,古今中外皆然,所以无可厚非。但是,除了精英文化与大众文化的差异之外,中国文化(主要是儒家文化)本身固有的一个思想特征,无疑也是导致中国人普遍倾向于实用主义的原因之一。

这个特征,就是对于现世生活和日用伦常的过度注重。

众所周知,作为中国文化主体的儒家,最注重日常生活中的伦理道德,即便其精神鹄的是"天人合一",是"与天地万物为一体",是心性的提升与超越,但落脚点却始终在现世,其修学途径也始终指向日常生活中的道德实践。孔子提出的"下学而上达",正是对这一思想特征最为简明扼要的概括。用《中庸》的话来说,就叫"极高明而道中庸"——圣人之道虽然高明远大,实践起来却不能离开人伦日用。

相对于世界上的各大宗教,尤其是西方人的上帝信仰,儒家文化的这一特征最具有人文主义色彩。如果说,西方人那种"否定尘世、追求天国"的信仰路径可以称为"外在超越"的话,那么,中国文化这种"就在尘世生活中实现精神超越"的价值取向,则可以称为"内在超越"。但是,不管采取的方法和路径为何,借由心性的提升和灵魂的净化,最终实现对世俗世界的超越,却是东西方文化的共同旨归。

儒家这种"内在超越"的价值取向,塑造了中国文化的基本性格,也成了几千年来无数中国人安身立命的精神基点。"自天子以至于庶人,壹是皆以修身为本",从孔子、孟子,一直到朱熹、王阳明,儒家文化几千年来一以贯之的核心精神,就是这种"不离百姓日用而成圣成贤"的身心之学。

正因为儒家文化倡导的是这种简易直截的修行功夫,所以自孔孟之后的历代儒家圣贤,多重实践而轻玄想,重身教而轻言传。他们既不喜欢像古希腊智者那样终日沉浸于抽象的哲学思辨,也不屑于像近代西方思想家那样,动不动就弄出一套庞大的哲学体系,而是以真实平易的人格力量接引后学,以活泼泼的日用常行化导世人。所以,他们绝不轻言著述——其留给后世的精神遗产,多为平日讲学时由门人弟子编辑的语录,或者是与友人交流讨论的书信,最多也不过是一些札记、随笔之类的东西。

黑格尔之所以认为中国"没有哲学",原因之一正是在此。当然,黑格尔的观点今天看来已不值一哂,因为真正的哲学精神并不在于逻辑思辨和体系构建,而在于对生命、宇宙的形而上思考,对终极真理的叩问,以及由此生发的智慧。在这一点上,中国古代哲学比之西方哲学丝毫也不逊色。不过有一点却是毋庸讳言的,那就是:中国文化这种"重于身心践履,轻视哲学思辨"的倾向,无疑在一定程度上塑造了中国人的现实主义和实用主义性格,同时也相应削弱了中国人的抽象思维能力。

重建我们与精神本体的联系

当然，把这一切都归咎于古人、归咎于儒学肯定是有失公允的。因为，这个世界上根本不存在包治百病的心灵解药。而且，再好的解药，也会出现"法久生弊"的问题——任何一种文化或制度，在创建之初的某种固有倾向（不管这个倾向有多么微小），经过长期演变和时间的连续放大之后，必然会产生重大的偏差，从而背离这种文化或制度的初衷。

其实，不仅是中国文化这种"内在超越"的价值取向会因"法久生弊"而导致副作用，就算西方式的"外在超越"，也同样存在很大的弊病。比如，基督教和上帝信仰就曾在欧洲造成了长达千年的"黑暗中世纪"，人性在当时遭到了极大的摧残与扼杀，假如没有后来的新教改革、文艺复兴和启蒙运动，西方的今天绝不是这个样子。

值得一提的是，启蒙运动时期的很多欧洲思想家，恰恰对中国儒家的人文精神和理性精神推崇备至，比如伏尔泰、霍尔巴赫、狄德罗、莱布尼茨等人，都是孔子的忠实粉丝。其中，伏尔泰可以算得上是骨灰级的。他不仅将家里的耶稣画像改为孔子像，早晚礼拜，还写诗赞美道："孔子，真理的解释者，他使世人不惑，开发了人心；他所说的圣人之道，绝不是预言者的那一套；因此信仰他的人，本国外国都有。"

曾有西方学者认为伏尔泰是一个"全盘华化论者"，因为他对于中国文化的方方面面，几乎都赞不绝口。他说过，"只有中国是世界上最公正、最仁爱的民族。""对于中国，我们应该赞美，应该感到惭愧，更需要模仿他们。""我们不能像中国人一样（理性地生活），真是大不幸！"类似这样的言论，在伏尔泰的著作中几乎俯拾即是。

我们引述伏尔泰的话，并不是想表明中国文化比西方文化优越，而只是想强调一点：任何一种文化，都有它不可取代的独特价值，也都会因为时间的流变而产生偏差；这种偏差会在文明自身内部最大程度地表现出来，但对于其他文明，则反而会因其异质而生出互补的效果（这就是外国的月亮通常比本国圆的道理）。

因此，我们今天需要做的，并不是把"内在超越"变成"外在超越"，也不是要抛弃"下学而上达"的价值取向，而是要认识到自身文化因"法久生弊"导致的缺陷，然后像这些欧洲思想家曾经做过的那样，以谦卑的心态学习异质文明的一切优点，取彼之长，补己之短。

比如，我们需要逐渐改变实用和功利的性格，以及凡事喜欢简易直截的习惯，学会理解复杂、抽象的事物，学会运用哲学思辨和逻辑思维能力，以追求真理、超越实用的心态来对待科学、哲学和宗教，不再把科学仅仅当成某种创造经济效益的技术，不再把哲学视同官场权谋、职场厚黑和廉价的成功学，更不再把宗教（比如佛教）变成卖门票赚香火的旅游产业，或者变成求官、求财、求平安、求富贵的功利活动。

与此同时，我们要越过千百年的历史流变，回到中国文化的源头，传承古人的智慧，重新唤起对终极真理的叩问和探求，以及对生命、宇宙等形而上领域的终极关切，重建具有深刻内涵和超越性品格的纯粹信仰。

唯其如此，我们才可望重新建立与更高维度的精神本体之间的联系。无论你把这种精神本体称为佛陀、上帝、安拉、天命、天道、天理、宇宙法则、绝对精神、终极真理还是别的什么，都无关紧要。重要的是，你必须相信：你并非宇宙这锅"原子粥"中一颗盲目而孤立的原子，你也不是单纯受欲望摆布的只会吃喝拉撒的高级动物，你的生命与天地万物拥有广泛而内在的联结，并且和所有人的生命一样，具有一个共同而神圣的来源（精神本体）。

帕斯卡说，"人是被废黜的国王"，"是从一种为他自己一度所固有的更美好的天性里面堕落下来的"。柏拉图说，"人的灵魂来自一个完美的家园，那里没有我们这个世界上任何的污秽和丑陋，只有纯净和美丽"，而人的一生，"就是不断寻找灵魂家园的过程"。

所以，你没有义务再让你的灵魂为肉体服务，恰恰相反，你的灵魂有权要求肉体为它服务，因为肉体的本质是脆弱和无常的，而灵魂的本性则是高贵和永恒的。人活在这世上的意义，不在于肉体得到了多少享乐，不在于你占有多少物质，而在于你的灵魂是否得到了提升，在于你能够找回多少曾经属于你自己的"更美好的天性"。不过，因为我们每个人的生命都不能脱离天地万物而独存，所以我们的修行就只能在这个尘世中完成——你必须在衣食住行、油盐酱醋的日常生活中，不断完善自己的人格，提升自己的心性（这就叫"下学"），最终才能帮助灵魂找回"被废黜的国王"，回归"灵魂的家园"（这就叫"上达"）。

朱熹说:"问渠那得清如许?为有源头活水来。""渠"就是指你当下的现实生活和生命状态,"源头活水"就是指你的灵魂生活,还有你与更高维度的精神本体之间的联系。你必须找到这样的源头活水,才能获得一种清明澄澈的生命状态,才能拥有高质量的人生。

王阳明说:"不离日用常行内,直造先天未画前。""日用常行"就是指衣食住行、油盐酱醋的日常生活,"先天未画"就是禅宗所说的本来面目,也就是本节所说的世界和生命的本原。在王阳明和禅宗看来,你想寻求这样的本原,根本不必看破红尘,逃离俗世,也不必否定人间,追求天堂,因为真正的修行是精神的提升和超越,不是肉体的逃离与飞升,正如一朵莲花之所以美丽,并不是因为离开污泥,而是长于污泥而不染污泥。所以,真正的修行必然要在油盐酱醋的日常生活中进行,也必然要在混乱扰攘的尘世中完成。一旦你经由正确的修行获得了心性的转化,那么你自然就会发现:这个原本充满了"污秽和丑陋"的世界,其实就是完美的净土,当下就是圣洁的天堂。

因此,真正的"上达",就在"下学"之中。修行不在别处,就在当下!

五　心灵密室：成大事者的"独门秘籍"

不可谓"未发之中"常人俱有。盖"体用一源"，有是体，即有是用。有"未发之中"，即有"发而皆中节之和"。今人未能有"发而皆中节之和"，须知是他"未发之中"亦未能全得。

——《传习录·上·陆澄录》

吃饭睡觉也是一门学问

"未发之中"，语出《中庸》，原文是"喜怒哀乐之未发，谓之中；发而皆中节，谓之和"。意思是，人之喜、怒、哀、乐等情感尚未发动时，内心保持一种寂然不动、不偏不倚的状态，就叫作"中"；情感表现出来时，都能把握一个适当的度，符合自然常理、社会规范和伦理准则，就叫作"和"。

《中庸》认为，"中"与"和"是一种非常高的境界，"中也者，天下之大本也；和也者，天下之达道也"。一旦能够"致中和"，则"天地位焉，万物育焉"。也就是说，当社会上的人们能够普遍达到"中和"的境界，那么天地便能各安其位而运行不息，万物便能各得其所而生长发育了。

很显然，这只是一种理想状态。

事实上，在红尘中打滚的芸芸众生，到底有几个既能做到喜怒哀乐未发时的"中"，还能做到发而皆中节的"和"，是颇有疑问的。尤其是对于生活节奏越来越快、工作压力越来越大、烦恼纠结越来越多的现代人来说，又有谁能在每天的待人接物之中，保证所有情绪的发动都中规中矩、适度恰好呢？即便没事的时候，谁又能保证自己的内心能够保持"寂然不动、不偏不倚"呢？

坦白说，这样的境界对我们而言，即便不是神话，也早已成为传说。

有僧问大珠慧海："修道时如何用功？"

慧海说："饥来吃饭，困来即眠。"

问："所有人不都这样？难道他们同师父一样用功？"

慧海说："不同。"

问："何故不同？"

慧海说："他吃饭时不肯吃饭，百种须索；睡觉时不肯睡觉，千般计较。所以不同也。"

你自己回想一下，在你的记忆中，有哪顿饭你能够细细品尝饭菜的滋味，而不是"百种须索"？有哪天上床你能够老老实实倒头便睡，而不是"千般计较"？

如果你能够像慧海禅师那样"饥来吃饭，困来即眠"，那就算你不具备一个禅者的智慧，至少能拥有一个凡人的幸福。遗憾的是，我们这个社会的大多数人都做不到这点。用王阳明的话来说，就是"今人于吃饭时，虽然一事在前，其心常役役不宁，只缘此心忙惯了，所以收摄不住"（《传习录》卷下）。

我们吃饭的时候，咀嚼的往往不是饭菜，而是工作中的诸多问题和生活上的各种麻烦；我们上床的时候，得到的往往不是休息，而是对过去的回忆或懊悔，对未来的筹划或担忧，或者对现状的不满和焦虑。所谓"百种须索"，就是说我们很善于把各种各样的东西装进内心，结果就把心灵变成了一个拥挤不堪的垃圾回收站；所谓"千般计较"，就是说我们很喜欢计较生活中的各种得失利害，结果就把人生变成了一份枯燥无味的财务报表。

这就是现代人的悲摧境遇。

在这一点上，古代人的幸福指数或许比我们高一些，但根本上不会有太大差异。因为"天下熙熙，皆为利来，天下攘攘，皆为利往"。只要还在红尘中讨生活，你就很难做到"寂然不动、不偏不倚"的"未发之中"，也很难做到"喜怒哀乐发而皆中节"。

按照朱熹对《中庸》的理解，"未发之中"是生命的本体，是人人皆有的"天命之性"，所以，修道的功夫只要放在"发用"（表现于外）上就行了，亦即让喜怒哀乐"发而皆中节"即可。

王阳明却认为，体与用同出一源，既然在现实生活中很多人表现于外的种种情绪都很难做到适度恰好，那就证明他的"未发之中"是有欠缺的，亦即他的本体仍然受到一定程度的障蔽。所以，说"未发之中"常人都有，是不恰当的。换言之，学人修行的重点，应该是直接从"未发之中"入手，去除心体上的障蔽，而不是在外面的待人接物上用功。

不难看出，朱、王在这一点上的差异，正是理学与心学的根本不同之一。

在朱熹看来，理在外，功夫自然要向外做。

在王阳明看来，心即理，搞定自己的心才是根本。

我们的心就是污染源

假如朱熹和王阳明是两个环保主义者，要去治理一条受到污染的河流。朱熹采取的办法，很可能是天天到河里去捡垃圾、抽污水，虽然辛辛苦苦、勤勤恳恳，但是收效甚微、事倍功半；而王阳明则会直溯上游，先把那家天天往河里倾倒垃圾、排放污水的工厂关了，然后再回头清理河面，便能事半功倍、轻松搞定。

毫无疑问，王阳明的办法才是我们想要的。

而那家 24 小时都在制造污染的企业，就是我们自己的心。如果我们从未整治、清理过自己的"未发之中"，那么我们表现出来的种种情绪、作用于外的种种行为，当然大部分只能是"垃圾"和"污水"了。

"如果你的心是一座火山的话，你怎能指望会从你的手里开出一朵花

呢？"（纪伯伦语）

因此，要想让我们的情绪、行为都能"发而皆中节"，不再给自己制造垃圾，不再向外界排放污染，我们就必须从现在开始做一件事。

那就是心灵环保。

我们的下手处，就是这个"未发之中"。

如何打造你的"心灵密室"？

古人所谓的"寂然不动、不偏不倚"的内心状态，用今天的话说，其实就是内心的安宁、平衡与淡定。那么，要怎样才能在这个喧哗与骚动的世界上，在这种纠结如麻花、忙碌似轮转的生活中，做到安宁、平衡与淡定呢？

答案说难也难，说简单也简单，就是给自己的心灵打造一个"密室"。

何谓"心灵密室"？

梁启超说过："欲学为大人物者，在一生中，不可无数年住世界外之世界；在一年中，不可无数月住世界外之世界；在一日中，不可无数刻住世界外之世界。"（张品兴主编《梁启超全集》）

所谓"世界外之世界"，既不是指月球火星，也不是指净土天堂，而是指你的精神生活，你的内在自我——只要你愿意停下脚步、反观内省，你就可以随时从浮躁喧嚣的生活中抽身而出，进入这个超然物外、恬然自处的"心灵密室"。

为何要有"心灵密室"？

梁启超说，自古以来，天下从来没有哪一颗"昏浊营乱"的脑袋，可以"决大计、立大业"的，凡是"大人物大豪杰，其所负荷之事愈多愈重，则其与社会交接也愈杂愈繁"，所以，就非得有一个"世界外之世界，以养其神明"不可。否则的话，这个大人物、大豪杰必将被"寻常人所染，而渐与之同化"；就算不被污染同化，脑子也会坏掉（脑髓亦炙涸），"而智慧亦不得不倒退"。

因此，只有懂得为自己打造一个心灵密室，并且时不时进去住一阵子的人，才能做到"清明在躬，则志气如神"。

那么，如何打造"心灵密室"呢？

答：给自己找一段独处的时间，暂时抛开生活中的所有羁绊和牵挂，进入自己的内心，真诚面对那个被现实遗忘已久的内在自我。然后，做一些跟心灵有关的事情，比如静坐，禅修，听一些感动心灵的音乐，看一些启迪人心的影片，阅读智者哲人写的书，尝试着培养并加深自己对文学、艺术、美学、哲学、心理学、宗教等人文领域和精神事物的兴趣和感悟力。久而久之，你就能给自己打造一个没有实用性、没有功利性的平静而丰富的内在世界，从而再造一个崭新的自我，重建自己与外部世界的关系。

这，就是我们所谓的"心灵密室"，也是梁启超先生所说的"世界外之世界"。君不见，阳明之悟道，释迦之成佛，耶稣之创教，穆罕默德之得天启，莫不出于其一生之数年、一年之数月住于"世界外之世界"；君不见，龙场驿山洞之于阳明，尼连禅河畔之于释迦，约旦河荒原之于耶稣，希拉山洞窟之于穆罕默德，皆为其不可不无之"心灵密室"。

让全世界"果粉"十分崇拜的苹果教父乔布斯，也从19岁起就拥有了自己的"心灵密室"——一个由东方精神、佛教禅宗、禅修冥想、直觉体悟编织而成的超越外在环境的精神世界。从这个内心世界中，乔布斯获得了一种观察外部世界的新的眼光，也获得了一种足以改变世界的惊人能量。从某种意义上说，"乔教主"之所以成为我们这个时代的一个传奇，苹果系列产品之所以成为创造力、想象力、追求完美和不竭激情的代名词，正是得益于乔布斯所拥有的不同于常人的内心世界和精神生活。

乔布斯去世前几年，曾经谈起19岁那年的印度之行对他一生所造成的影响。

印度乡间的人与我们不同，我们运用思维，而他们运用直觉，他们的直觉比世界上其他地方的人要发达得多。直觉是非常强大的，在我看来比思维更加强大。直觉对我的工作有很大的影响。

…………

在印度的村庄待了七个月后再回到美国，我看到了西方世界的疯狂以及理性思维的局限。如果你坐下来静静观察，你会发现自己的心灵有多焦躁。如果你想平静下来，那情况只会更糟，但是时间久了之后总会平静下来，心里就会有空间让你聆听更加微妙的东西——这时候你的直觉就开始发展，你看事情会更加透彻，也更能感受现实的环境。你的心灵逐渐平静下来，你的视界会极大地延伸。你能看到之前看不到的东西。这是一种修行，你必须不断练习。

禅对我的生活一直有很深的影响。我曾经想过要去日本，到永平寺修行，但我的精神导师要我留在这儿。他说那里有的东西这里都有，他说得没错。我从禅中学到的真理就是，如果你愿意跋山涉水去见一个导师的话，往往你的身边就会出现一位。（《史蒂夫·乔布斯传》，沃尔特·艾萨克森著，管延圻等译）

当然，心灵修行绝不是圣人悟道的专利品，也不是企业领袖引领时代的独门秘籍，而是所有普通人都可以做的事情。不管你的年龄多大，性别、身份、职业为何，就在日常生活的当下，你随时可以给自己打造一间"心灵密室"，踏上修行之路。

安禅不必须山水，灭得心中火自凉

就像乔布斯的精神导师对他说的那样："那里有的东西这里都有。"这位导师的意思，绝不是说美国禅修中心的师资力量很强，不亚于日本，而是要告诉他：禅的修行不在别处，就在此时此地，因为你要寻找的东西是"人皆有之，不假外求"的，你又何必远涉重洋，去追求你本来就有的东西呢？

所以，给自己打造一间"心灵密室"，绝非要求你离群索居、遁迹山林。阳明、释迦、耶稣、穆罕默德，他们的悟道固然得益于在一段时间内远离红尘，但这样的远离只是修行过程中的一个阶段而已，其目的并不是逃避世间，而是要借由这样的修行获得一颗更为澄明的心灵，并且怀着一种救世的悲悯重新回到世间，净化世间。

换言之，真正的"心灵密室"，并不是一个与世隔绝的空间或处所，而是一种超越流俗的心态和境界。一个修行人如果暂时选择了背对人群和社会的姿态，那并不等于他在逃避和厌离，而是意味着他将以另外一种方式重建与人群和社会的关系。

诚如王阳明所言："清心非舍弃人事而独居求静之谓也。"（《传习录》卷中）

前几年有一部热播的电视剧，主题本来挺不错的，就是鼓励年轻人不要按照长辈的安排生活，要勇于改变现状，去追求自己真正想要的东西，可惜剧情有些狗血，从头到尾一直在怂恿年轻人辞掉工作出去旅行，还美其名曰"生存体验"。尤其不靠谱儿的是，编导还借剧中人物之口，鼓吹旅行可以让人获得一种"大山大水的胸怀"，可以极大地提升年轻人的精神境界云云。

我觉得这种逻辑实在搞笑，如果去看看大山大水就能拥有"大山大水的胸怀"，那么我们只要多多游山玩水，精神素质是不是就大大提高了？而且中国的大山大水很多，只要我们舍得花钱旅行，每个人的胸怀是不是都将变得无比广阔？

还是让我们来看看，关于心灵和旅行的关系，古罗马的皇帝哲学家马可·奥勒留是怎么说的吧："当人们想要回归自身的时候，总是习惯于寻找那些人迹罕至的地方，如乡村、山林、海滨等，而这也是你一心向往的，但这完全是一种俗不可耐的向往。因为，一个人退到任何一个地方，都不如退入自己的心灵更为宁静和更少苦恼，特别是当他心里有这种思想的时候，他马上就能进入完全的宁静。我坚信：宁静不过是心灵的井然有序。既然如此，那就不断让自己进入这种静修，重塑一个崭新的自我吧。这个原则是如此简单而又基本，一旦付诸实行，就能完全地净化心灵，令你消除所有的烦恼而重返家园。"（《沉思录》）

结庐在人境，而无车马喧。
问君何能尔？心远地自偏。

陶渊明的这首诗，堪与奥勒留的上述观点相互印证。想得到内心的宁静，完全不必去找大山大水，就算你生活在熙熙攘攘的"人境"中，也一样可以听不见车马的喧闹。为什么？因为只要你拥有一个远离尘嚣的"心灵密室"，你的生活自然而然就与浮躁的现实拉开了距离。

安禅不必须山水，灭得心中火自凉。（《夏日题悟空上人院》）

禅修何必一定要在山水之间呢？只要灭却心头的火焰，你的世界自然清凉。

第四章

人生的智慧

要让自己能够日理万机而又保持身心泰然，能够用最少的精力处理最繁杂的事务，成为职场上的高效能人士，其秘诀就在于：只动脑，不动心。

民国时期的某位上海滩大佬，说过一段非常经典的话："上等人，有本事，没脾气；中等人，有本事，有脾气；下等人，没本事，有脾气。"

一　通权达变的智慧

（陆澄）问："孟子言'执中无权，犹执一'。"

先生曰："中只有天理，只是易。随时变易，如何执得？须是因时制宜，难预先定一个规矩在。如后世儒者，要将道理一一说得无罅漏，立定个格式，此正是执一。"

——《传习录·上·陆澄录》

儒家的中道：既要讲原则，也要会变通

小陆提的这个问题，语出《孟子·尽心上》。

孟子当时之所以说这句话，是因为他在讨论杨朱、墨子、子莫（鲁国贤人）三人各自不同的人生观。杨朱是典型的利己主义者，其口号是"拔一毛而利天下，不为也"，意思是就算拔一根汗毛便能利益天下，他也不干（"一毛不拔"就是从这里来的）；墨子是典型的利他主义者，其宣言是"摩顶放踵利天下，为之"，意思是只要能有利于天下，就算头发掉光了、脚跟磨破

了他也干（"摩顶放踵"就是从这里来的）；子莫则介于二者之间，让他拔一些毛去利益天下，他没意见，但是要搞得秃顶加瘸腿这么惨，他就不奉陪了，所以孟子称他为"执中"，意思就是持守中道。

如同上节所言，"中"是儒家哲学最重要的概念之一，与其意义相近的概念有"中和""中庸""中道"等，指的是一种不偏不倚、无过无不及的精神境界，也是儒家学人最重要的人生原则和行为指南。孟子说子莫"执中"，等于是认可了他的人生态度。

但是，孟子接下来却话锋一转，说，如果一个人只懂得"执中"而不会"权"（"权"就是权变、灵活、变通之意），那就是"执一"（执着于一点，固执拘泥，僵化保守），这样就会"举一而废百"，就会损害道。

那么，一个人究竟要怎么做，才能做到"执中"而不流于"执一"呢？

这正是小陆同学的困惑。

阳明先生的回答是："所谓'中'，其实就是我们常说的天理。天理并不是一个可以让你抓住不放的东西，而是一种随着具体条件不断变化的原则，必须是因时制宜、与时俱进，很难预先定下一个规矩。如果像后世儒者所做的那样，要把'中'的道理一五一十说得毫无纰漏，立下一些死规矩，那正是孟子反对的'执一'。"

王阳明的这个答复，说出了儒学最根本的一个精神——有经有权。

经，就是原则；权，就是权变。

有人曾经问孟子："男女授受不亲，是不是礼的规定？"

孟子答："当然是。"

对方又问："如果嫂子溺水了，做小叔子的该不该救？"

我严重怀疑提问的这家伙是来踢馆的，因为这问题实在尖锐。若说可以救，则违背了"男女授受不亲"之礼；若说不能救，又违背了仁义之道。还好孟子功力深厚，没被问倒。他的回答是："若嫂子溺水，小叔不救，那他就不是人（是豺狼也）。理由很简单：男女授受不亲，礼也；嫂溺，援之以手者，权也。"

男女授受不亲，只是一种礼法原则；但嫂子落水，小叔出手援救，则是一种权变。二者并不矛盾。

不独孟子，其实孔子他老人家从一开始就对"权"非常重视。他说过：

"可与共学，未可与适道；可与适道，未可与立；可与立，未可与权。"意思是，可以一块学习圣贤之道的人，未必能一样学有所成；可以一块学有所成的人，未必能一样事事依礼而行；可以一块事事依礼而行的人，未必能一样通权达变。

很显然，"通权达变"在孔子那里具有非常重要的地位，甚至比事事依礼而行更重要，可以视为儒家学人应事接物的最高行动指南。

然而，在儒学两千多年的传承中，"权变"的精神渐渐萎缩，而许多陈腐的教条却被一代代地继承了下来，直至20世纪，终于变成了一种扼杀人性、阻碍社会进步的"封建礼教"，成为举国上下口诛笔伐的对象。

换句话说，儒学最初的精神，其实是活泼而开放的，并没有要求后人死守古人章句和道德教条，而是允许并鼓励后人在恪守根本原则的基础上，根据各自的时代条件，针对本身的社会和人生问题，对既有的思想进行必要的变通、改造乃至创新。

事实上，无论是汉代大儒董仲舒对先秦儒学的改造，还是程朱陆王汲取佛、道智慧所发展出的宋明理学（也被称为新儒学），都是儒学应对时代挑战的产物。尽管这些发展变化不一定符合我们现在的价值观，但在当时都具有很强的现实意义。

由此可见，儒学和世界上任何事物一样，只有不断推陈出新，才能保持强大的生命力。只可惜，自明清以降，诸多中国人就把这个道理抛到了九霄云外，只知道死守古人在千百年前立下的规矩，却丢掉了"通权达变"的精神，才会导致20世纪初出现了"打倒孔家店"的文化思潮。直到20世纪90年代，许多中国人面对严峻的现实，才逐渐意识到，把儒家思想完全抛弃是一种不可饶恕的错误，遂开始了复兴儒学的行动。

这首先肯定是件好事。因为，彻底割断自身文化血脉的民族，绝对没有未来，所以我们必须回到古人那里去寻找智慧。这是刻不容缓的事情。但是，面对中国社会方兴未艾的国学热，我却不免有一丝隐忧：对于流传了两千五百多年的儒学，我们有没有搞清楚何者为亘古不易、历久弥新的根本智慧？何者为不合时宜、必须抛弃的思想糟粕？

如果答案是否定的，那么我们贸贸然复兴儒学，会不会再度堕入胶柱鼓瑟、食古不化的窘境？如果答案是肯定的，那么我们又将如何返本开新，在传承古人智慧、保证"经"不要变味儿的前提下，开出属于我们这个时代的有益于世道人心的"权"？

换言之，我们开出来的"新儒学"，怎么才能符合 21 世纪的百姓日用？怎么才能让人们喜闻乐见，并且看得懂、学得会、用得上、行得通？

我相信，在上述问题得到圆满解答之前，儒学不可能得到真正意义上的复兴。

儒学的复兴：要"接着说"，不要"照着说"

不可否认，在整个 20 世纪，以熊十力、冯友兰、梁漱溟、钱穆、唐君毅、牟宗三、徐复观等人为代表的现代新儒家，也曾终其一生致力于儒学的现代转型工作，并以其深厚的学养和巨大的悲愿与担当，对传统儒学进行了前所未有的改造与重建。

但是，毋庸讳言，尽管他们的努力值得敬佩、成果卓然可观，却仍然存在两个问题：一是其著作大部分属于纯学术研究，都是面向思想界、面向社会发言的，一般人不爱看，也看不懂；二是即使其部分著作是面向大众写的，对他们而言已经是尽可能通俗了，但对今天的普通读者来讲，依然有些高不可攀，因为当今的社会变化太快，时代的隔膜既深且巨，故而其作品无论是在语言文字、表达方式，还是在价值取向、审美趣味上，都已经与今天的读者有了很大的距离。

时至今日，虽然图书市场上堆满了解读传统文化的书籍，但是儒学的真精神又有几人能知？说老实话，在铺天盖地的传统文化读物中，大部分是出版社为了赚钱而大量翻印的所谓"普及本"，还有一部分是专家教授为了评职称而炮制的所谓学术著作。读这些书，我们怎么能了解真正的儒学？当我们因信仰迷失和文化断层导致严重的"精神贫血"时，仅仅把古代典籍稍加注释，翻译成白话文，就能接续传统文化的血脉吗？当我们因人格教育缺失而活得焦虑不安、无所适从时，仅仅用现代学术概念的铲子，去炒炒古人思想的冷饭，就能滋养我们饥饿的灵魂吗？

当然，也不排除少数有良知、有智慧的作者，一直在尝试着从当代的问题出发，重新接续我们的文化传统，写出真正有经有权、返本开新的作品。但是，在今天的中国，这样的作者和作品太少了。

儒学是一种生命的学问，是让人的灵魂得以安顿、精神得以成长、人格得以完善的学问。如果这样的学问不能用当下大多数人都能听懂的语言，以人们愿意接受的方式，应对人们的精神需求，疗救人们的心灵疾患，从而让人们在这个日益疯狂的世界上安身立命，那它就是一种没有价值、没有意义的僵死的东西，只配陈列在博物馆里供人瞻仰。

这既是儒学的不幸，也是我们这个时代的悲哀。

所以，要让儒学复活并作用于当下，我们就要具备返本开新、"通权达变"的智慧。用冯友兰的说法，就是对于传统文化，我们不能"照着说"，而要"接着说"。

"照着说"和"接着说"有什么不一样？

当然不一样。"照着说"是原原本本按照古人的意思说，顶多就是注释、翻译加点评，没有任何新东西；"接着说"则是首先准确把握古人的精神，然后接着这种精神往下说，在新的时代条件下，对传统文化进行创造性的诠释，以期解决新的时代问题和人心问题。

正是在这个意义上，阳明先生告诉小陆，中道或天理，不是让你死抓不放的东西，而是一种随着具体条件不断变化的原则，必须因时制宜、因地制宜。简言之，孟子所言的"执中"，就是要具备"通权达变"的智慧。

二 练就一颗从容自在的心

崇一问:"寻常意思多忙,有事固忙,无事亦忙,何也?"

先生曰:"天地气机,元无一息之停。然有个主宰,故不先不后,不急不缓,虽千变万化,而主宰常定,人得此而生。若主宰定时,与天运一般不息,虽酬酢万变,常是从容自在,所谓'天君泰然,百体从令'。若无主宰,便只是这气奔放,如何不忙?"

——《传习录·上·薛侃录》

如何做到身累心不累、身忙心不忙?

欧阳德,字崇一,江西泰和人,王阳明的学生,后官至礼部尚书。

欧阳同学的问题,很能代表我们现代人最普遍的困惑:平常,一颗心总是忙得要死,有事的时候,固然是忙得七荤八素、找不着北;没事的时候,也往往是"百种须索""千般计较"。天天活得这么累,到底是为什么呢?

阳明先生告诉我们:"天地之间的生机,本来就是没有一刻中断的,所以,人活着，就是处于不停的活动当中，这其实也正常。但是，在忙中要有个主宰，才能做到不慌不乱、不急不缓，纵使外在的事物千变万化，心中的主宰却始终如一、寂然不动，人有了这个主宰，生命才是属于自己的。换言之，若主宰常在，人便与天地一样生生不息，虽然日理万机，却总是从容自在，所谓'天君泰然，百体从令'（南宋范浚语），说的就是这个。若没有主宰，便只是一股气在奔突放逸，岂能不忙？"

这段话听完，欧阳同学可能懂了，我们却可能更迷惑了。

什么叫"主宰"？如何培养这个"主宰"？

按照阳明心学的理路，这个"主宰"其实就是"天理"，培养的方法就是"专主一个天理"。但这么说太抽象了，如果用今天的话来讲，可以这么说：当一个人待人接物的时候，能够有意识地控制自己的情感、情绪、好恶、欲望，并且摒除利害计算和患得患失之心，以纯然的理性来面对事物，就可以称为"专主一个天理"，从而我们的内心就有了一个强大的主宰。

我们在生活中都有一个共同的经验：大多数时候，我们之所以感到累，其实都不是身体的累，而是心累。

如果一件事我们喜欢做，就算通宵达旦也不会觉得累。可要是我们不喜欢做的事情，比如老板动不动就叫你加班，你或许连死的心都有。

那么，如何才能在面对大量纷繁琐碎的事情（而且是自己不喜欢的事情）时，做到身累心不累、身忙心不忙呢？

答案很简单：只动脑，不动心。

绝大多数人平常对待事情时，往往是脑子没动心先动，很容易被自己的情感、情绪、好恶、欲望等控制，只有极少数有修行的定力深厚的人，才会只用脑子（理性）去对待和处理事情。

如果把我们自己比喻成采石场上的搬运工，把每天等待我们处理的工作看成是一大堆石头，那么，每天带着情感、情绪、利害计较、患得患失之心去上班的人，就等于平白无故往自己身上加了一大堆脚镣、手铐和枷锁。试问，这样的人能够搬得动石头吗？就算搬得动，也会把自己活活累死。

而善于用理性去对待事物的人，就等于轻轻松松地空着两手去上班，面对那一堆可以把绝大多数人累死的石头，他却能愉快胜任，有条不紊地一一搞定。

这样的人，就是王阳明所说的心有主宰的人，只有"主宰常定"，才能做到"酬酢万变，常是从容自在"。而心无主宰，容易受情绪、欲望、利害得失左右的人，就是像王阳明说的"只是这气奔放"，结果当然只能忙死累死。

阳明先生这里说的"气"，指的就是人的情感、情绪、性情等，比如我们会把发怒叫作"生气"，把欢乐叫作"喜气"，把性格叫作"脾气"，把控制情绪叫作"沉住气"，等等。

由此可见，要让自己能够日理万机而又保持身心泰然，能够用最少的精力处理最繁杂的事务，成为职场上的高效能人士，其秘诀就在于：只动脑，不动心。

民国时期的某位上海滩大佬，说过一段非常经典的话："上等人，有本事，没脾气；中等人，有本事，有脾气；下等人，没本事，有脾气。"

本事指什么？本事不仅指一个人的能力，更是指这个人面对事情时能够理性思考，从容应对。

脾气指什么？脾气不仅指一个人容易发怒，更是指这个人的情商有问题，不善于管控自己的情感、情绪、欲望等等。

健全人生的三原则

那么，一个人究竟要怎么做，才算理性面对事物呢？

有必要指出的是，我们这里所说的理性，是一种广义上的理性，它不仅指独立判断和理智思考，更包括一种清明而健全的生活态度。如果这么说还是让你感到抽象、不太好理解，那我们不妨来看看下面这三条具体的建议。

第一，不把任何事情视为手段。

我们做事情之所以容易感到累，绝大多数情况下不是因为我们不喜欢这些事情本身，而是想要事情背后的东西。比如，读书就是为了考大学，上大学就是为了找工作，找工作就是为了挣钱，挣钱就是为了活着，活着就是为了成功，等等。如此一来，人生中所做的事，都成了追求别的东西的手段，所以不管做什么事，我们都很少能够体会到事情本身的乐趣和价值。因此，我们会觉得读书很累，工作很累，挣钱很累，连活着都很累。

事实上，我们并不是非要抱有这种看法不可。

要想活得不再那么累，我们就必须去发现每件事情本身的乐趣和价值。比如读书，就要去体会求知的乐趣和知识的价值，而不仅仅是为了升学；工作，就要有意识地培养和锻炼各种能力，实现人生价值，而不仅仅是为了挣钱；活着，就要去感受生活中点点滴滴的美好，而不仅仅是为了出人头地、功成名就。

当然，我们这么说，并不是要求你做什么事都不要设立目标。恰恰相反，一个人的目标越明确，他做事的动力就越强。但是，关键在于，人生是一个具体的、有着丰富内容的过程，而不是一个简单的目标和结果。如果我们把生命的重心完全放在目标和结果上，势必会忽略很多事情本身的乐趣，以及生活本身的价值和意义。

所以，我们读书，可以把考上重点大学当成目标，但不能把读书当成手段；我们工作，可以把升职加薪当成目标，但不能把工作当成手段；我们活着，可以把成功当成目标，但不能把生活当成手段。我们做任何事情，都要像马斯洛所说的那样，能够"纯粹地欣赏'做'本身"，也就是"既能够享受'到达'的乐趣，又能够欣赏'前往'本身的愉快"。

换句话说，我们必须帮自己培养起一种更宽广、更智慧、更具兼容性的生活态度，这种生活态度不仅能容纳对目标的坚定追求，还能容纳对过程本身的体验、欣赏和享受；不仅能让我们朝着最终的目标努力，还能让我们富有创造性地面对生活中的每件事，过好生命中的每一天。

第二，绝大多数事情，都可以被赋予某种意义。

什么是有意义的事情？我想，世界上有多少人，也许就有多少种不同的答案。然而，不管你的答案跟别人多么不同，你都要记住这一点：绝大多数事情，都可以被赋予某种意义。

为什么这么说？

只要你活着，就始终要面对事情，当那些你不喜欢的事情降临时，你只有两种态度可以选择：其一，以抗拒的、消极的心态去面对，在处理事情的过程中痛苦万分，感觉生不如死；其二，以坦然的、积极的心态去承担，告诉自己既然这件事无法逃避，那与其被它摧残得痛不欲生，还不如以勇敢的姿态，以一种有尊严的方式去应对，就像奥斯维辛集中营里的弗兰克尔（后文会详细介绍此人）那样。

当然，生活中总有很多不好的事情，比如天灾人祸，比如事业和感情的挫折，比如生活的磨难，等等。但是，无论什么事情，我们都可以通过对自己态度的选择，尽最大可能去减少这些事情给我们造成的压力、痛苦和伤害。换言之，说我们能够赋予一件事情以意义，并不意味着你要去欢迎它，或者硬要把它当成好事，而是说你可以用一种理性的、智慧的方式，去把一件被动接受而且难以接受的事情，变成一件勇敢面对且主动承担的事情。

存在主义哲学家保罗·蒂利希说过一句看似矛盾却内涵深刻的话："把无意义接受下来，这本身就是有意义的行为。"（保罗·蒂利希《存在的勇气》）

为什么可以这么说？

因为，它昭示了一种勇气，一种可以超越任何外在打击的心灵的力量。

马可·奥勒留也认为，当你发现有一件不幸的事情在你生命中发生时，你不要固执地认为它是不幸的，因为你可以在任何不幸和痛苦面前保持内心的自由。他说："记住，在任何可能使你烦恼的场合都采用这一原则，即这（发生的事情）并非一个不幸，而高贵地忍受它却是一个幸运。"（马可·奥勒留《沉思录》）

第三，一次只做一件事。

现代都市人之所以每天活得匆忙、紧张、焦虑不安，很多时候是因为他们有一种不合理的心理习惯：总是在潜意识中，企图把今天必须完成的所有事情一次性搞定。

很显然，这是很难完成的任务。但这类人经常会在不知不觉中，带着这种错误的心理去从事每天的工作，其结果就是把自己搞得疲惫、沮丧、焦头烂额。

有趣的是，这种近乎强迫症的错误习惯，却是从他们身上某些很好的品质衍生出来的，比如义务、责任感、敬业精神，等等。也就是说，一个人在职场上越是优秀，越具有自律精神，就越有可能患上这种心理病症。

在王阳明的门生中，很多人也会不自觉地犯这种贪多务得、急功近利的毛病，所以王阳明经常告诫他们要"勿忘勿助"。所谓"忘"，就是修行有所间断，有所忘失；所谓"助"，就是"欲速求效"，揠苗助长，结果同样是欲速则不达。

职场上真正的高效能人士，都会对这种心理倾向保持警觉。他们会把一天中要做的所有事情，按照轻重缓急的顺序安排停当，然后集中精力，各个击破。

一个人要想在工作中轻松高效地处理繁杂事务，不仅要养成这种一次只做一件事的习惯，还要有意识地训练一种高度的专注力，那就是：当他手上在做一件事的时候，心里就只有这件事，仿佛世界上也只剩这件事。这种状态，就是儒家常讲的"敬"，也是佛教常讲的"定"。

三　做人之道："成色"比"斤两"更重要

德章曰："闻先生以精金喻圣，以分两喻圣人之分量，以锻炼喻学者之工夫，最为深切。惟谓尧舜为万镒，孔子为九千镒，疑未安。"

先生曰："此又是躯壳上起念，故替圣人争分两。若不从躯壳上起念，即尧舜万镒不为多，孔子九千镒不为少。尧舜万镒，只是孔子的，孔子九千镒只是尧舜的，原无彼我。所以谓之圣，只论'精一'，不论多寡。只要此心纯乎天理处同，便同谓之圣。若是力量气魄，如何尽同得？后儒只在分两上较量，所以流入功利。若除去了比较分两的心，各人尽着自己力量精神，只在此心纯天理上用功，即人人自有，个个圆成，便能大以成大，小以成小，不假外慕，无不具足。此便是实实落落、明善诚身的事。后儒不明圣学，不知就自己心地良知良能上体认扩充，却去求知其所不知，求能其所不能，一味只是希高慕大，不知自己是桀、纣心地，动辄要做尧、舜事业，如何做得？终年碌碌，至于老死，竟不知成就了个甚么，可哀也已！"

——《传习录·上·薛侃录》

成功是人格的镜像

德章是王阳明的一个学生,姓刘,籍贯不详,履历不详。

小刘同学之所以会对"尧舜为万镒,孔子为九千镒"这件事耿耿于怀,是因为王阳明几天前给他们开了一节课,主题是:论做人的成色与斤两。

阳明先生告诉大家:"圣人之所以被称为'圣',只是因为其心纯乎天理,没有半点儿不合理、不正当的欲望,就像24K金(K指黄金的纯度)之所以是24K,也是因为其成色很足,没有半点儿铜铅夹杂一样。但是圣人的才力有大有小,正如金子的分量有轻有重。比如说,同为圣人,尧、舜的分量足有一万镒(古代重量单位,一镒为二十两),文王、孔子相当于九千镒,禹、汤、武王七八千镒,伯夷、伊尹也就四五千镒。虽然才力不同,但在'纯乎天理'上则一样,所以都可以叫圣人,就像一两纯金和一万两纯金分量虽不同,但成色都是24K,所以都可以叫纯金。"

最后,阳明先生得出结论:做人就要论成色(内在的品质),不要论斤两(外在的事功),就好比一两金子跟一万镒金子比,虽然分量悬殊,但只要成色是24K,就可以无愧了。

小刘听完课,深感这个比喻形象贴切,颇受启发,但是一想到先生把孔子说成九千镒,比尧、舜低了一个数量级,心里不免替老人家打抱不平,于是便把问题提了出来。

阳明先生一听,就毫不客气地批评了小刘,说他是"躯壳上起念"。

什么叫"躯壳上起念"?

顾名思义,躯壳,指的就是身、肉体、物质,对应的就是心、灵魂、精神。所谓"躯壳上起念",就是把人生意义建立在了肉体享乐和物质欲望之上,起心动念都离不开这个,同时抛却了自己的心、灵魂、精神,所以就把"成功"定义为种种物质上可见的东西。比如小刘同学,一听阳明先生说孔子只有九千镒,脑子里固有的凡事都用物质来衡量的思维模式马上做出反应,于是疑惑不安,就想替古人争一争"斤两"。

当然,一般所谓的"成功",肯定是有种种外在可见的物质性标准的,不过这些都只是表象,并非内核。在儒学和阳明心学看来,"成功"其实是人的内在品质自然向外流溢所产生的结果,就像太阳正是因为内部的核聚变,才释放出强大的能量，以无穷的光和热照亮万物一样。用先儒的话来讲，一个人必定要先做到"内圣"，而后才能"外王"；必定要先做到"诚意、正心、修身"，而后才能"齐家、治国、平天下"。

换言之，成功固然需要外部的物质条件，但必定是源于内在的精神品质。而且，恰恰是一个人的人格和精神品质得到了完善，他所投射出来的成功才会是健全的、长久的，并且真正值得拥有；而那种缺乏人格力量支持的成功，只能是病态的、虚假的，并且不会长久。用阳明先生的话说，"自己是桀、纣心地"，又怎么可能做成"尧、舜事业"？

成功就是人格的镜像。如果一个人能够具备善良、爱心、忠诚、宽容、正直、诚实、坚毅、勇敢、智慧、谦逊、感恩、同情心、正义感等品质，并且能够在与他人交往、互动的时候，把这些品质自然而然地表现出来，那么这个时候，成功就已经不知不觉来到他身边了，而且不管他走到哪里，它都会跟到哪里。也就是说，成功虽然会以财富、权力、地位、名望等诸如此类的东西为它的外表，但从本质和来源上讲，它却是人格的外化、人格的影子、人格的副产品。所以，人应该担忧的是自己的人格能否完善，而不必担忧成功会何时到来。正如孔子所言："君子谋道不谋食，忧道不忧贫。"

人格是幸福唯一直接的源泉

不可否认，世上多有人格与成功相分离的例子，如立德者未必立功，有功者未必有德。

之所以如此，是因为人格是否完善固然可操之在我，所谓"我欲仁，斯仁至矣"（孔子语），可成功却更多是与外部世界相关的，它不仅需要物质条件的支持，更需要他人和社会的评判与认可。所以，当一个社会的价值观变得扭曲，人心普遍沉迷于物欲的时候，人格与成功分离的情况就会非常严重。

在这种社会中，一个人越是坚持高尚的人格，反而越有可能难以成功；一个人越缺乏良知、越不择手段，反而越有机会出人头地。用经济学语言来讲，这就叫"劣币驱逐良币"。不过我们应该相信，这种情况只是一种变态，绝非常态。因为一个社会不可能在缺乏道德、信仰和正确价值观的情况下，还能运转自如并且长期存在。除非人彻底堕落为走兽，社会彻底异化成丛林，否则它势必会在一段时间后到达一个临界点，发生质变，重新洗牌，再慢慢恢复常态。

但是，退一步讲，即便一个人一辈子都只能生活在价值观扭曲的社会中，他照样可以修养自己的人格，而不问成功之大小有无。正如王阳明所言："只论'精一'，不论多寡。"因为人活着，最重要的事情是把自己造就成一个什么样的人，而不是自己能够拥有多少物质上的东西，或者别人是怎么看待自己的。就像德国哲学家叔本华说的，"人是什么"要比"人有什么"重要得多，也比"他人的评价"重要得多。因为无论何时何地，一个人的个性和品质都伴随着他，所以，人生的幸与不幸极少是由降临到我们头上的东西造成的，而主要取决于我们是以什么样的状态去面对人生。叔本华认为，"人是什么"以及"人自身所固有的东西"就叫作人格，由它所造成的一切，乃是我们幸福和福祉唯一直接的源泉，而其他则只是媒介和手段，因而不会对幸福发生特别的影响。

当然，人活在世上，肯定需要一定的物质基础，假如连吃饭都成问题，那所谓的人格修养就成了无源之水。所以，在基本的衣食住行方面，没人有权去否定和排斥必要的物质条件。但是，当一个人拥有不低于社会正常水平的生活保障之后，他就应该重视自己的人格修养和精神品质，而不能只是一味地追求更大的物质成功。尤其是在一个价值观扭曲的社会中，一个人越能锻造出强大而完善的人格品质，就越能抵御来自他人和社会的侵袭和伤害，从而越能提高自己的生活质量，也越有幸福感；反之，若你坚持要在价值观扭曲的社会中追求更大的物质成功，就不免要承受人格扭曲的痛苦，特殊情况下，甚至要出卖自己的良心和灵魂。如此一来，即便你真的取得外在成功，却会失去人生中最宝贵的东西，同时也很难感受到真正的幸福和快乐。用叔本华的话说："对于病态的人，所有的快乐犹如口中的美酒，总带有一股胆汁的苦味。"（叔本华《人生的智慧》）

所以，孔子才说："邦有道，贫且贱焉，耻也；邦无道，富且贵焉，耻也。"他的意思就是：如果一个社会的风气和价值观是健康的，那你活得既贫且贱，就是一种耻辱，因为在这种社会，人格与成功就应该相伴而行，要是你不成功，甚至还活得很不好，那你就要检讨自己了；但是反过来看，如果一个社会的风气和价值观是有问题的，你居然还活得既富且贵，那就更是一种耻辱了，因为这证明你肯定在某种程度上跟不良的风气和价值观同流合污了，即便你的外表光鲜亮丽，人格世界也只能是漆黑一片。

不过，话说回来，什么事都不能一概而论。在"有道"的社会里，也可能会有表面上"贫且贱焉"，实际上人格非常伟大的隐修者；在"无道"的社会里，也可能会有外表"富且贵焉"，但内心仍然坚守高尚情操的大修行人。而且，如果真有后面这种人存在的话，最终改变社会的力量，很有可能就来自他们。

总而言之，在王阳明看来，不管邦有道还是邦无道，不管外在的环境是天堂还是地狱，一个人活着，最重要的就是关注自己人生的成色，尽着自己的力量精神，"只在此心纯天理上用功"，不断完善自己的人格，那么相应的外在成功无论大小，都不必介怀。反之，倘若不在自己的心地上体认并扩充良知，却一味希求更高的成就和更大的事业，那就算暂时获得成功，其人格也早已破产，最终，他的人生一定会归于失败。

综上所述，王阳明教给我们的做人之道，其实就是一句话——人生在世，首先要注重成色（内在的品质），其次才是关注斤两（外在的事功）。

四　人生中最高的精神价值

侃（薛侃）问："先儒以心之静为体，心之动为用，如何？"

先生曰："心不可以动静为体用。动静，时也。即体而言，用在体；即用而言，体在用。是谓'体用一源'。若说静可以见其体，动可以见其用，却不妨。"

——《传习录·上·薛侃录》

从体上讲，万物悉皆平等；从用上讲，一切皆有可能

薛侃，字尚谦，号中离，广东揭阳人，历任行人、司正，是王阳明的学生，也是《传习录》的编者之一。

在讨论小薛的这个问题之前，我们必须先来了解中国传统文化中一对非常重要的范畴——体/用。无论是儒家哲学还是佛教哲学，都把"体/用"作为自己思想体系中最根本的范畴之一，很多命题和概念，都是从这对范畴中衍生出来的。

那么，"体/用"是什么意思呢？

抛开其在中国哲学史上的流变和诸家学说的差异不谈，仅以其被广泛使用和公认的含义而论，"体"就是指本质、本体、本性，"用"就是指现象、作用、功能。"体"具有超越、普遍、恒常等特征，"用"具有现实、具体、变动等特征。

打个比方，假设有一间屋子，通体皆由黄金打造，里面的家具和器物也都是金子做的，如金桌、金椅、金床、金杯子、金脸盆、金马桶，等等。从本质上讲，这间屋子里不管有多少东西，包括屋子本身，其化学元素都是一样的，这就叫"体"；但是从外观、作用、功能上讲，这些东西又各自不同，这就叫"用"。

"体"是恒常不变的，就算用高温把这间屋子熔化掉，也改变不了金子本身的化学元素。但"用"可以千变万化，比如同样这堆金子，也可以铸造成一间庙宇，里面的东西也可以变成金佛像、金供桌、金香炉、金木鱼等等。从现象、作用和功能（用）上讲，一切都变了，但是从本质、本体、本性（体）上讲，一切其实又都没变，因为金子始终是金子。

综上所述，从"体"上讲，一切都是平等的，在变中自有不变的东西在；但是从"用"上讲，万物却又差异悬殊，那个不变的东西并不会妨碍万事万物的变化。懂得了这个道理，回头再来看中国的儒家哲学和佛教哲学，很多原来不好懂的东西就会迎刃而解了。

例如，儒家讲"人皆可以为尧舜"，讲"仁者爱人"，佛教讲"众生皆有佛性"，讲"心、佛、众生，三无差别"，就是从"体"上讲的。从这个角度看，宇宙万物悉皆平等，无有差别，正如不管是金马桶还是金香炉，都只是作用不同，没有高低贵贱之分。

但与此同时，儒家又讲长幼尊卑，讲伦理秩序下的"爱有差等"（孔子的仁爱是由亲及疏、由近及远的有次第、有差别的爱）；佛教也讲六道众生，讲因果流变中的生死轮回（众生因各自的业力而感召不同果报，在天、阿修罗、人、畜生、饿鬼、地狱的六道中轮回；即使同生为人，其命运也千差万别），这就是从"用"上讲的。从这个角度看，万事万物又都各异其趣，不容混淆，正如你不宜拿金马桶洗脸，也不宜拿金脸盆大小便。

由此可见，当我们面对人生时，"体/用"就是一种很有中道智慧的思维方式，能让我们在这个浮躁而功利的世界中获得一种淡定、平衡的心态。

首先，由于我们知道，从本质上讲，不管是"富二代"还是"穷二代"，其实都是一样的人，正如纪伯伦所言："当你达到生命的中心的时候，你会发现你不高过罪人，也不低于先知。"也就是说，我们都有自我完善的潜质，也都有人格堕落的可能。所以，我们既不必因为口袋里有俩臭钱就天天嘚瑟，以为自己比穷人高贵；更不必因为囊中羞涩就自惭形秽，以为自己比富人卑贱。说到底，人人生而平等，谁也不比谁牛。

其次，也由于我们知道，从现象上讲，世界上的万事万物都处于差异和变化之中，所以虽然老天爷给了每个人完全不同的起点，但并没有把一切都固定下来。因此，当你是"富二代"时，你就要时刻牢记这个世界是变化无常的，今天有钱不代表永远有钱；而如果你是"穷二代"，你更要清楚，没有什么东西是一成不变的，改造命运的机会永远在你手中，只要你够努力，一切皆有可能——尽管你不是富人的后代，却有机会成为富人的祖先。

什么是人生中一以贯之的东西？

在小薛的问题中，除了"体/用"，还有一对范畴就是"动/静"。

动就是指运动、移动、变动，静就是指停止、静止、不变。在中国哲学史上，最早把动与静作为一对范畴来加以考察的是老子。他说"夫物芸芸，各复归其根，归根曰静"；又说"重为轻根，静为躁君"。也就是把静视为动的归宿和根本，视为宇宙的本原。在儒家经典《易传》中，也有对动静关系的阐述。《易传》认为，宇宙万物都处于永恒的发展变化中，但在变化之中有不变的道理存在，是为"动静有常"。

很显然，"静/动"与"体/用"有很强的一一对应关系，亦即"静"对"体"，"动"对"用"，所以历史上有不少思想家会将二者等同或者混用。但是，在王阳明这里，这两组概念却不能简单地画等号。下面，就让我们结合小薛的问题，来看看王阳明的看法为何与前人不同。

小薛提出的问题是："先儒认为心之体就是静，心之用就是动，对吗？"

王阳明斩钉截铁地否定了这个说法。因为在他看来，心之本体只是天理，而"心之本体，固无分于动、静也"。在这一点上，王阳明和朱熹的看法倒是一致的，朱熹也认为"太极（宇宙本体）只是理，理不可以动、静言"。

正因为天理无关动静，所以王阳明认为，关键在于一个人凡事是"循理"还是"从欲"，"循理则虽酬酢万变而未尝动也；从欲则虽槁心一念而未尝静也"（《传习录》卷中）。

如果一个人的所思所想、所作所为皆合乎天理，那么就算他日理万机、应酬不断，其实一刻也没有动过；而如果一个人的起心动念都是出于不合理、不正当的欲望，那就算他表面上纹丝不动，其实一刻也没有静过。

简言之，只要一心遵循天理，无论动静都没有错；做不到这一点，说动说静都不靠谱儿。

我们知道，阳明心学既是一种心灵哲学，又是一种行动哲学，所以王阳明对学生不免会有两方面的担心：一方面，他担心弟子们为了追求心体的静定而陷入枯槁，把静定当成本体，就会有"喜静厌动"之弊；另一方面，他又担心弟子们为了在事上磨炼而心随物转、从欲而动，那就不是天理流行，而是人欲横流了。

因此，他才会反对以一般人所说的"静/动"作为心之"体/用"，而始终强调"循理"的重要性。

在王阳明个人的修行实践以及整个心学的思想体系中，其实任何一样事物都不会被打成两截儿，这是阳明心学最值得我们牢记的根本特征。也就是说，不管是"知/行"、"静/动"还是"体/用"，在阳明这里都是互即互入、不一不二的。所以他才会对小薛说："即体而言，用在体；即用而言，体在用。是谓'体用一源'。"这样的表述方式，跟他在阐述知行关系的时候可谓如出一辙。

那么，什么叫"即体而言，用在体；即用而言，体在用"呢？

打个比方，假如我们现在面对一片浩瀚的大海，那么，大海本身可以视为"体"，海面上翻腾不已、形态各异的浪花就可以视为"用"。这时候，不管浪花翻腾出多少种不同的形态，从本质上看，它都是海水，这就叫"即体而言，用在体"。假如有人从未见过大海，也从未听人说起过大海，他想尝一尝海水的滋味，这时候，他不必把整个大海吞进肚里，而只要尝一小滴，就知道大海的味道了，这就叫"即用而言，体在用"。

如果从王阳明自己的经历来看，只要凡事遵循天理，那么"静/动"和"体/

用"都是可以打成一片的。

例如，他早年在阳明山和龙场驿的山洞里终日静坐，看上去好像只静不动，但是内心世界发生了翻天覆地的变化，这就叫"静中有动"；后来，阳明到南赣剿匪，日理万机，无时不动，但是他内心的天理没有丝毫变化，这就叫"动中有静"。

如此，是谓"动静一如"。

而不管王阳明是在山洞中做"老僧入定"之状，还是在战场上现"金刚怒目"之相，都未曾离开心之本体，所以从"体"上讲，无论动静，皆是"用在体中"；同时，王阳明的所作所为又都是天理的"发用流行"，亦即天理既可以在万籁俱寂的山洞里体现，也可以在杀声震天的战场上体现，所以从"用"上讲，无论动静，又都是"体在用中"。

如此，是谓"体用一源"。

而不管是知行合一、动静一如，还是体用一源，都是把两两相对的东西打成一片。如此一来，功夫就会得力，就可以牵一发而动全身，就可以做到"吾道一以贯之"。

对王阳明而言，其人生中最高的精神价值就是"天理"和"良知"，所以，只要坚守这样的精神价值，他便能随时做到"知行合一""动静一如""体用一源"。用他自己的话说，就是"能随事随物精察此心之天理，以致其本然之良知，则虽愚必明，虽柔必强，大本立而达道行"，"一以贯之而无遗矣"（《传习录》卷中）。

只要你找到自己人生中最高的精神价值，你也能做到"虽愚必明，虽柔必强"！

五　做你自己：别让生活变成一场秀

　　正之问："戒惧是己所不知时工夫，慎独是己所独知时工夫。此说如何？"
　　先生曰："只是一个工夫，无事时固是独知，有事时亦是独知。人若不知于此独知之地用力，只在人所共知处用功，便是作伪，便是'见君子而后厌然'。此独知处便是诚的萌芽；此处不论善念恶念，更无虚假，一是百是，一错百错，正是王霸、义利、诚伪、善恶界头。于此一立立定，便是端本澄源，便是立诚。古人许多诚身的工夫，精神命脉，全体只在此处。"

——《传习录·上·薛侃录》

什么是"慎独"？什么是"为己之学"？

　　黄弘纲，字正之，江西于都人，王阳明的学生，官至刑部主事。
　　小黄在这个问题中，提出了儒家功夫论中一个至关重要的概念——慎独。
　　"慎独"这个概念出自《大学》："诚于中，形于外，故君子必慎其独也。"意思是：一个人拥有什么样的内在人格，就必然会有什么样的言行表现于外，所以君子在独处的时候,必然会跟在大庭广众之下一样谨慎,始终恪守做人的道德原则。

小黄不知从哪里听来了一个理论,说"戒惧"是在自己没有察觉的情况下做的功夫,"慎独"是在只有自己知道的情况下做的功夫,他问王阳明这种说法对不对。

阳明先生不以为然地说:"哪里有那么多种功夫?你闲居独处之时,心里的念头固然只有自己知道,可就算在大庭广众之下做事,你心里的念头难道还不是只有你自己知道?说到底,不论有事无事,有人没人,都只是'独知',所以也就只有一个功夫,那就是在'独知'时用功。"

在王阳明看来,慎独不仅是指独处,更是指独知。这就比《大学》的定义更深了一层,也更深刻地触及了人的意识活动的本质——人不一定总是独处的,但人一定总是独知的。

人生在世,从小到大,从生到死,何往而不是"独知"呢?你快乐的时候,固然可以跟别人分享;你痛苦的时候,也可能有人来帮你分担。可说到底,有谁能够百分之百、原汁原味地感知你内心的快乐和痛苦呢?又有谁能感受你的感受、思想你的思想、走你走的路、过你过的生活呢?

从这个意义上说,"独知"几乎就是人的宿命。这是人最本质的孤独,所以人与人的沟通才显得那么可贵;但这种孤独注定是无解的,所以人与人的沟通才显得那么无力。总会有那么一些时候,你会蓦然发现,自己终究是无人理解的——不论你拥有多少亲密关系,也不论你和他们之间做了多少沟通。

托尔斯泰说过这样一句话:"每个人的精神生活,是这个人与上帝之间的秘密,别人不应该对它有任何要求。"托翁说这句话,是因为他老婆索菲亚想看他的日记,他不让看,就跟老婆吵架,吵输了就发出了这句经典吐槽。我想,给这句话改个词,似乎很适合用来说明"独知":每个人的精神生活,是这个人与上帝之间的秘密,别人不可能对它有任何要求。

无论别人多么想要了解你的精神生活,他也只能听见你对自己内心的描述,不可能真正了知你的精神生活本身;反之亦然,别人的内心,对你而言也永远是一个无法探知的"黑洞"。

正因为人终归是"独知"的,所以真正的修行就必然是,也只能是一趟面对自我的孤独之旅，不可能也没必要做给别人看。

因此，王阳明才会对小黄同学说："人如果不在这种'独知'的地方、在自己的内心用功，而只在言行表露于外的时候、在人所共知的地方用力，那就是自欺欺人，就是作伪。《大学》称这种人是'见君子而后厌然'（'厌'是'掩藏'之意），意思是这种人全然不在'独知'时用功，只会在面对君子时才极力掩藏自己的毛病。"

如果一个人总是习惯性地把功夫做在外面、做在别人看得见的地方，那么久而久之，他就会以别人的好恶为好恶，以别人的标准为标准，就会活在别人的目光和评价之中。这样的人，总想着迎合别人，却忘了安顿自己；总想着取悦别人，却忘了疗愈自己；总想获得认可和赞美，却忘了自己真正需要的是什么。如此，这个人的生活就不再属于自己，而是成为别人眼中的一场真人秀，如同电影《楚门的世界》一样。

这样的人，儒家称其为"循外为人"，佛陀称其为"可怜悯者"。

如果我们不想过这样的生活，那又该怎么做，才能过好这一生呢？下面，我们不妨借阳明先生和小黄同学之口，来虚拟一场对话，以便深入探讨这个问题。

小黄同学问："那正确的做人之道应该是什么呢？"

阳明先生答："一句话——为自己而活。儒学之所以又称为'为己之学'，原因正是在此。"

小黄："为自己而活？那岂不是变得自私自利？"

阳明："错！为自己而活，不是让你凡事只考虑自己的利益，而是让你自己为自己负起责任。"

小黄："怎样才算自己为自己负起责任？"

阳明："我问你个问题，你吃饭吃得饱不饱，是别人说了算，还是你自己说了算？"

小黄："当然是自己。"

阳明："好。那我再问你，你的人生过得好不好，是要由别人来评价，还是你自己来评价？"

小黄想了想，说："这个……这个就不大好说了。"

阳明："为什么不好说？"

小黄："比如我进京赴试，卷子做得好不好，还得由考官来评价；最后能不能中状元，还得皇上说了算。"

阳明："好，那我们权当考官对你的评价很高，皇上也钦点你为状元，那最后是你自己感到高兴，还是别人在强迫你高兴？"

小黄："当然是自己高兴了。"

阳明："那不就对了？中状元只是一个事实，但是对这个事实做何评价、有何反应，还得你自个儿拿主意，是不是？"

小黄："是。"

阳明："所以说，不管你的整个生活呈现什么样的事实，对这个生活拥有最终解释权，并且拥有'最终感受权'的，还是你自己，对不对？"

小黄："对。"

阳明："那我们是不是可以说，无论一个人拥有怎样的外部生活，也不管别人对此做何评价，最终感觉活得好不好、满不满意的，还是这个人的内心，也就是我们所说的'独知'？"

小黄："可以这么说。"

阳明："OK，那我们就可以得出结论了：一个人活着，首先应该关注的就是自己的内心品质，其次才是积累更多的外部生活资料。因为，人的总体生活质量的高低，最终还是取决于内心的感受和评定；而内心品质的好坏，却不能由外部的生活资料的多寡来决定。所以，我们说一个人要为自己负责，意思就是要为自己的内心品质负责，因为这是你的'独知'，除了你自己之外，没人帮得了你。打个比方，如果说外部生活是水，那么内心品质就像是容器，容器的大小、形状、颜色，将决定你能装多少水，以及装进去的水最后会呈现出什么样的形状和颜色。"

诚，就是成为你自己

小黄："那一个人要怎么做，才能获得良好的内心品质呢？"

阳明："一个字——诚。正如孟子所言，'反身而诚，乐莫大焉'。"

小黄："'诚'是否就是诚实、不说谎的意思？"

阳明:"'诚'固然有这个含义,但这是最浅层的含义。换句话说,'诚'固然有不欺人的意思,但最重要的含义是不自欺。具体言之,当我们说一个人诚实无欺,一般是着眼于此人与他人和外界的交往、互动,也就是人与人的关系;但是先儒所说的'诚',主要是着重于一个人的内在品质,也就是这个人如何面对自我、塑造自我,亦即人与自我的关系。"

小黄纳闷儿:"人与自我的关系?这好像有点儿抽象……先生,您能不能直接告诉我,抛开浅层的含义不谈,'诚'到底该如何定义?"

阳明:"很简单,'诚'就是成为你自己,成就你自己。《中庸》很早就说过了,'诚者,自成也'。儒学之所以又被称为'成己之学',原因就在于此。"

小黄脸上打满了问号:"成为自己?人难道不是一直是自己吗?"

阳明:"这就是多数人的观念误区了。这个世界上有许多人,你可以说他是随便什么东西,比如是一种职业、一种身份、一个角色、一种名声、一堆财产等等,但唯独不是他自己。因为,当一个人不懂得真正的自己是由内在品质决定的,他就会把生命的重心完全放在外部世界,用世俗的观念、社会的标准、他人的意见来指导自己的生活、评价自己的生活。而一旦你剥下他在这场'人生化装秀'上的种种外包装之后,你将会遗憾地发现,他的内在空无一物、苍白如纸。"

小黄:"先生,那要怎么判断一个人是不是他自己呢?"

阳明:"通常来讲,是要看他有没有独立的精神生活。"

小黄:"独立的精神生活怎么判断?"

阳明:"不难,从一个人的言行举止、生活方式、兴趣爱好等,都能看出来。另外,还有一个最简单的判断标准,就是看他能不能独处,以及怎样独处。假如一个人独处的时候,总是百无聊赖,几欲抓狂,好像没有别人他就活不下去。对这种人来讲,闲暇就意味着无聊和空虚,独处就是他生命中的不可承受之轻,那这个人就是把自己弄丢的'可怜悯者'。而如果一个人独处的时候,不管做什么都能感到宁静、充实和满足,那基本上就能断定:这个人拥有比较独立的精神生活,也拥有相对健康的内在品质,因而也就是一个能够自作主宰的人。这种人最少依赖于外界和他人,也最不需要那些毫无意义的社交活动和无谓的应酬。就像卢梭说的,'我独处时从来不感到厌烦,闲聊才是我一辈子忍受不了的事情'。"

小黄："先生，那一个人该怎么成为自己、成就自己呢？或者说，该怎么培养'诚'呢？"

阳明："此'独知'之处，便是'诚'的萌芽。一个人只要懂得，无论你在这个喧闹的世界上有多少同类，也无论你走到世界的任何角落，你的内心世界都只有你自己在感受，与你相依相伴的人也只有你自己，那么这个时候，你自然就知道要为自己负起责任了。此处，不论善念恶念，你一点儿也没法跟自己玩虚的，一是百是，一错百错。意识到这一点，你也就开始成为你自己、成就你自己了。所以，'诚'也可以理解为真诚地面对自己。在这个地方立定脚跟，便是立诚。古人许多诚身的功夫、精神命脉，全体只在此处。究其实，'诚'的本义，'慎独'的本义，都是自己为自己负责的意思。值得强调的是，这里说的负责，不是一种义务，而是一种权利。这是每个人的天赋权利，没有人可以剥夺，也没有人可以越俎代庖。"

好人一定有好报，恶人一定有恶报吗？

小黄挠头："先生，为自己负责的意思我懂了，可这个权利啊义务啊什么的，我听不太明白。"

阳明："我之所以这么说，是因为世人对道德普遍有一种误解，以为培养道德品质是一种社会义务，是外在的伦理规范所要求的。事实上，这种看法很偏颇。因为，道德首先是指一个人内在的精神品质，只有当它表现于外时，才构成与他人的伦理关系。而正如我们前面说的，一个人内在的精神品质，将从根本上决定这个人的人生品质。所以，如果一个人想拥有高品质的人生，那他首先就该拥有高水准的道德。正是在这个意义上，我说一个真正懂得为自己负责的人，一个致力于提升道德品质的人，就是在享受上苍赐予他的天赋权利，而不是在履行社会强加给他的伦理义务。"

小黄听着这些话，突然陷入紧张的思考，半晌才吞吞吐吐地说："可是先生，现实生活中我们经常看到，大多数人违背道德，是因为这么做能给他们带来利益，但如果一个人坚持道德，可能非但不能获益，反而因此受损，那他还有什么理由、有什么动力去坚持道德呢？"

阳明笑："这是世上绝大多数人的又一个观念误区。在弄清这个问题之前，我先来问你个问题，你相不相信'善有善报，恶有恶报'？"

小黄想了想，说："有时候信，有时候又有点儿动摇。"

"为什么？"

"当我看到书上的圣贤教诲时，我信了；可当我看到好人落难、恶人享福的时候，我就动摇了。"

"那有没有人告诉你，为什么好人会落难、恶人会享福？"

"嗯……通常是说，因果报应必须纵观三世，如果一个好人前生带来的恶业尚未消尽，那即便他现在做了很多善事，也必须先清偿前世的恶业，到后世才享受今世行善的福报；而恶人则刚好相反，由于他前世的善业还在，所以暂时还能享福，要到后世才去承受今世作恶的果报。"

阳明先生与小黄同学的这场虚拟对话，到此告一段落。在此，我借小黄之口对善恶果报所作的解释，是一种基于宗教信仰的解释。除了这种解释外，还有一种基于人文理性的解释，来自当代哲人周国平先生的一段精彩论述。我称之为"哲学的解释"。如果上文那种"宗教的解释"令一般人不太容易接受的话，那我们不妨来看看另一种解释：

如果把报应理解为世俗性质的苦乐祸福，那么，它在另一个世界里能否兑现，实在是很渺茫的。即使真有灵魂或来世，我也不相信好人必定上天堂或者投胎富贵人家，恶人必定下地狱或者投胎贫贱人家。不过，我依然相信善有善报，恶有恶报，只是应该按照一种完全不同的含义来理解。我相信报应就在现世，而真正的报应是：对于好人和恶人来说，由于内在精神品质的不同，即使相同的外在遭遇也具有迥然不同的意义。譬如说，好人和恶人都难免遭受人世的苦难，但是，正如奥古斯丁所说："同样的痛苦，对善者是证实、洗礼、净化，对恶者是诅咒、浩劫、毁灭。"与此同理，同样的身外之福，例如财产，对善者可以助成闲适、知足、慷慨的心情，对恶者却是烦恼、绳索和负担。总之，世俗的祸福，在善者都可转化为一种精神价值，在恶者都会成为一种惩罚。善者播下的是精神的种子，收获的也是精神的果实，这就已是善报了。恶者枉活一世，未尝体会过任何一种美好的精神价值，这也已是恶报了。

《约翰福音书》有言:"上帝遣光明来到世间不是要让它审判世界,而是要让世界通过它得救。信赖它的人不会受审判,不信赖的人便已受审判……而这即是审判:光明来到人世,而人们宁爱黑暗不爱光明。"这话说得非常好。的确,光明并不直接惩罚不接受它的人。拒绝光明,停留在黑暗中,这本身即是惩罚。一切最高的奖励和惩罚都不是外加的,而是行为本身给行为者造成的精神后果。高尚是对高尚者的最高奖励,卑劣是对卑劣者的最大惩罚。上帝的真正宠儿不是那些得到上帝的额外恩赐的人,而是最大限度实现了人性的美好可能性的人。当人性的光华在你的身上闪耀,使你感受到做人的自豪之时,这光华和自豪便已是给你的报酬,你确实会觉得一切外在的遭际并非很重要的了。(周国平《各自的朝圣路》)

我相信,很多读者看完这段精彩的论述,一定会大为叹服。

由上可知,高尚的道德本身,就是善人最大的善报;恶念和恶行本身,就是恶人最大的恶报。除此之外,还需要什么善报恶报?这正应了古人常说的一句话:"君子乐得做君子,小人枉做了小人。"总而言之,幸福并不是对道德的报偿,而就是道德本身。从这个意义上说,一个真正懂得"慎独"的人,一个致力于提升道德品质的人,就是在享受上苍赐予他的天赋权利;也只有这种真正懂得"诚"的人,才能真正成为自己、成就自己,才有资格享受高品质的人生。

诗人北岛曾有一句广为流传的经典之语:"卑鄙是卑鄙者的通行证,高尚是高尚者的墓志铭。"我想把它改一下,作为这一节内容的总结——

高尚是高尚者的通行证,卑鄙是卑鄙者的墓志铭。

第五章
生命的重建

王阳明的学问之所以叫"心学",禅宗之所以又叫"心地法门",就是因为一切修行都是指向你的心,指向你的态度、观念、思想、人格。只要你的心能够做出转变,只要你的态度、观念、思想、人格都能像一个真正的觉醒者一样,那么当下你就醒来了。

一　心学＆禅宗：修行就是"做减法"

萧惠问："己私难克，奈何？"

先生曰："将汝己私来，替汝克。"又曰："人须有为己之心，方能克己；能克己，方能成己。"

萧惠曰："惠亦颇有为己之心，不知缘何不能克己？"

先生曰："且说汝有为己之心是如何？"

惠良久曰："惠亦一心要做好人，便自谓颇有为己之心。今思之，看来亦只是为得个躯壳的己，不曾为个真己。"

先生曰："真己何曾离着躯壳？恐汝连那躯壳的己也不曾为。且道汝所谓躯壳的己，岂不是耳、目、口、鼻、四肢？"

惠曰："正是为此。目便要色，耳便要声，口便要味，四肢便要逸乐，所以不能克。"

先生曰："……这心之本体，原只是个天理，原无非礼，这个便是汝之真己。这个真己是躯壳的主宰，若无真己，便无躯壳。真是有之即生，无之即死。汝若真为那个躯壳的己，必须用着这个真己，便须常常保守着这个真己的本体，戒慎不睹，恐惧不闻，惟恐亏损了他一些。才有一毫非礼萌动，便如刀割，如针刺，忍耐不过，必须去了刀，拔了针。这才是有为己之心，方能克己。汝今正是认贼作子，缘何却说有为己之心，不能克己？"

——《传习录·上·薛侃录》

禅宗公案为什么都那么"无厘头"？

萧惠，王阳明的学生，生平不详。

小萧同学和阳明先生的这段对话，尤其是刚开始那两句，了解禅宗的读者肯定会觉得眼熟。

没错，针对小萧同学提的第一个问题，王阳明的回答方式，就是典型的禅宗风格，而且是对中国禅宗第一公案的直接复制。

南朝梁武帝时期，南天竺僧人菩提达摩从海路来到中国。当时梁武帝萧衍对佛教十分痴迷，不仅大建佛寺、精研教理，而且亲自登坛、讲经说法，甚至好几次跑到寺庙剃度出家，把大臣们吓得半死，每回都要花费巨资为他赎身。

梁武帝这么折腾，自以为功德不是一般的大，所以一跟达摩见面就炫耀，称自己造寺写经，度化僧众无数，还问达摩这么做是不是功德很大。不料达摩却给了他当头一棒，说并无功德。两个人话不投机，达摩就离开梁朝，渡江北上，到嵩山少林寺面壁修行去了。

附近有个叫神光的年轻和尚，听说少林寺来了位天竺高僧，就跑去求法，没想到达摩却不理他，让他在雪地里站了一天一夜。到了第二天早上，达摩才对冻成一根冰棍的神光说："你回去吧，诸佛无上妙法，不是你这种小德小智、轻心慢心的人可以求的。"

神光知道达摩是在考验他，遂拔出利刃，自断左臂，以表求法决心。达摩见状，心中暗许，知道神光是一个可以传承衣钵的"法器"，这才收了他，并为他改名慧可。

慧可向达摩提出的第一个问题就是："我心未宁，乞师与安。"

达摩说："将心来，与汝安。"

慧可蒙了，半晌才说："觅心了不可得。"

达摩说:"我与汝安心竟。"

慧可言下大悟。

这就是中国禅宗初祖达摩传法于二祖慧可的故事,也是中国禅宗的第一公案。很显然,阳明先生与小萧的问答,就是这个公案的山寨版。

慧可对达摩说:"我心不安,请师父帮我安心。"

达摩说:"把你的心拿来,我替你安。"

小萧问王阳明:"我的私欲难克,怎么办?"

王阳明说:"把你的私欲拿来,我替你克。"

达摩跟王阳明这是什么逻辑?明明知道人家的心和欲都不是一个可见的东西,岂能拿得出来?这不是存心要人好看吗?

是的,禅宗接引学人,就是要故意"让你好看",就是要用一针见血的方式无情地刺痛你,这样才能让你在浑浑噩噩的迷梦中猝然惊醒。

用禅宗术语来讲,这就叫"截断众流,当头棒喝",这就叫"直指人心,见性成佛"。

达摩、王阳明以及所有禅者在点化学人的时候,所采取的手段貌似都很无理,甚至很无厘头,实则都是用心良苦(禅宗术语叫"老婆心切")。就以达摩和王阳明为例,他们这么做,是为了达到三层目的:

一、用非同寻常的回答方式让你摆脱旧有的思维定式,就像用强大的外力让你的"思维动车"突然脱离原来的轨道一样,迫使你在高度紧张中迸发出巨大的潜能。

二、心和欲本来就不是一物,还非要逼你拿出来,这就是要迫使你认识到:你提的问题本来就是"伪命题",从而把你习惯向外看的目光扭转向内,去挖出你之所以提这种伪命题的那个观念的病根。

三、用"替你安""替你克"的反讽的方式,让你意识到,在你与妄心、私欲做斗争的战场上,你始终只能一个人战斗,没有人帮得了你。就像我们上节说过的,在你的内心世界里,与你相依相伴的只有你自己,所以,你别指望救世主,也别指望神仙皇帝,只能孤军奋战,自己拯救自己。

如果学人能够悟到这三层,那真正的修行就算开始了。

慧可在这里悟了,因为他发现——"觅心了不可得"。导致我们不安的是心中的各种妄念,而这些妄念只是蔽日的浮云,虽然浮云会暂时遮蔽自性的阳光，但自性一直都在那里，从来没有消失过，反而是那些不安与妄念的浮云，本来就是飘忽来去、了不可得的东西，并没有恒常不变的自性——你若把它执为实有，它便强大，令你痛苦；你一旦照破它的虚妄，它便会消散无踪。既然如此，人又何必自寻烦恼呢？

所以，达摩才会告诉慧可："我已经替你安完心了。"

遗憾的是，小萧同学的慧根远远不如慧可那么猛利，所以阳明先生叫他把私欲拿出来时，他就愣住了，半天回不过神来，就跟梁武帝听见"无功德"三个字时一样震惊，一样不能理解。

禅宗的真精神是什么？

其实，达摩之所以否定梁武帝一切佛事的功德，就是为了点醒他，让他知道佛法修行的要诀不是"做加法"，而是"做减法"。

可惜，贵为皇帝的萧衍福报有余、慧根不足，压根儿醒不过来。

所谓"做加法"，指的就是每个人与生俱来的占有欲，亦即什么东西都想要，而且什么都要更多、更好、更大。这就是我们绝大多数人最普遍的思维方式和生活方式。我们多数人活在世上，都想追求更多的钱、更大的房子、更好的车子、更高的职位，却很少有人想过——他这个人本身，有没有在这场无尽的追逐中变得更好；也很少有人想过——在拥有越来越多东西的同时，他失去了什么。

精神分析学泰斗艾里希·弗洛姆认为，在西方文化的源头，即古希腊和希伯来（犹太人）那里，人们的生活目标是"追求人的完美"，可到了今天，现代人则是一味"追求物的完美"，结果就是把自己变成了物，把生命变成了财物的附属，于是"存在"（to be）就被"占有"（to have）所支配了。

说白了，你占有了物，但失去的却是自己。存在主义有一句话叫"拥有就是被拥有"，所表达的意思也是这个。

西方如此，中国何独不然？

中国的儒释道文化，其目标都是致力于人本身的完善和完美，可在其传播和流变的过程中，大多数信徒却把属于精神层面的价值外化成了可占有的物。就如我们的这位萧衍兄，自以为佛事做了一大堆，所谓的功德肯定是充塞天地了，殊不知，就在他这么想的当下，原本超越性的精神价值已经变成了世俗的物，原本可能有的功德也已经荡然无存了。

为什么会这样？

原因很简单：尽管萧衍在形式上皈依了佛教，而且做出了一系列近乎狂热的宗教行为，但其背后的动机仍然是占有欲（追求并占有更多更大的功德），所以他的一切行为实质上也仍然是一种功利活动。而这一点，恰恰与禅宗的真精神背道而驰。

禅宗的真精神是什么？

答案就是三个字——做减法。具体而言，就是消除占有欲，打破一切功利性的思维方式，放下对一切事物的执着（但并不是抛弃一切事物），把习惯向外看的眼睛转回来，认识自己的本来面目，彻见人人本具、不假外求的自性。如此，你便能获得一种全然的觉醒。

所谓自性，其实就是佛性。但是，禅宗却喜欢用"自性"这个词，不太喜欢用"佛性"。比如，历代禅者会经常说些"佛之一字，吾不喜闻""说佛一声，漱口三日"之类的话，甚至动不动就叱佛骂祖、烧毁佛像，其原因就在于：禅宗不仅希望你放下对世间万物的执着，还希望你放下对种种宗教形式的执着，更希望你放下对"解脱""成佛""涅槃"等佛教终极价值的执着。

有僧问大珠慧海："如何得大涅槃？"

师曰："不造生死业。"

僧曰："如何是生死业？"

师曰："求大涅槃。"

这位可怜的僧人被慧海禅师搞蒙了：我出家和修行的目的就是出离生死、求得涅槃，可为什么我一心求涅槃，到头来反而成了生死轮回的原因了呢？

这位学僧并不知道，从某种意义上说，他跟梁武帝其实堕入了同一个陷阱——执着。

《盗梦空间》的现实版：如何从梦境中醒来？

佛陀在菩提树下悟道之后，第一句话就说："一切众生皆具如来智慧德相，只因妄想执着不能证得。"在佛陀看来，其实我们每个人都是坐拥无尽宝藏的"超级富豪"（皆具如来智慧德相），只因某天忽然打了一个盹儿，然后就开始做梦（妄想），在梦中变成了一个一无所有、四处流浪的乞丐，并把梦中所有东西都当成是真的（执着），于是拼命索取、占有、争夺，然后就生出了永无止境的烦恼和痛苦。

在这场远比《黑客帝国》和《盗梦空间》都更加逼真、更加庞大、更加难以醒来的虚拟现实和梦境中，所有人都忘记了自己原来的身份（迷失自性），所以万分投入、沉迷不醒、执无为有、假戏真做。我们忘情地在其中演出了一幕幕的悲欢离合，经历了一世世的生死轮回，享尽了很多实际上是梦幻的快乐，吃尽了无数实际上是泡影的苦头。

直到有一天，一个已经醒来的人（佛陀、禅者），重新回到梦里告诉我们："醒来吧，不要再做梦了，你本来就拥有无尽的宝藏（自性本自具足），所以你要做的事情只有一件——放下对这个梦境里面所有东西的贪恋和执着，让自己彻底醒来！"

也许在这场梦里，我们每个人经过辛辛苦苦的打拼，已经摆脱了乞丐的角色，混成了富豪、政客、明星、教授等各种各样的牛人，但是，所有这些身份及其梦里拥有的一切东西，跟我们梦境之外的真实身份比起来，又算得上什么呢？在已经觉醒的人眼中，这些"如梦幻泡影、如露亦如电"的东西，恐怕只能算是一个笑话。

但是眼下，绝大多数人都听不进觉醒者的话，因为我们都活得太现实了——谁愿意相信，自己拥有的高官厚禄、豪宅豪车都是梦幻泡影呢？即便多数人在这个梦里都只是平凡的草根，付出半生的辛苦才能买一套房子，可生活还是挺让人向往的不是？所以，我们反而把觉醒者讲的当成了笑话，然后继续妄想、继续执着、继续占有、继续争夺、继续肆无忌惮地贪污受贿、继续累死累活地攒钱买房。

只有少数人听懂了觉醒者的话，走上了修行之路。

可是，"执着"始终是这场梦境牢不可破的底色。

比如，萧衍兄开始修行了，可他仍然是用"做加法"的习惯在修行：在做皇帝的业余时间里，他加上"佛事"；在阅读百官奏章之余，他加上"读经"；在盖宫殿的同时，他加上"盖寺庙"；在治理国家的政绩上面，他又加上佛教修行的"功德"。于是，觉醒者教人解脱，可他反而给自己套上了一层又一层枷锁；觉醒者教人放下，他反而在世俗事务上又增添了宗教的执着；觉醒者教人醒来，他却往梦的更深处义无反顾地挺进。

用禅宗术语来讲，这就叫"梦中说梦，头上安头"。

同理，参访大珠慧海的那个学僧也一样。他听觉醒者告诉他，修行的起点就是"放下"，终点就是"醒来"，于是就把世俗的生活全然抛弃，迫不及待地剃度出家，然后又把"醒来"当成了一种可以追求、可以得到的东西，并且在梦境中跋山涉水、苦苦寻找，甚至找得比当初还没出家时找工作、找房子、找老婆还辛苦。试问，他这么找下去，除了跟萧衍兄一前一后地往梦的更深处挺进之外，除了继续"梦中说梦，头上安头"之外，还能怎么着呢？

只要不是用正确的方式"做减法"，就跟觉醒半毛钱关系都没有。

也就是说，在修行之路上，你除了要放下对所有俗世事物的执着，还要放下对所有宗教事物的执着，到最后，甚至连"不执着"这个观念都要放下（因为把"不执着"牢牢抓在心里不放的人，其实是最大的执着，佛称之为"法执"）。到这一步，你的修行才算有了一点儿真消息。用禅宗术语来讲，这才叫"一丝不挂"！

阳明心学（儒学）的修行方式，跟佛道两家一样，都是"做减法"，这是中国文化三大谱系最基本的共同特征之一。

不过，必须强调的是，不管是禅宗还是心学，教人"做减法"并不是要叫你放弃一切，而只是叫你放下对一切的执着。换言之，需要改变的并不是你的外在生活，而是你的心；需要放弃的并不是你的家庭和工作，而是你一直紧抓不放的种种不健康的生活态度。

实际理地，不受一尘；万行门中，不舍一法。

"实际理地"是什么？就是你的心。

"万行门中"是什么？就是你所有的外部生活。

只要你的心能够保持健康，你就不需要刻意改变你的外部生活。

王阳明的学问之所以叫"心学"，禅宗之所以又叫"心地法门"，就是因为一切修行都是指向你的心,指向你的态度、观念、思想、人格。只要你的心能够做出转变,只要你的态度、观念、思想、人格都能像一个真正的觉醒者一样,那么当下你就醒来了。

你的解脱不在深山老林,而在当下的滚滚红尘中。

你的涅槃不在他方净土,而在当下的生死轮回中。

从事相上言,一个觉醒者生活中的一切,都可以跟往日并无不同;但是从实际上看,一个觉醒者生活中的一切,又都与往日截然不同。

因为,你的心已经放下对世间万物的贪恋,所以红尘就不再是原来的红尘,而是一座任你自在修行的庄严道场——"青青翠竹(喻世间万物),尽是法身(自性);郁郁黄花(喻世间万事),无非般若(智慧)"。

并且,由于你的心已经放下对"垢净、迷悟"的分别,所以生死也不再是原来的生死,而是一场任你自由出入的奇妙梦境——心能转境,则同如来(觉醒者);心随境转,则为众生(做梦者)。

我们都是"重度梦游症患者",醒来谈何容易?

然而,心的转变又谈何容易呢?

这会儿,小萧同学被阳明先生狠狠刺了一下,痛倒是很痛,但就是不悟。

王阳明一看小萧的那张苦瓜脸,就知道这孩子属于"重度梦游症患者",不可能用禅宗的机锋一下子点醒,只好退而求其次,采用传统的"摆事实讲道理"的治疗方案,说:"人必须有自己为自己负责的心,才能克除种种不合理、不正当的欲望(克己);做到这一点,你才能成为你自己、成就你自己。"

小萧一脸委屈地说:"我也很想为自己负责,可不知为什么,总是难以克己。"

王阳明:"你且说说看,你是如何为自己负责的?"

小萧低头想了半天,说:"我也一心想做个好人,自以为这应该就算为自己负责了。可刚才仔细想了一下,看来也只是为躯壳的自己,不是为真正的自己。"

王阳明说:"真正的自己岂能离得了躯壳?恐怕你连为躯壳负责都做不

到，更不用说为你的心了。这些暂且不提，就说你那个躯壳的自己吧。躯壳指的，不就是耳、目、口、鼻、四肢吗？"

小萧激动地说："我就是被这些害苦了。目要看色，耳要听声，口要尝味，四肢要玩乐，所以才克服不了那些不合理、不正当的欲望。"

老子在《道德经》中说："美色令人目盲，美声令人耳聋，美味令人口爽（'爽'非快乐之意，而是味觉败坏之意），驰骋田猎令人心发狂。"意思就是过度的感官享受势必损害人的健康。

由此可见，对于人的感官欲望，以及过度追求感官享乐的问题，中国文化儒、释、道三家的态度和对治方法都是一样的，就是必须学会掌控和节制，也就是"做减法"。用儒家的话说，这就叫"克己"；用今天的话说，这就叫自律。

对治欲望要如此，对治我们内心的各种执着，同样如此。

在王阳明接下来讲的话中，提到了儒家的一个重要概念——礼。在古代，礼通常是指道德准则和行为规范，其作用就是让社会保持和谐有序。对个体而言，礼指的就是行为的合理正当。而内在世界的有序化，无疑是外在行为正当性的前提。所以儒家的克己之道，其根本和入手之处，就是要在自己的心上做克制的功夫，不让贪欲和执着破坏我们内在的精神秩序。

正是在这个意义上，王阳明最后才会对萧惠说："你终日向外驰求，追名逐利，都是为着躯壳外面的物事，根本不识心之本体。你的一切言行，都是由你的心主宰的，若不想让过度的感官欲望损害你的躯壳，就要从心入手。所谓'克己'，就是只要发觉一丝贪欲和执着在心里萌生，就如同被刀割针刺一般，非得去了刀、拔了针，才肯罢休。这才是自己为自己负责。可你如今却被欲望掌控了，正是认贼作子，还谈什么为己之心，又谈什么'克己'？"

王阳明说过，真正的修行，就是"一棒一条痕，一捆一掌血"，此处又说克己之道犹如"去刀拔针"，可见修行绝非鸡汤式的岁月静好，亦非文艺范的诗和远方，而是一场发生在灵魂深处的艰苦卓绝的"战争"。在那里，你只能一个人战斗，而敌人正是你自己。你唯一可以凭借的，只有强大的克己和自律精神。

唯其如此，我们或许才能从沉迷已久的"重度梦游"中醒来。

二　为人格补钙，让心灵吸氧

有一学者病目，戚戚甚忧。

先生曰："尔乃贵目贱心。"

——《传习录·上·薛侃录》

马斯洛的"需求层次论"在讲什么？

王阳明的一个学生患了眼病，整天凄凄惨惨，忧闷不堪。

阳明先生对他说："你这是珍惜你的眼睛，却轻贱了你的心。"

我们大多数人，其实都跟这位"贵目贱心"的同学一样，一辈子忙忙碌碌，都是在为肉体操心、焦虑、奔忙，却很少去照顾自己的心，很少去在意自己的心灵是否健康。就像马斯洛说的："对于那些向往明眸而不愿瞎眼的人，喜欢感觉良好而不希望感到难受的人，追求完整而不愿残缺的人，可以建议他们去寻求心理上的健康。"（亚伯拉罕·马斯洛《动机与人格》）

遗憾的是，我们往往只懂得爱护自己的明眸，却任由自己的"心灵之眼"

陷入黑暗；我们都很注重身体的完整和健康，却总是无视心灵的残缺和病变。

人活在世上，首先当然要满足衣、食、住、行等基本的生存需要，这是毋庸置疑的。但是，如果一个人除了这些，就再没有任何更高级的精神需求，那将是一件很可悲的事情。因为人除了身体之外，还有精神和灵魂（在王阳明这里统称为"心"），倘若人只知道重视前者，却轻视或遗忘后者，那就等于把自己降格为"非人"的低等动物了。

马斯洛曾经把人的需求划分为五个层次，即生理需求、安全需求、情感与归属的需求、自尊的需求、自我实现的需求。除此之外，马斯洛还提出了两种需要，即认知需要和审美需要，但并未明确把它们归入需求层次排列中；一些研究者将这两种需要放在"自我实现"之前，从而把五个层次扩展为七个层次；另外还有研究者根据马斯洛晚年对超越性、灵性的研究和论述，提出"自我实现"之后还有更高的需要，即"自我超越"的需求。

生理需求是人们最原始、最基本的需求，它包括食物、性、衣物、住房、医疗等，我们普通人在日常生活中的大部分欲望和行为，都可以归入这个层次。

安全需求包括生命安全、生活稳定、职业和收入稳定、未来的保障等，还包括对体制、秩序、法律和平等的需要。

情感与归属的需求：情感的需求包括感情的付出和接受；归属的需求指的是人对家庭、邻里、朋友、同事、团体、社群、组织等的需要，也就是我们平时常说的归属感。

自尊的需求可以分成两类，一类是偏于自尊自重的需要，如实力、成就、能力、优势，以及面对世界时的自信、独立和自由等；另一类是希望获得他人尊敬、敬畏的欲望，如名誉、威信、地位、声望、荣誉等，以及对他人和世界的支配感、重要性、影响力等。

自我实现的需求，一般认为是马斯洛"需求层次论"中的最高级需求，它指的是人所具有的自我完善、自我完成的潜能，以及使人的潜能得以实现的倾向。"自我实现"与儒家和阳明心学常说的"为己""成己"具有很大的相似性。如果把某些研究者所说的"自我超越"也纳入"自我实现"的话，并且考虑到马斯洛本人经常提及的"高峰体验"，那么这个最高层次的需求，也可以类比于佛教禅宗的"明心见性"。用马斯洛的话说，自我实现就是"一个作曲家必须作曲，一个画家必须绘画，一个诗人必须写诗，否则他始终无法安宁。一个人能够成为什么,他就必须成为什么,他必须忠实于他自己的本性"。

在这五大需求之外,马斯洛也很重视认知需要和审美需要。可他之所以没有把这两种需要归入层次系列,是因为它们具有自身的特殊性。

所谓认知需要,指的是人的好奇心、求知欲,即对人和世界的认识、了解、解释、研究等需要。在马斯洛看来,人的认知需要是永无止境的,它"一方面要使认识越来越细致入微,另一方面又朝着某种宇宙哲学、神学等方向发展,而使认识越来越广阔博大"。因此,人的这种认识过程,也可以称为"寻求意义的过程"。由于认知需要具有难以穷尽的深度和广度,所以它既可以在较低需求的层次上出现,例如获取知识,本身是认知需要,同时又能满足安全需求或自尊需求——正所谓知识就是力量;也可以在自我实现乃至自我超越的层次上出现,例如,无数智者哲人对宇宙人生的体悟和探究。

所谓审美需要,是指人对美的感受、欣赏、体验、创造,也包括人对事物的对称感、适度感、条理感、完善感的需要。马斯洛虽然对审美需要所谈不多,但是从他对"高峰体验"的描述中,我们不难窥见"审美"在其中所发挥的作用,"我希望你想一想你生活中最奇妙的一个体验或几个体验——最快乐的时刻、着迷的时刻、销魂的时刻,这种体验可能是由于恋爱,或者由于听音乐,或者由于突然被一本书或一张画'击中了'"。极致的审美体验往往带来"高峰体验",并且能够"让人在主观上处于时间和空间之外","例如,诗人和艺术家在创作的狂热时候,他周围的事物和时间的流逝对他丝毫没有影响"。

由于认知需要和审美需要本身具有非常丰富的内涵,且与自我实现和自我超越密不可分,所以很难被放在需要层次序列的哪一个位置上。尽管如此,有一点还是可以确定的,那就是认知需要和审美需要都是属于人的高级需要,因为它们都指向人的精神和心灵领域。

某些先富起来的人为什么一直停留在低级需要中?

马斯洛的这个需求层次理论,具有从低到高的阶梯特征。也就是说,在高级需要出现之前,必须先满足低级需要;只有在低级需要得到满足或者部分得到满足之后，高级需要才有可能出现。

这一点，其实就是古人常说的"仓廪实而知礼节，衣食足而知荣辱"。

从这个意义上说，当今时代之所以普遍缺乏高层次的精神需求，原因之一就是社会的整体发展水平还太低，使得大多数人不得不为衣食奔忙，导致较低级的需要一直占据主导地位。但是，如果我们认为这就是人们缺乏高层次需求的全部原因，那就错了。

当马斯洛认为人的需要具有从低到高的递进关系时，他并没有说人在一个时候只能有一种需要，也没有说某种低级需要必须百分之百得到满足之后，更高级的需要才会出现。事实上，马斯洛认为，"对于我们社会中的大多数正常人来说"，其全部需要都会部分得到满足，同时又都不会得到完全的满足。为了形象地说明这一点，他假定了一组数字，说："也许一般公民大概满足了85%的生理需求、70%的安全需求、50%的爱的需求、40%的自尊的需求、10%的自我实现需求。"（亚伯拉罕·马斯洛《动机与人格》）

除了各种需要会在同一时段不同程度地出现之外，马斯洛还认为，当一种需要得到一定满足，新的需要出现之际，这种出现"并不是一种突然的、跳跃的现象，而是缓慢地从无逐渐到有"。例如，当需要A仅满足了10%，那么需要B可能还杳无踪影。然而，当需要A得到25%的满足时，需要B可能会显露出5%；当需要A满足了75%时，需要B也许就会显露出50%。

上述例子充分表明——并非一个需要得到100%的满足，更高级的需要才会出现。

因此，我们的问题就来了：如果说今天很多人还普遍停留于较低层次的需要，是因为"仓廪"还不够实、"衣食"还不够足的话，那么社会上为数不少的先富起来的人，为什么也跟很多为衣食奔忙的普通人一样，始终在最基本的需要中打转，却迟迟产生不了更高级的需要，如认知需要、审美需要、自我实现需要、自我超越需要呢？

一个人买一套房，肯定是为了满足最基本的生理需要；买两套、三套，也许是出于安全需要；可要是买几十套，又是出于什么需要？

一个人戴一块表是出于基本需要，可如果天天换表，且都是名表，因而被广大人民群众称为"表哥"，又是出于什么需要？

一顿饭吃几十元或几百元，是出于生理需要，可那些动不动就在网上炫富晒"干爹"的人，那些动辄给"干女儿"买豪车、买别墅，且一顿饭就花掉几万元的人，又是出于什么需要？

根据马斯洛的研究，一个正常人只要满足了低级需要，其高级需要就必然出现。然而在当今社会，事实好像并非如此。我们看到，一部分先富起来的人，即便低级需要已经100%得到满足，他们仍然会在同等级的需要上继续追求500%、1000%，但是仍然产生不了高级需要。最简单的例子，就是对奢侈品的消费。

当这个世界上还有很多人仍然在为最基本的衣食住行和安全需要而奔波忙碌时，一部分先富起来的人，却已然成为全球奢侈品消费的中坚力量，并以之为荣且乐此不疲。

如此巨大的反差，到底凸显了一种什么样的社会心理学现象？又是什么原因导致了这种现象？

那些挥金如土的富豪，以为用世人梦寐以求、垂涎欲滴的奢侈品把自己包装起来，就成了高档次的人，就拥有了别人望尘莫及的高档次人生。可事实上，他们仍然是在低级需要上汲汲营营的低品质的人。

综上所述，我们只能得出以下结论：致使某些人普遍停留于低层次需要的最主要原因，并不是"仓廪"还不够实、"衣食"还不够足，而是他们的价值观出了问题。

我们很"匮乏"，却不懂得成长

马斯洛认为，生理需求、安全需求、归属需求、自尊需求，都属于人的基本需求，可以称为"匮乏性需求"，而高层次的自我实现需求（包括认知需求、审美需求、自我超越需求），则可以称为"成长性需求"。

"匮乏性需求"与"成长性需求"有什么区别？各自具有怎样的作用？

打个不太恰当的比方，如果把人的生命看成一棵树的话，那么"匮乏性需求"就是一个坑，而"成长性需求"就是一株苗。倘若一个人拥有健全的价值观，那么这种价值观自然会告诉他：你来到这世上的任务，就是养活并养好你自己的那棵树。而种树的方法，首先当然要去找足够的土来把坑填满，然后定期给树苗浇水施肥，它才能成长。

要把这棵树（生命）养活养好，坑（"匮乏性需求"）是必需的，土（为了满足种种基本需要而采取的行动）也是必需的，但是最重要的，还是树苗（"成长性需求"），以及对树苗的栽种和培育（为了满足"成长性需求"所采取的行动）。

可是，如果一个人的价值观是病态的，那麻烦就来了，因为根本没人告诉你，那个坑是让你种树用的。不知道这一点，你就只能一直往坑里填土，纵然你说这一铲土是阿玛尼出品，那一铲土是爱马仕制造，连挖土的铲子都挂着LV的商标，可问题是，你把自己的那株小树苗忘到哪儿去了呢？

今天，对于相当一部分人来说，种种"匮乏性需求"早已得到了满足，可当这些需求被满足之后，他们却失去了方向，不知道生命力该往何处挥洒，不知道接下来要做的，就是把生命之树种进你好不容易填好的坑中。

"匮乏性需求"的过度膨胀，必然导致"成长性需求"的极度萎缩。在当今时代，不要说我们已经很难看见追求自我实现和自我超越的人，就算是认知需要和审美需要，也已渐渐从大多数人的精神世界中消失了。

以人均年读书量为例，据联合国教科文组织的一项调查显示，全世界人均年读书量最大的国家是以色列，每人每年读书64本，俄罗斯55本，日本40本，美国21本，法国14本，韩国11.9本，中国4.35本。当然，这些数据可能不一定准确，但抛开数字不谈，仅以我们的日常经验来看，许多中国人不爱读书是有目共睹的。

"书籍是人类进步的阶梯。"高尔基的这句话到任何时候都不会过时。尽管知识的载体和介质会随着时代和科技的发展而不断变化，不一定读实体书才叫读书，可无论如何，对人类知识的广泛摄取，对本民族文化的自觉传承，始终是个人成长和社会进步的必由之路。

当一个人的身体缺乏维生素和矿物质时，我们会说这个人病了；可当一个人的人格长期缺钙、心灵长期缺氧时，我们却认为他是健康的。

这就是王阳明所说的"贵目贱心"。

如果我们不想让这种"贵目贱心"的病态价值观进一步恶化成致死之症，那么，我们就必须懂得在人生的某个时刻，停下追逐物欲的脚步，为我们的人格补一点儿钙，让我们的心灵吸一些氧。

传承古人的生命智慧，遵循阳明心学（以及儒、释、道传统文化）所讲的做人之道生活，就是为我们的人格补钙；学习古今中外一切有益于心灵的思想学问，唤醒心中沉睡已久的"成长性需求"，学会做一个有高层次追求的人，就是让我们的心灵吸氧。

一个懂得为人格补钙、让心灵吸氧的人，才是一个健全的人。由大多数这样的人组成的社会，才是一个健康的社会。

三　死亡的真相 & 生活的态度

萧惠问死生之道。

先生曰："知昼夜，即知死生。"

问昼夜之道。

曰："知昼则知夜。"

曰："昼亦有所不知乎？"

先生曰："汝能知昼？懵懵而兴，蠢蠢而食。行不著，习不察。终日昏昏，只是梦昼。惟'息有养，瞬有存'，此心惺惺明明，天理无一息间断，才是能知昼。这便是天德，便是通乎昼夜之道而知，更有甚么死生？"

——《传习录·上·薛侃录》

儒家对死亡的态度

在王阳明的学生里面，萧惠是悟性比较低的一个。例如，上回阳明先生教他"做减法"，他就做得一塌糊涂。不过，小萧同学有一个优点，就是喜欢思考。比如，从懂事的时候起，他就经常思考一个很现实又很严肃的命题——死亡。

死亡是怎么回事儿？人死之后，究竟是陷入一种彻底的虚无，亦即人们常说的万事皆休、一死永灭，还是死后仍有东西继续存在，就像许多哲人以及宗教常说的灵魂不灭？

如果是前者，我们所做的一切到头来都因死亡而一笔勾销，那么人活这一辈子又有什么意思？如果是后者，那么人生的意义又是什么？人应该建立一种怎样的生活态度，才能无惧于死亡，并且过好生命中的每一天？

诸如此类的问题，是世界上所有活着的人都绕不过去的，也是历史上无数智者哲人为之殚精竭虑却又百思不得其解的，所以小萧时常感觉困扰。

虽然小萧从小就知道，孔子的一句"未知生，焉知死"便代表了儒家对死亡的态度，也让千百年来的无数儒者免除了（或者说是避开了）死亡的困扰，但是，这六个字丝毫无法减轻小萧对死亡的困惑。因为对小萧来说，孔子这话似乎应该倒过来说才对，"未知死，焉知生？"也就是说，一个人若不知道死亡是怎么回事儿，他又怎么可能知道活着是为了什么呢？又如何找到正确的人生意义和生活态度呢？

所以，在小萧看来，孔子这么说不是在解答问题，而是在取消问题、回避问题。

在王阳明的学生中，小萧是对佛道两家最着迷的一个。究其原因，很大程度上恐怕就是因为儒家对死亡的看法解决不了小萧的问题，所以他只能到佛道思想中去寻找答案。

对于小萧的思想倾向，阳明先生自然是洞若观火。

有一次，在和学生们闲谈时，王阳明有意敲打小萧，说："吾自幼笃志于佛道两家，自认为颇有所得，认为儒家不值得学，直到后来在龙场驿的困境中磨了三年，发现圣人之学简易广大，才叹悔此前错用了三十年气力。"

小萧一听先生主动谈起佛道，喜不自胜，赶紧问："先生，据您看来，佛、道思想的精妙何在？"

王阳明答："跟你说圣人之学简易广大，你却不问我悟的，只问我悔的。"

小萧惭愧不已，连声道歉。

尽管小萧也承认圣人之学确实广大，可令他深感遗憾的是，儒学的"广大"偏偏没有包含对死亡的深入阐释。这就像一锅鲜美的鸡汤没有放盐一样，虽然闻上去香味四溢，吃起来却淡而无味。

因此，小萧总想听听先生对死亡的见解，可惜阳明先生跟孔老夫子一样，很少谈到这个话题。小萧就暗下决心，一定要找个机会向先生请教死亡的问题。

这天，王阳明恰好独自在书房品茗看书，身边没有其他学生，小萧再也憋不住了，便走进书房，斗胆向先生请教生死之道。

阳明先生看了看他，把书放下，说："知昼夜，即知生死。"

小萧低头想了好一会儿，还是没弄明白，只好硬着头皮问："敢问先生，何为昼夜之道？"

阳明答："知昼，则知夜。"

小萧一听就晕了。

他发现，阳明先生在这个问题上，显然深得孔子他老人家的真传——"知昼则知夜"与"知生则知死"完全是一个套路，似乎都是以取消问题的方式来解决问题。

小萧不禁有些失落，便脱口而出道："难道还有人不知昼的吗？"

阳明先生听出了小萧话里头的不满情绪，便大声道："你能知昼？每天迷迷糊糊起床，傻头傻脑吃饭，言行都没有照看，习气都未能觉察，终日昏昏沉沉，这是知昼吗？这叫梦昼！"

众所周知，儒家是哲学，不是宗教。它立足于人文理性，关注的是人在现世的道德完善，而非面对来世的灵魂解脱。在儒学的发展史上，上自孔孟，下至程朱陆王，在这一点上都是一脉相承的。对于死亡、灵魂、鬼神等话题，儒家向来采取存而不论的立场。所以，萧惠自然不可能从王阳明这里得到关于死亡的深入解答。

然而，时至今日，儒、释、道三家的智慧都已成为中国文化的宝贵遗产，更是今日国人赖以成长的共同的精神资源。因此，我们当然不必再囿于门户之见，对某些话题讳莫如深。比如，萧惠提出的关于死亡的话题，我们大可参照佛学智慧，对此进行一番深入的讨论和剖析。

在此，我们不妨借阳明先生和小萧同学之口，来虚拟一场二人之间的对话。

人有一个轮回转世的灵魂吗？

小萧问王阳明："先生，我最想知道的是，您认为人死之后是什么都没有了，还是有一个不灭的灵魂？"

阳明答："我既不认为人会一死永灭，也不认为人有一个不灭的灵魂。"

小萧蒙了，搞不懂这是啥意思。

"你表面上喜欢佛教，其实压根儿没弄懂佛教的真义。"阳明说，"在佛法看来，一死永灭是'断见'，灵魂不灭是'常见'，二者都是戏论，都不符合生命的真相。"

小萧弱弱地问："那……生命的真相是什么？"

"非断，非常。"

"'非断，非常'该怎么理解？"

阳明答："我先问你个问题，你所理解的轮回转世，是不是一个灵魂从上一世的肉体迁移到这一世的肉体，然后又从这一世的肉体迁移到下一世的肉体；肉体不断变化，灵魂却始终是那一个，就像同一个演员在扮演许许多多不同的角色？"

小萧点点头："对，我就是这么理解的。难道……这么理解不对吗？"

"当然不对！"阳明说，"佛法根本不认为有这样的灵魂存在。"（笔者注：这里的"灵魂"概念与本书其他地方所说的灵魂不同，其他地方所说的灵魂通常是指精神、心灵、人格、内心世界等，而这里的"灵魂"则专指世人通常认为的那个轮回转世的主体。）

"佛法不认为有这样的灵魂存在？"小萧的眼睛睁得像铜铃，"那又是什么东西在轮回转世？"

"严格来讲，并没有一个'不变的东西'在轮回转世，有的只是一股意识之流，或者说是一股能量之流，佛法称之为'神识'。"

"神识？它跟灵魂不一样吗？"

"当然不一样。正如我上面说的，世人所谓的'灵魂'，通常是指一个不变的东西；而世人所认为的轮回转世，就是这样一个不变的'灵魂'穿过一世又一世的肉体，就像一条细线穿过一颗又一颗珍珠一样。这样的'灵魂'，其实只是人们为了抗拒死亡而创造出来的一种幻象，是为了满足人类对不朽和永恒的渴望。事实上，这个世界根本没有不变和恒常的东西。换言之，唯一不变的就是'变化'，唯一恒常的就是'无常'。而佛法所说的神识，指的只是一股刹那变化的意识或能量之流。这种意识或能量之流不是固定不变的，它时时刻刻都在变化，所以说它是'非常'；但它又具有延续性，可以在这一个存在形态和下一个存在形态之间实现'意识的延续'和'能量的传递'，所以说它是'非断'。"

小萧眉头紧锁，表情痛苦："先生，您说得太晦涩了……有没有更好懂一点儿的说法？"

阳明说："打个比方吧，如果说人的肉体是一根蜡烛，精神或意识是蜡烛上的火焰，那么以日常经验来看，蜡烛燃尽，火焰也就随之熄灭了，这就是世人常说的人死如灯灭。但是，在佛教看来，精神或意识的火焰并不会因为这一根蜡烛的燃尽而消失，而是可以传递到下一根蜡烛上，然后再传递到第三根、第四根……以至于无穷。在此，前面蜡烛的火焰虽然消失了，但它点燃了后面蜡烛的火焰，这就叫'非断'；同时，尽管后面的火焰来自前面的火焰，但它们显然又不是同一个火焰，这就叫'非常'。"

小萧若有所思："嗯……那也就是说，我这一世的生命虽然与上一世的生命具有内在的延续性和关联性，但并没有一个不变的'我'从上一世过渡到这一世。换句话说，这一世的我与上一世的我既不能说是同一个，也不能说是全然不同的。"

阳明颔首："对，用佛教的术语来说，这就叫'非一非异'。"

小萧茅塞顿开："我以前读佛经，看到'非断非常，非一非异'的表述时，脑袋立马变成一团糨糊，总感觉有些文字游戏的味道，今天方知，原来此中大有深意啊！"

阳明说："事实上，从更深的意义上来说，真正的死亡，并不单纯是指一期生命的终止，而是人生中每日每夜、每时每刻都在发生的事情。"

小萧又晕了，挠着脑袋说："先生，我没听懂您的意思。"

阳明说："世上的人一般都认为，自己从小到大，从少至老，一直都拥有一个不变的自我（笔者注：这里的'自我'概念与本书其他地方所说的'自我实现'的'自我'不同：'自我实现'的'自我'是指人的心灵和人格，这里的'自我'是指'自我意识'），这其实完全是一种错觉。根据五百年后的生物学理论，人身上的绝大部分细胞，除了极少数的神经细胞之外，平均七年就会全部更换一次。假设你今年28岁，那么从出生到现在，你的身体已经换了4次了，只是你不知道而已。此外，根据我们的日常经验可知，你现在的脾气、性情、好恶，乃至思想、观念等，与21岁的你、14岁的你、7岁的你，肯定已经有了很大不同，其间的差异甚至不亚于两个不同个体之间的差异。换言之，无论是你的肉体还是精神，都处在刹那不停的变化当中，唯一使你能够区别于他人的，或者说使别人能够从人群中把你辨认出来的，只有我们上面说过的'延续性'和'关联性'，而并非世人通常认为的不变的'自我'。"

我们随时都在"死亡"，也随时在获得"新生"

小萧张大了嘴巴："先生，这太让人震惊了！这是佛教的看法吗？"

"是。这就是佛教所说的'无我'，它是佛教对宇宙人生最基本、最重要的认识。"

"可是……这应该只是佛教的一家之言吧？"

看着平日口口声声说喜欢佛教的小萧原来也不过是"叶公好龙"，阳明不禁摇头苦笑，说："错！这不仅是佛教的看法，许多西方哲学家也有类似的见解。例如，休谟、马赫、罗素、詹姆斯等人都曾经认为，人所执为实有的'自我'其实并不靠谱儿，它要么是'知觉的集合体''一束知觉'，要么就是'一组感觉要素的复合体'，或者是'一堆感觉材料'。也就是说，'自我'并非恒常不变的东西，它只是人们出于自然本能和现实生活的需要所做的一种假定罢了。佛教称之为'因缘和合、刹那生灭的假有'，马赫称之为'假定的单一体'和'权宜的工具'。"

小萧弱弱地问："这位马先生……是何方神圣？"

阳明答："马赫是19世纪奥地利著名的物理学家、哲学家、心理学家、生物学家，总之是很牛的一个人。关于'自我'的不靠谱儿，马赫曾经结合他自己的生活，说过这么一段话：'在不同的人们中间所存在的自我的差异，很难说比一个人的自我多年经历的差异更大。当我回想我的少年时，假若不是由于有记忆的连锁，那么，除开个别地方外，我将会认为我在童年时代是另一个人。我二十年前写的好多论文，现在我感到是极其陌生的东西。'此外，马赫还认为，一般人总是以为只有死亡才是'自我'的消灭，而'实际上这种消灭在生存中就已经大量出现了'，只不过我们被日常生活的假象所蒙蔽，习焉不察而已。"

小萧急剧地思考着。片刻后，他紧锁的眉头逐渐舒展开来，说："既然我们的肉体和精神一直处在刹那的生灭变化之中，那是不是可以说，'死亡'并不是一期生命终止时才发生的事，而是已经在我们身上发生很久了？"

阳明说："正解！死亡并非'一次性'事件，而是一个连续的、漫长的过程，它一直都在我们的生命中发生着，且贯穿我们的整个生命。就像马可·奥勒留说的：'生命处于时刻的活动和变化中，每一处变化也都是一种死，这事情值得害怕吗？那么同样，你整个生命的熄灭、停止和改变也绝不是一件需要害怕的事情。'奥勒留之所以告诉我们无须害怕死亡，就是因为生命在不断'死亡'的同时，其实也在不断获得'新生'。在此意义上，我们甚至可以说，死亡本来就是生命不可分割的组成部分——没有死亡，就没有生命。"

小萧忽然有一种豁然开朗之感："先生，我现在终于理解您所说的生死如昼夜了！"

阳明抚须而笑："现在你也能理解孔子他老人家为什么说'未知生，焉知死'了吧？"

小萧："嗯，我理解了。事实上，人生中的每一个刹那都包含着死亡，也包含着新生，就像生活中的每一天都包含着白昼和黑夜一样。这就是生命的真相。而一旦懂得生命的真相，我们也就懂得死亡的真相了。当然，反过来说也同样成立。"

阳明再度颔首："你今天的体悟，足以超过此前数年所学的东西了。"

只有"无常无我"的世界，才是充满生机的世界

小萧不好意思地说："先生谬赞了。学生愚钝，还有一事不明。"

"讲。"

"如果世界上的一切事物，包括人的自我都是变化无常的，那么人生还有什么意义呢？我的意思是说，如果我们所做的一切事情，包括我们自己，时时刻刻都处在变异、坏灭和消亡的威胁之下，那我们岂不是会变得很悲观，还有什么干劲儿去做事呢？"

阳明苦笑："你看，刚刚跟你讲完'非断，非常'，你马上又落入'断见'了。"

小萧惭愧地说："老观念太强大了，一时半会儿转不过弯儿来。"

阳明说："我们不应该抱怨'无常'，因为没有'无常'，一切事物都将不复存在。一朵云如果不变成雨，绿树便不能生长，鲜花将不能开放；一粒稻种如果不变成稻谷，田园将一片荒芜，我们将得不到食物。如果没有无常，就没有日升月落，四季轮转；如果没有无常，万物将停止运动，世界将变成一片死寂。同样道理，如果自我不会变化，一个孩子将永远是孩子，不能成长为大人；如果自我不会变化，一个病人将永远是病人，不可能恢复健康；如果自我不会变化，一个穷人将永远是穷人，不可能通过奋斗改变命运；如果自我不会变化，所谓的人格完善、成圣成贤，也将成为一句彻头彻尾的空谈！那么现在，请你告诉我，你是愿意生活在一个一切都凝固不变的世界上，还是生活在一个'无常无我'、充满变化的世界上？"

小萧笑了："当然是后者。"

阳明说："好的，既然你选择生活在一个'无常无我'、充满变化的世界上，那么你就该欣然面对一切形式的死亡：如果你看见一阵细雨，那是因为一朵云死了；如果你看见一株稻穗，那是因为一粒稻种死了；如果你看见春天来了，那是因为冬天死了；如果你听见一个婴儿呱呱落地的啼哭，那必定有某个老人终止了上一段旅程的脚步；如果你热爱这个世界上的一切生命，那你就不该拒绝无时不在、无处不在的死亡。换言之，'无常'固然是埋葬万物的坟场，却也是孕育生命的子宫；'无我'固然是杀死昨天和过往的刽子手，却也是催生明天和未来的助产士。所以，当死亡在你面前裂陷为一处绝望而黑暗的深渊，你应该看到，它背后隐藏着一座通往希望和光明的桥梁……这座桥梁的名字，就叫作新生。"

小萧听得如痴如醉："先生这段话，都有散文诗的味道了。"

阳明道:"闲言少叙,还有什么问题要问?"

小萧又问:"综合您刚才所说,在这样一个'无常无我'、充满变化的世界上,一个人应该建立怎样的生活态度,才能获得幸福安乐的人生呢?"

阳明皱眉道:"你这么问本身就有毛病,想要依靠某种答案一劳永逸地获得完美人生,你不觉得有点儿贪心吗?"

小萧嘿嘿一笑:"我可不是光为自己,我这不是替同学们和后世的广大读者问的嘛!"

阳明说:"好吧,虽然不敢说能给人们什么包治百病的处世良方,但给大家几点合理化建议倒是办得到的。"

在"无常无我"的世界上,人应该如何生活?

在这个世界上生活,有三条原则一定要谨记。

第一,永远不要试图去掌控瞬息万变的外部世界。

你可以尽自己的最大努力,去经营你的家庭、事业、亲情、爱情、友情等,但千万不要把你的整个生命和全部幸福寄托在任何事物、任何人上面,因为你永远不会知道,"无常"和明天哪一个会先到。在合理、正当的前提下,你可以尽情去欣赏、体验、享受这个世界上所有美好的事物,但要尽量淡化对任何东西的占有欲。记住,拥有外物不是罪恶,可占有欲会成为你所有痛苦的根源。因为无论何时,你都不可能成为任何人、任何事物的主人,在这个世界上,只有"无常"才是君临一切的王者。

第二,照破自我的幻象,认识真正的自己。

跟外部世界一样,我们的内心世界同样是瞬息万变的。一般人出于本能,很容易与自己内心的东西认同,比如念头、情绪、感觉、欲望、观念、思想等,以为那就是自我。其实,这些东西都是来去不定、变化无常的,并不是真实的自我。

真正的我,是隐藏在这些纷纷扰扰的心理现象背后的一种觉知之光,它可以觉知和洞察所有的心理活动,但它并不等于这些心理活动。而我们在生活中所要做的,就是时刻保有这份觉知和洞察(息有养,瞬有存)。只要对身心内外的一切事物保持清明的觉知与如实的洞察（此心惺惺明明），没有一息间断，你就契入了生命的真相。从而，你便能无惧于身心内外的一切无常与变化，并且如如不动地安住在这个浮躁喧嚣的世界上（关于"认识自己"这个话题，我们在下一节还会深入阐述）。

第三，不要苛求完美——无论是对人，还是对事。

由于这个世界总是"无常无我"的，所以，你可以允许自己朝完美的目标努力，但永远不要抗拒生活中随处可见的不足与缺憾。你必须先接纳它们，然后再努力去改变。但是，无论你的努力最终结果如何，你还是要欣然接纳。换言之，对任何事情，你都可以做最好的打算，但要随时准备接受任何结果（甚至包括最坏的结果）。用古代大德的话说，只要是你该做的事情你都要"尽分"，但是"尽分"的同时你还要"随缘"。

当然，我的意思不是反对你追求完美，而只是希望你"慎"求完美。因为你要知道，在很多事情上，"最好"往往是"好"的敌人。

听完这些，小萧感慨良多，最后又提了一个问题："先生，您今天说的这些，到底是算孔门圣学，还是佛家思想？"

阳明答："你觉得这种分别很重要吗？佛陀教人放下对外物和自我的执念，孔子也教人'毋意、毋必、毋固、毋我'，你认为他们说的是两回事儿吗？"

小萧点点头："我懂了，真正的智慧是超越门户的。先生，都说佛教是悲观主义，可听您今天说的这些，我怎么觉得佛教非但不悲观，反而有些乐观精神呢？"

阳明说："严格来讲，佛教既不是人们常说的悲观，也不是世俗所谓的乐观，而是合乎真相的'中观'。"

四　本来面目：认识你自己

（陆澄）来书云：佛氏于"不思善、不思恶时认本来面目"，于吾儒"随物而格"之功不同。吾若于不思善、不思恶时用致知之功，则已涉于思善矣。欲善恶不思，而心之良知清静自在，惟有寐而方醒之时耳。……今澄欲求宁静，愈不宁静；欲念无生，则念愈生。如之何而能使此心前念易灭，后念不生，良知独显，而与造物者游乎？

（阳明复信）："不思善、不思恶时，认本来面目"，此佛氏为未识本来面目者设此方便。本来面目即吾圣门所谓良知，今既认得良知明白，即已不消如此说矣。"随物而格"，是致知之功，即佛氏之"常惺惺"，亦是常存他本来面目耳。……良知只是一个良知，而善恶自辨，更有何善何恶可思？良知之体本自宁静，今却又添一个求宁静；本自生生，今却又添一个欲无生，非独圣门致知之功不如此，虽佛氏之学亦未如此将迎意必也。只是一念良知，彻头彻尾，无始无终，即是前念不灭，后念不生，今却欲前念易灭，而后念不生，是佛氏所谓"断灭种性"，入于槁木死灰之谓矣。

——《传习录·中·答陆原静书》

你所认定的自我，只是众缘和合的"假我"

《传习录》中卷，辑录的都是王阳明与门人弟子之间的往来书信。上面两段文字，就是陆澄与王阳明的通信内容。

小陆同学在信中提出了佛教禅宗非常著名的一个话头，语出《坛经·行由品第一》，即六祖慧能抛给僧人惠明的问题——不思善，不思恶，正恁么时，哪个是明上座本来面目？

不思善，不思恶，正在此时，哪个是你惠明的本来面目？

所谓本来面目，就是指真实的自己。

如果是你，你会怎样参究这个话头？从小到大，你有没有想过要去寻找真实的自己？

这样的问题，也许会让某些成功人士发笑："我干吗要寻找自己？我难道不是一直是我自己吗？我是张三，我是企业家，我有一个漂亮贤惠的老婆，有一个聪明可爱的儿子，我有房有车，有事业有朋友，每逢黄金周就带着老婆孩子自驾游……我活得这么好，脑子又没进水，干吗要去找什么'真实的自己'？"

如果你这么回答我，首先我当然要恭喜你，因为你拥有令世人艳羡的一切。可是，张三先生，我想请问："'你'和你所拥有的'东西'，可以直接画等号吗？你说你是张三，可张三只是个符号，你也可以叫李四、王五，不管把名字换成什么，都不会把你这个人本身换掉，对不对？由此可见，正确的说法不能说'你是张三'，而应该说'你拥有张三这个名字'。

"同样的道理，你也不能说'你是企业家'，因为企业家只是你的身份，并不是你，哪天你不做企业了，你也不会变成别人。所以，不能说'你是企业家'，而应该说'你拥有企业家这个身份'。

"再来看，你老婆、儿子，你的房子、车子，还有你的事业、朋友等，跟你的名字和身份一样，都是你所拥有的事物或社会关系，但并不是你。换句话说，你'是'什么和你'有'什么，完全是两码事，不能混为一谈，你说是吧？"

对此，张三可能会回答我："就算你说得对，这些确实不是我自己，但是，我一米八〇，身体健壮，长相英俊，口才一流，知识渊博，兴趣广泛……

这些可以算是我自己固有的吧？"

对不起，张三先生，我将十分遗憾地告诉你："这些固然可以算是你的，但仍然不是你'固有'的。因为，疾病和灾祸都有可能改变你的外貌特征和身体条件（包括自愿的整容和变性），所以，'一米八〇、身体健壮、长相英俊'并不固有；另外，人的大脑也可能因疾病或灾祸而失忆，人的道德品质也可能因财色名利的诱惑而败坏，所以，'口才一流、知识渊博、兴趣广泛'什么的，都不固有。

"当然，我这不是咒你，不是说你会遭遇生病、灾祸、毁容、失忆，而是说在理论上，每个人都有可能遭遇这些东西。而假如——我是说假如——张先生，你不幸遭遇了上述种种，变成一个身体残疾、长相丑陋、口齿不清、丧失记忆，而且没有工作，穷困潦倒，失去了家庭、朋友等所有社会关系的人，那么我想请问，正怎么时，哪个是你张先生本来面目？！"

这个时候，被逼无奈的张先生很可能会蹦出一个词儿——DNA。

我笑了。

你以为DNA是不可改变的吗？那你每天都在吃的转基因食用油是什么东西？还有转基因玉米、转基因大豆、转基因大米、转基因水果……

还有，你的父母把你生出来，本身就是基因重组的结果；对于某些遗传疾病，科学家已经可以采用基因移植、人工合成基因的手段进行治疗；最新研究显示，仅仅20分钟的激烈运动，就可以改变你肌肉中的DNA分子；此外，癌症发生的一个重要原因，就是因为细胞基因发生了突变。

既然基因可以重组、可以移植、可以合成、可以渐变、可以突变，那我们凭什么认为基因是不变的呢？又凭什么认为基因可以代表你呢？

当然，在日常生活中，我们可以通过基因检测来进行个人身份识别，但这跟我们通过相貌、指纹、视网膜进行身份识别的性质是一样的，只是技术手段更先进、精确性更高而已。换句话说，如果相貌、指纹或视网膜都有可能因某种意外而改变、消失或遭到破坏（以色列医学家已经发现，少数人会由于基因突变导致指纹消失），那么至少从理论上讲，未来基因改造技术的发展，也可能降低基因识别技术的精确性和有效性。总之，虽然现阶段用基因来识别身份还是靠谱儿的，但这并不表示基因是不可改变的。

综上所述，我们不难得出一个结论：绝大多数人平常所认定的这个由姓名、性别、职业、身份、社会地位、经济状况、人际关系、体貌特征、性格特征、遗传基因、感觉知觉、情绪欲望、思想观念等组合而成的"我",其实并不是真正的我,而是佛陀所说的"众缘和合"的"假我"。

所谓"众缘和合",就是指诸多事物依赖一定条件组合在一起;而所谓"假我",并不是说这个"众缘和合"的自我不存在,而是说一旦众缘变化或离散,自我就随之改变了,因而不常在。"不存在"与"不常在"一字之差,意义完全不同:"不存在"是一种断灭论,为佛教所驳斥;"不常在"则是对万物的如实体认。

真我与假我,演员与角色

既然上述那些东西都只是"假我",那么什么才是"真我"呢?

其实,"真我"并不在"假我"之外,而就在"假我"之中。

这么说是什么意思?

意思很简单,如果你跟身心内外的一切东西认同,你的"真我"就迷失在"假我"之中了,一旦你不跟你拥有的任何东西认同,你的"假我"就全体转为"真我"了。

换言之,所谓认识"真我",并不是要让你摒弃"假我",也不是要让你抛弃现有的生活以及拥有的一切,而只是让你不要与那些东西认同——说白了,就是一念之转而已。只要这一念能转过来,你的生活全体皆真;可要是转不过来,仍然坚持错误的认同,则你的生活全体皆假。所以佛说:"一念悟,众生即佛;一念迷,佛即众生。"

如果你觉得这么说太抽象,那我们来打个比方:"真我"就像是一个演员,"假我"就是其所扮演的角色。一个演员既要入乎其内,把自己当成那个角色,又要出乎其外,时刻谨记自己是在演戏。只有把握好这个分寸,才称得上是优秀的演员。假如有个演员入戏太深,以致忘记了自己的本来面目,把戏中的情节全部认假为真,那他就惨了——今天演一个高官或富豪,就张狂得要死;明天演一个草根或小民,就悲摧得要死。试问,这样的人还有真正的自我吗?他还能够自作主宰吗?

因此，与"假我"认同的人，就等于把自己拱手交给了"无常"这个编导——"无常"制造了一个境遇，让他哭他就哭；"无常"制造了另一个境遇，让他笑他就笑。而认识真我的人，固然也一样在"无常"的编导之下，一样会面临离合悲欢的种种境遇，但他会像一个优秀的演员一样，在表现出喜怒哀乐的同时，始终清楚地知道——这一切都只是人间戏剧的一部分，虽然看上去挺真实，但终究是变幻无常的，我的职责就是演好自己的戏份，尽情体验这部戏中的一切，但没必要沉迷在情节中不能自拔，更没必要被它折腾得欲生欲死。

简言之，认同"真我"的人，就是"我在演戏"，随时都可以自作主宰；而认同"假我"的人，就等于"戏在演我"，只能在红尘中迷惑颠倒，随波逐流。

清清楚楚地知道"我在演戏"，就是王阳明说的"良知"；清清楚楚地知道自己是谁，不与角色认同，就是禅宗说的"认识本来面目"。

而在王阳明看来，二者其实是一回事："本来面目，即吾圣门所谓良知"。

正因为"本来面目"与"良知"具有这样的对应关系，小陆同学才会拿六祖慧能"不思善、不思恶"的话头来参究。但是，小陆弄不懂"不思善、不思恶"的真正含义，并错误地把它理解成是"清静自在、一念不生"，这就与慧能的本意背道而驰了。

慧能之所以提出"不思善、不思恶"，绝不是让我们追求所谓"清静自在、一念不生"，而是要让我们打破二元对立的惯性思维，用马斯洛的话说，就叫"二分法的消解"。

二元对立、二分法即佛陀所说的分别心，亦即禅宗所言的"对治门"。正如大珠慧海所言："求大涅槃，是生死业；舍垢取净，是生死业；有得有证，是生死业；不脱对治门，是生死业。"当我们有了涅槃与生死的对立、染垢与清净的对立，我们就仍然深陷"二分法""对治门"中，就等于把本来完整而单纯的存在割裂成了无数碎片。

马斯洛认为，在他所研究的那些自我实现者身上，一个共同而显著的特点就是"非此即彼"的消解。他说："正像最伟大的艺术家所做的，他们能够把相互冲突的色调、形状以及一切的不协调，一起放到一个统一体之中。这也是最伟大的理论家所做的，他从令人迷惑、不连贯的事实碎片中拼凑出整体。伟大的政治家、伟大的宗教家、伟大的哲学家、伟大的父母、伟大的恋人和伟大的发明家也无不是这样。他们都是综合者，能够把游离甚至是相互矛盾的事物整合入统一体。"（亚伯拉罕·马斯洛《动机与人格》）

一旦放下分别心，把所有矛盾的事物"整合入统一体"，那么我们就无须截断心念之流，只要保持对身心内外一切事物的觉照与洞察就够了——善来就照见善，恶来就照见恶，一念生起知其生起，一念消灭知其消灭，仅此而已。

遗憾的是，小陆领悟不到这一点。他一边参究着慧能的话头，一边却纠结于事物的善恶与念头的生灭。如此一来，禅不仅无法帮他解脱，反而只能令他陷入更深的缠缚。其实，这也是很多修行人的通病，正所谓"牛饮水成乳，蛇饮水成毒"。

如何认识本来面目？

那么，我们如何才能契入这种"不思善、不思恶"的状态呢？在我们的人生中，可曾有过"不思善、不思恶"的时候？

有，那就是在你的生命诞生之初，即对"假我"的认同尚未产生的时候。

生命诞生之初？那不就是指婴儿吗？

没错，就是婴儿。

关于这一点，我们可以来看看古代的圣人们都是怎么说的。

老子说："知其雄，守其雌……常德不离，复归于婴儿。"这句话的意思是说，我们可以让自己的思想和行动在现实层面上运作，但必须让自己的心常住于超越的境界中，这样才能不离恒常之德，回归婴儿一般的本真状态。

孟子说："大人者，不失其赤子之心者也。"大人，就是修行有成的圣贤；赤子，就是纯然本真的婴儿。孟子的意思是说，真正的大修行人，就是那种从不失去婴儿般本真之心的人。

王阳明也曾经在一首诗中写道："白头未是形容老，赤子依然浑沌心。"一个人即使两鬓斑白，容颜已老，只要还保有浑然、本然的赤子之心，就不是真正的衰老。

我们每个人都曾经是婴儿，都曾经没有焦虑、没有烦恼、没有竞争、没有压力、没有分别、没有执着地存在着。如果饿了，我们会哭喊着寻找母亲的乳房；如果饱了，我们会甜甜地睡去。这个世界的一切，在我们眼中都是新鲜、美好的，任何东西到了我们手上，都可能变成好玩的玩具。我们充满活力，我们拥有一种与生俱来、不假外求的充实和喜悦。我们和世界浑然一体，一切都是那么完整、丰富和单纯。存在对于我们而言，就是上天所赐的一件丰盛的礼物；活着对于我们而言，就是造物给予的一种全然的祝福。

一言以蔽之——婴儿的状态，就是全然活在当下的状态。

然而，当我们慢慢长大，产生了对立分别的意识，我们与存在之间就生出了一条裂缝，并逐渐塌陷成一道巨大的鸿沟。我们开始区分我的、你的、好的、坏的、美的、丑的、对的、错的、有利的、有害的、喜欢的、厌恶的……

然后，我们就有了爱，有了恨，有了苦，有了乐，有了追逐，有了逃避，有了占有，有了竞争，有了烦恼，有了焦虑，有了仇恨，有了恐惧……

原本完整的世界，就这样在我们眼中分裂成无数二元对立的事物。我们的生活，就成了一场与自我，与他人，与环境，与社会的无休无止的矛盾、纷争、冲突、博弈，直到精疲力竭，直到百病丛生，直到年华老去，直到死亡降临。

当我们的心从丰足变得匮乏，生命就不再是一件礼物，而变成了一种惩罚；当我们把无限而完整的存在分割成无数碎片，活着就不再是一种祝福，而变成了一种诅咒。

我们该怎么办？

佛陀说："你要放下分别心和执着心，彻见本来面目。"

老子说："你要知其雄，守其雌，复归于婴儿。"

孟子说："你要在成长的道路上不失赤子之心。"

当然，所谓"复归于婴儿"，所谓"不失赤子之心"，并不是强迫我们把智商降到婴儿的水平，也不是怂恿我们离开文明社会，去深山老林过茹毛饮血的原始生活，而是让我们像婴儿、赤子那样，全然活在当下，充满存在的喜悦，享受生命本身固有的单纯、完整和富足，并且焕发出强大的活力和创造性。

用马斯洛的话说，这就叫"第二次纯真"，是一个自我实现者最主要的特征之一。马斯洛认为："自我实现者的创造性在许多方面类似于天然快乐、无忧无虑的儿童的创造性。它是自发、轻松自然、纯真、自如的，是一种与一成不变和陈词滥调迥然不同的自由。同样，它的主要组成部分似乎就是无感知的'纯真'、自由和不受抑制的自发性和表达性。几乎任何一个孩子都能够更自由地去感知，而不带有应该存在什么、必须存在什么或一直存在什么的先入为主的看法。并且，几乎任何一个孩子都能够即兴创作一支歌、一首诗、一个舞蹈、一幅画、一种游戏或比赛，而不需要计划或预先的意图。"

可见，恢复赤子之心，不是一种简单的智力倒退或生理还原，而是一种否定之否定、一种循环式上升、一种绚烂至极的平淡、一种凤凰涅槃的重生。

唐朝的青原惟信禅师，曾经自述他一生参禅的三层境界：

老僧三十年前未参禅时，见山是山，见水是水。及至后来，亲见知识（"善知识"，意谓高僧大德），有个入处，见山不是山，见水不是水。而今得个休歇处，依前见山只是山，见水只是水。

到得第三层境界，我们便彻见了本地风光。尽管见山还是山，见水还是水，外在的一切与第一层境界相比，似乎没有丝毫变化，但事实上已经全然不同。因为，我们的内心已经发生了根本性的转变——就像一束冉冉升起的觉知之光，瞬间照亮了我们身心内外的一切。

让觉知之光照亮人生

享誉世界的当代越南僧人一行禅师说过："就像自然界的太阳照耀每一片树叶和每一株小草一样，我们的觉照也要照顾好我们的每一个念头和感受，以便我们识别它们，了知它们的产生、滞留和瓦解。不要判断和评价它们，也不要迎合和消灭它们。……不要把你的心灵变成了战场。那儿不需要战争，因为你所有的情感——欢喜、悲伤、愤怒、嗔恨等，都是你自己的一部分。……觉照是一种宽容而又清明的状态，它是非暴力和无分别的。其目的是识别和了知诸思想、情感，而不是判断其善恶好坏，也不是将它们置于相对立的阵营，从而让它们互相争斗。人们常常把善与恶的敌对比喻成光明与黑暗，但是，假如我们从另外一个角度来观察，我们就会发现，当光明出现的时候，黑暗就消失了。黑暗并没有离开，而是融入光明之中，变成了光明。"（一行禅师《与生命相约》）

一行禅师说不要把内心变成战场，与前文所言的克己之道就是战胜自我，二者并不矛盾，因为它们针对的是不同的修行阶段。儒家讲的克己，是修行起步和过程中的功夫；一行禅师讲的觉照，是修行圆满、彻见本地风光后的境界。所以，一行禅师此说，属于"悟道之言"，可与王阳明的一句话相互印证："人若知这良知诀窍，随他多少邪思枉念，这里一觉，都自消融。真个是灵丹一粒，点铁成金。"（《传习录》卷下）

这里一觉，都自消融！

光明一旦出现，黑暗就融入光明之中了。

这就是禅的智慧，也是心学的智慧。

事实上，这绝不仅仅是禅宗和心学的智慧。根据现代心理学，当我们能够冷静地观察内心某种激烈的情绪或强烈的意念时，这种情绪或意念所具有的能量就会在短时间内转移或消失。

马斯洛说："儿童是睁大了眼睛，用非批判性的、非祈使性和纯真无邪的眼光来看待世界的，他们只是注意和观察事实是什么，对它并无争论或者要求，自我实现者也是以同样方式看待自己和他人的人性的。"（亚伯拉罕·马斯洛《动机与人格》）

正是在这个意义上，阳明先生才会告诉小陆同学：良知只是一个良知，而善恶自辨，更有何善何恶可思？像你这么瞎折腾，不但错用了我教你的致知之功，而且就算是佛家的修行方法，也不会如你这般"将迎意必"。

什么叫"将迎意必"？

"将迎"二字，语出《庄子·知北游》，是送、迎之意，可引申为抵拒、迎合；"意必"二字，语出《论语·子罕》，是臆想、武断之意，可引申为分别与执着。

所以，王阳明的意思是：修行到最后阶段，你的心灵就不再是战场了，而是成为一个日益井然有序的世界；到这个阶段，对于内心的种种思想、观念、情绪、感受、念头等，都不必去抗拒迎合，也不要去分别执着，只要用你的良知去觉照就行了。

此外，王阳明还告诉小陆：觉照的当下，你便是宁静本身，而不必再求一个宁静；心中若觉照常在，便是一念良知彻头彻尾，无始无终，更有何前念后念之分别？若一意追求一念不生，则不免落入断灭之境，把自己变成死灰槁木了。

修行如果走到这一步，那就完全背离了初衷。不管儒家还是佛教，修行的目的，都是认识自己的心，让我们能够更快乐、更自在地生活，而不是把自己变成不食人间烟火的怪物，更不是要扼杀自己的人性。

据说，古希腊的戴尔菲神殿上刻着一行字：认识你自己。苏格拉底把这句话规定为哲学最重要的任务。卡西尔说："认识自我乃是哲学探究的最高目标——这看来是众所公认的。在各种不同哲学流派之间的一切争论中，这个目标始终未被改变和动摇过，它已被证明是阿基米德点，是一切思潮的牢固而不可动摇的中心。"（恩斯特·卡西尔《人论》）

然而，"认识自己"似乎只是哲学家的事情。千百年来，世上的绝大多数人宁可浑浑噩噩地度过一生，也不愿去探究自己的本来面目。

所以，当有人问古希腊的第一位哲人泰勒斯："什么是最难的事情？"他的回答正是："认识你自己。"而尼采也说过："我们无可避免地与自己保持陌生，我们不明白自己，我们搞不清楚自己，我们的永恒判词是：'离每个人最远的，就是他自己。'"

你，我，还有这本书的每一位读者，我们能不能推翻尼采的判词，去找回那个"离自己最远的"真实的自己？

其实，真我从来没有远离，它一直都在。就像王阳明所言："抛却自家无尽藏，沿门持钵效贫儿。""真我"就如同我们固有的无尽宝藏，我们只是暂时将它忘却，以为自己是个一无所有的穷光蛋。可不管我们抛弃它多久，它都不会消失；不论我们走得多远，真我这一"无尽藏"始终在那里。

所以，找回真我并不难，只是看你愿不愿意觉知而已。

五　一堂心学课：找回心灵的快乐

（陆澄）来书云：昔周茂叔每令伯淳寻仲尼、颜子乐处。敢问是乐也，与七情之乐同乎？否乎？若同，则常人之一遂所欲，皆能乐矣，何必圣贤？若别有真乐，则圣贤之遇大忧、大怒、大惊、大惧之事，此乐亦在否乎？且君子之心常存戒惧，是盖终身之忧也，恶得乐？澄平生多闷，未尝见真乐之趣，今切愿寻之。

（阳明复信）：乐是心之本体，虽不同于七情之乐，而亦不外于七情之乐。虽则圣贤别有真乐，而亦常人之所同有，但常人有之而不自知，反自求许多忧苦，自加迷弃。虽在忧苦迷弃之中，而此乐又未尝不存，但一念开明，反身而诚，则即此而在矣。每与原静论，无非此意，而原静尚有"何道可得"之问，是犹未免于骑驴觅驴之蔽也。

——《传习录·中·答陆原静书》

心灵的快乐 vs 物欲的快乐

陆澄同学在这封信中，提出了一个天底下没有人不关心的话题——快乐。

每个人活在这世上，想要的东西可能不尽相同：有人喜欢权力，有人却觉得当老百姓更自在；有人喜欢金钱，有人却觉得过多的金钱反而是祸害；有人喜欢美色，有人却认为色字头上一把刀；有人喜欢高朋满座，有人却喜欢宁静独处；有人喜欢周游世界，有人却觉得心中的世界更为广阔。但是，如果问大家一个问题：你想要快乐吗？估计所有人都会异口同声地回答——想。

没有人不希望自己快乐。心理学研究指出，当我们感觉快乐的时候，思维会更活跃，表现会更出色，身体会更健康，甚至连生理机能的工作都会更加高效。相关的心理学实验表明，当人们心中怀有快乐的想法时，视觉、味觉、嗅觉、听觉都会更灵敏，与他人或物体接触时，也能感受到一些更细微的差别。现代的身心医学也已证明，当人感到快乐时，其心脏、肝脏、胃，以及其他的内脏功能，都会比平时更加良好。西方有一些医学家因此宣称：不快乐是一切身心疾病的唯一根源，而快乐则是唯一药方。

姑且不管这个结论是否过于武断，至少我们都得承认：快乐是好东西，也是每个人都想要的。可是，快乐是什么呢？要怎么才能获得快乐呢？普通人的快乐和心学所说的乐是不是一回事儿呢？

这正是小陆同学的问题。他在给王阳明的信中，提到了一个概念，叫"孔颜乐处"。这是北宋时期，程颢就学于周敦颐时，周老师经常叫程同学去寻找的一种圣贤的快乐，也是儒家修行的入手处。

那么，什么叫"孔颜乐处"呢？

所谓"孔颜乐处"，指的是一种安贫乐道的精神，源出《论语》中孔子对颜回的赞叹："贤哉回也！一箪食，一瓢饮，在陋巷。人不堪其忧，回也不改其乐。"

颜回真贤德啊！吃的是一小碗饭，喝的是一小瓢水，住在破巷子里头，没人能忍受这种悲摧生活，颜回却能自得其乐且始终不改。

看到这里，你肯定会想："瞧颜回这日子过的，要吃没吃，要喝没喝，要房没房，要车没车，还乐个什么劲儿啊！"

这就是人和人的差别了。有的人天天吃山珍海味、住别墅、开豪车，可快乐总是稍纵即逝，大多数时候还是不快乐；而在外人看来过得很惨的颜回，偏偏就能在物质条件极差的情况下，在世人百思不解的目光中，分分秒秒享受快乐。

这，到底是为什么呢?

答案其实很简单：颜回的快乐是从内心生发出来的，不管他做什么，快乐始终伴随着他；而世人的快乐却在外面，必须一刻不停地向外追逐。丹麦哲学家克尔恺郭尔说过："大多数人在追求快乐时急切得上气不接下气，以至于和快乐擦肩而过。"（杨玉功编译《克尔恺郭尔哲学寓言集》）而颜回不用追，所以他的快乐不但稳定，而且长久。

世人拼命向外追求快乐，有时候追得到，有时候追不到。追不到固然痛苦，就算追到了，也难免气喘吁吁，累个半死。而且，更让人郁闷的是，一样东西还没到手时，看上去总是很美，可一旦到手，它带给我们的快乐好像也不过如此。于是，我们只好再去追逐新的猎物，并满心期待新猎物会带给我们更大的快乐。

然而，结果往往还是一样。

这种现象，每个人肯定都有体会。如果用经济学的话来讲，这叫作"边际效用递减"。该术语的意思是：当消费者消费某一物品的总数量越来越多时，其后面新增的每一单位物品的消费所获得的效用（边际效用），通常会呈现越来越少的现象（递减）。

我们来打个比方：假如你饿了一天了，我给你端来一筐馒头，你吃下第一个馒头时，感觉最爽，所以该馒头效用最大；吃下第二个时，感觉也很爽，但效用已不如第一个；吃下第三个时，效用已明显减弱；到你饱得实在吃不下了，我如果硬逼你再吃一个，你估计会跟我拼命，就算勉强吃下去，最后这个馒头跟第一个比起来，其效用也绝对是负数了。

所以，我们想要通过占有、消费更多的外物来获得快乐，就无法逃脱"边际效用递减"的规律。例如，陕西的"杨表哥"戴第一块名表的时候，肯定是最快乐的时候，可随着他拥有的名表越来越多，其快乐便会随之减少，即便后来的表越来越名贵，可效用还是会依次递减。

可以想见，假如"杨表哥"不落马，他肯定很快就会厌倦戴表，转而追逐新的东西。比如，他可以学习"房叔""房嫂"们，拼命去占有更多的房产。但是，不管他去追逐什么，也不管他占有多少，"边际效用递减"始终会是罩在他头上的一个魔咒。

也许，社会上广大的"表哥""房叔""房嫂"之所以会那么疯狂地攫取外物，是因为"边际效用递减规律"所致。换言之，当"表哥""房叔""房嫂"们占有的外物越来越多时，他们会郁闷地发现：自己的快乐反而越来越少了。为了找回戴第一块表、买第一套房时的那种快乐，也为了弥补效用递减带给他们的一次比一次更深的不满足感，他们只好变本加厉地去追逐和占有更多外物。

就这样，他们陷入了一种不可自拔的恶性循环。

用古人的话讲，这就叫"欲壑难填"，也叫"饮鸩止渴"。今天社会上的诸多富豪和权贵，其物欲之所以膨胀到令人咋舌的地步，原因恐怕正在于此。

一定的物质条件，是心灵快乐的基础

综上所述，我们不难得出一个结论：想要通过占有更多的外物去获得持久的快乐，其实是不靠谱儿的。国外有个研究机构，曾经对几乎所有发达经济体民众的生活质量做过研究，结果发现，对于在贫困线以上、占总人口 80% 以上的人来说，他们的幸福、快乐与自我满足感，通常与收入水准无关。

既然通过物质追求快乐的方法不靠谱儿，那么像颜回那样安贫乐道就靠谱儿了吗？

恐怕也不靠谱儿。

理由是显而易见的：虽然我们不怀疑世上的确有这种物质极度贫困、精神极度丰富的圣贤，可问题是，在生活成本越来越高的今天，谁愿意做这样的人呢？如果你是男生，你愿意做颜回吗？如果你是女生，你愿意嫁给颜回吗？

你们肯定都会说不。

由此可见，在今天要找到靠谱儿的快乐，既不能像"表哥"和"房叔"们那样疯狂追求金钱和物质，也不能像颜回这样毫无经济基础。换言之，一定的物质基础加上一定的闲暇，最有助于一个人找到心灵的快乐（亚里士多德早就说过这一点了）。

所以，假如你现在恰好过着小康生活，那么恭喜你，你比别人都更有条件来参加心学的"快乐训练营"培训。

当然，假如你还在读书或刚刚毕业，抑或刚刚从农村来到城市打工，离小康生活尚远，你也别泄气，因为按照马斯洛的理论，人并不用等到低级需要完全满足之后才能追求高级需要。此外，假如你已经很有钱了，公司很快就将上市，但你还是想寻求更高质量的精神生活，我们当然也欢迎。

现在，请各位同学各自找好座位，我们的培训课程马上开始。

圣贤之乐 vs 常人之乐

首先，让我们来讨论一下小陆同学的问题。

他问的是：圣贤之乐与我们平常说的七情之乐是否相同？如果相同，那么平常人一旦满足了欲望就能快乐，又何必做圣贤呢？如果另有真正的乐，那么当圣贤遇到大忧、大怒、大惊、大惧的事，他的乐还在吗？再说，君子之心必须常存戒惧，这是终身的忧患，怎么能乐呢？我平生多有忧闷，还不曾体会到真乐的趣味，现在迫切希望找到这种乐趣。

小陆同学说了一大堆，其实概括起来就两句话：一是圣贤之乐是什么？二是如何找到这种快乐？

讨论这个问题之前，我们要先弄清楚"七情之乐"这个概念。

《礼记》云："喜，怒，哀，惧，爱，恶，欲，七者弗学而能。"这七种情绪，就是我们平时常说的"七情六欲"中的"七情"，它是世界上所有人与生俱来的东西，不因肤色、种族、文化、国家的不同而有差别。所谓"七情之乐"，就是指平常人的快乐。

对于小陆的问题，阳明老师的回答是：圣贤之乐就是恢复心灵本来的状态，这种快乐虽然与平常人的快乐不同，但也不在平常人的快乐之外。尽管圣贤另有真正的快乐，但这种快乐也是常人本来具有的，但常人不知道自己有，反而自己招来了许多忧愁苦恼，把快乐迷失了。虽然置身于忧愁、苦恼、迷失之中，但真正的快乐其实未尝离开。只要一念开启，反身而诚，乐自然就在那里。可你还在纠结怎么得到这种乐，这就叫"骑驴觅驴"。

考虑到阳明老师的回答是针对小陆的，比较艰深，所以本人作为较早接触心学的学长，就帮同学们总结几个要点，并且做一些补充解释。

第一，圣贤之乐与平常人的快乐是不同的。

圣贤的快乐是心灵成长与人格完善的快乐，就像斯宾诺莎所言："快乐不是对美德的奖赏，而是美德本身。"这种快乐是由内而外、自然生发的，它本自具足，基本上不需要外在条件的支持，所以王阳明称其为"真乐"。而平常人的快乐却是绝大部分建立在外物的基础上，必须得到了外物、满足了欲望之后，才会感觉快乐，所以二者不同。

第二，尽管圣贤之乐与平常人的快乐不同，却并不在平常人的快乐之外。

这句话乍一听比较费解，但它的意思很简单，就是说圣贤之乐并不是什么玄妙的东西，也不是什么离尘绝俗、虚无缥缈的东西，而是平常人经过心学的训练后都能体验的。换言之，圣贤之乐虽不等于平常人的快乐，但绝对是"平常心"之乐。

正因为此，王阳明紧接着才会提出下面这一点。

第三，圣贤之乐，常人本来具有，可惜迷失了；虽然迷失，却从未丢失。

王阳明在这里使用的逻辑，与他一贯的逻辑一样，都是在苦口婆心、不厌其烦地提醒我们——你本来就坐拥"宝藏"，干吗老是"抛却自家无尽藏，沿门持钵效贫儿"呢？天理就在你心里，你往外求什么？良知也在你心里，你向外找什么？真正的快乐还是在你心里，你却成天辛辛苦苦在外面寻找快乐，这不是自寻烦恼、自讨苦吃吗？

第四，只要一念开启，反身而诚，乐自然就在那里，无须骑驴觅驴。

孟子说："反身而诚，乐莫大焉！""反身而诚"是儒家修行功夫的命脉所在，也是王阳明反反复复强调的心学的命根。我们曾经介绍过"诚"这个概念，它是自己对自己真诚、自己对自己负责，也是成为自己、成就自己的意思。孟子此言，就是告诉我们——一个人只要愿意向内求，给自己的心灵输送营养，它必定会给你提供源源不绝的快乐。

好，话说到这里，个别利根的同学可能已经悟到了，可绝大多数同学还是睁着迷茫的眼睛，一脸懵懂。下面，我们就来回答一下这些同学的问题。

一个世界首富还需要心灵食粮吗？

一个男同学举手提问："你说，圣贤的快乐就是心灵成长与人格完善的快乐，可你不觉得这种快乐跟赚钱的快乐、出名的快乐比起来，还是有点儿虚吗？"

这位同学很诚实，把很多同学想在心里却不敢说的问题提出来了。

首先，我必须澄清一点误解：当我们说心灵成长与人格完善是一个人真正的快乐时，绝不是说这个人不能同时拥有赚钱和出名的快乐。事实上，恰恰是一个人的心灵与人格越健康，他在生活中所获得的各种快乐才会越长久，越没有副作用。

我不知道这位同学在提这个问题时，是不是下意识地把这两种快乐对立了起来。其实，这是完全没必要的。心灵的快乐与物质的快乐，圣贤之乐与常人之乐，根本不是非此即彼的关系。

孔子他老人家早就说过："富而可求也，虽执鞭之士，吾亦为之。""执鞭之士"是指市场上的看门人，相当于现在的保安。孔子的意思就是说，如果可以用正当的手段得到富贵，啥事儿他都愿意干。由此可见，你完全没必要在心灵的快乐与物质的快乐之间左右为难、举棋不定。你应该相信，任何人都有资格同时拥有这两者，包括你自己在内。

其次，你说心灵成长与人格完善的快乐有点儿虚，其实一点儿也不虚，它是一种实打实的快乐。打个比方，假如你在沙漠中走了好多天，水早喝光了，快渴死之前，突然看到一眼清泉，你狂奔过去喝了个痛快，这种快乐是不是实打实的？比起赚钱和出名的快乐，它难道就虚了吗？

而你之所以会觉得心灵的快乐虚，只是因为你很少意识到心灵的干渴，更从来没想过要为自己的心灵寻找一眼清泉，所以，你也就体验不到让心灵痛快喝水的快乐。

这，就是阳明老师所讲的迷失。

这时候，只要你把习惯向外看的眼睛转回来，真诚地面对自己的心灵，你必定会发现：它已经因为极度的干渴而奄奄一息了。而这一点，也恰恰是你在生活中遇到很多焦虑、烦恼、痛苦却又百思不得其解的原因所在。也就是说，你生活中的很多麻烦，都是因为心灵迷失，却又盲目向外追逐快乐所导致的。正如古希腊哲学家伊壁鸠鲁所言："没有一种快乐本身是坏的。但是，有些可以产生快乐的事物，却带来了比快乐大许多倍的烦恼。"（苗力田主编《古希腊哲学》）

一心追逐那些貌似快乐的事物，往往是我们烦恼的根源。所以，你必须赶紧给心灵打点滴，并且日后定期给它补充营养，让它慢慢复苏，逐渐成长，只有这样，你才能感受到那种自然生发、不假外求的快乐。

这，就是孟子所讲的"反身而诚，乐莫大焉"。

这位男同学听完，若有所悟，但还是有些疑虑，说："可是，我每天都很忙，天天要加班，我怎么有时间去给心灵补充营养呢？还有，心灵的营养是指什么东西呢？"

关于这个问题，我这里有一封家书，是一位父亲写给儿子的，我觉得对大家可能会有所启发。

亲爱的约翰：

就像我们身体上有食欲一样，我们也有精神上的食欲。但许多人却常以没有时间为借口，总在使他们的心灵忍饥挨饿，也只在意外或偶然的情况下才充实它一下，却总忘不了满足他们脖颈以下的消费。

也许我的看法有些悲观，我们正处于无限制满足脖颈以下却在忽视脖颈以上需求的时代。事实上，你经常听到有人说漏吃一顿午餐是件大事，却听不到"你最后一次满足心灵饥渴是在什么时候"的声音。难道我们每个人都是精神上的富足者吗？显然不是。

在我们这个世界上，精神饥渴的人随处可见，那些生活在沮丧、消极、失败、忧郁中的人，他们都迫切需要精神的滋养和灵感的召唤，但他们几乎全都排斥再充实他们的心灵，任由心灵黯淡无光。

…………

每一个达到高峰或快达到高峰的一流人物都是积极的，他们之所以积极，是因为他们定期地以良好、清洁、有力、积极的精神思想充实心灵。就像食物成为身体的营养一般，他们不忘每天的精神食粮。他们知道如果能充实颈部以上的部分，就永远不愁填不饱颈部以下的部分，甚至不必忧愁老年的财务问题。

…………

我们的心灵是以供应它的事物而行动的。我相信，放进心灵中的事物对我们的未来非常重要。所以问题显然是：我们要怎样喂养我们的心灵——找什么时间去补充精神食粮？

你是否听到过伐木者的产量会下降，是因为他没有抽出时间来磨利他的斧头？我们花费金钱以及很多时间，去修饰头脑的外表，刮胡须、理头发，我们有没有必要花同样的时间和金钱，来对头脑的内部进行修饰呢？

当然有，而且可以做到。事实上，精神食粮随处可得，例如书籍。经由伟大的心灵撞击而写成的书籍，没有一本不是洗涤并充实我们心灵的食粮，它们早已一劳永逸地为后人指明了方向，而我们可以在其中任意挑选我们想要的。伟大的书籍就是伟大的智慧树、伟大的心灵之树，我们将在其中得以重塑。

……那些拥有成功人生的人，无疑都能体认到……心灵像身体一样，必须定期给予营养才行，身体、心理与精神方面的营养，都要分别照顾到。

约翰，没有谁可以阻挡我们回家的路，除非我们不想回来。让心灵之光照耀我们回家的路吧。（约翰·洛克菲勒《洛克菲勒写给儿子的38封信》）

同学们，你们知道写这封信的是什么人吗？

有人猜是学者，有人猜是教授，有人猜是作家，有人猜是科学家，有人猜是艺术家……算了，大伙儿都别猜了，告诉你们吧，这个人是洛克菲勒。

没错，就是20世纪美国的那个"石油大王"。

洛克菲勒是美国历史上第一位10亿富豪和全球首富，也是人类近代史上的首富，其财富总值约合今4000亿美元；假如洛克菲勒活到今天，他的资产将是2011年世界首富卡洛斯（墨西哥，740亿美元）的约5.4倍，是排名第二的比尔·盖茨（美国，560亿美元）的约7.1倍，是排名第三的沃伦·巴菲特（美国，500亿美元）的约8倍。

而就是这样一个超级牛人，却不抽烟、不喝酒、不赌、不色，一生勤俭自持，出门从不住豪华酒店，并且在人生的后四十年致力于慈善事业，陆续捐出大部分财产，资助教育、医疗与科学研究事业，如世界顶级的芝加哥大学、洛克菲勒大学，以及中国北京的协和医院等，都是他捐建的。

当然，洛克菲勒是个很有争议的人物，各种针锋相对的荣辱毁誉一直伴随着他，就跟历史上的所有牛人一样，你很难直接给他贴一张善或恶的标签。但无论如何，洛克菲勒还是坚信，他人生的使命就是：从其他恶性竞争的商人们身上赚取尽可能多的金钱，然后用这些金钱发展有益于人类的事业。

对我们来讲，记住这一点就够了。

现在，我们再回头来看看他写给儿子的这封信，应该就不会感到很意外了吧？会不会有谁觉得，自己比洛克菲勒还忙，所以没时间照顾心灵？或者有哪位同学觉得，自己比洛克菲勒还牛，所以不需要照顾心灵？最后，我想顺便问大家一句："你最后一次满足心灵的饥渴是在什么时候？"

同学们都笑而不答。

我想，你们应该都听懂我的意思了，也听懂洛克菲勒的意思了。

为什么要让别人决定我的行为？

一个女同学举手提问："请问学长，小陆的问题中有一句话：'当圣贤遇到大忧、大怒、大惊、大惧的事，他的乐还在吗？'对此问题，为什么阳明老师没回答，你也没解释？"

嗯，还是女同学细心。是这样子，阳明老师没回答，是因为这个问题太琐碎，他重在解决小陆的根本问题，所以这个可答可不答。现在你既然问了，阳明老师又不在，我只好不揣浅陋替老师说一下，如有谬误，还请大家指正。

其实这个问题的答案，已经隐藏在小陆自己的问题里了。因为小陆问的是，当圣贤"遇到"让人忧、怒、惊、惧的"事情"时，他还乐不乐，而不是问当圣贤"产生"忧、怒、惊、惧的"情绪"时，他还乐不乐。我们暂且撇开乐不乐的问题，先来注意这两种说法的区别：前者是说遇到不好的事情，后者是说产生不好的情绪。由此可见，遇到事情和产生情绪并不是一码事儿。换言之，当一个人遇到可能让他"忧、怒、惊、惧"的事情时，他并不必然会产生"忧、怒、惊、惧"的情绪，你说是不是？

女同学目光茫然，好像没听懂。

这样吧，我跟大家分享一个故事。有一个作家，爱憎分明，眼里容不得沙子。有一天，他跟一个朋友在报摊买报纸，那朋友接过报纸时，很礼貌地对报贩说了声"谢谢",那个报贩却毫无反应,一言不发。

离开报摊后,作家越想越怒,对朋友说:"刚才那小子也太神气了吧?"

"他每天都这样。"朋友说。

"那你还对他那么客气?"作家更怒。

朋友看了作家一眼,说:"为什么我要让他决定我的行为?"

同学们,你们回想一下,在平常的生活中,我们是不是都跟这个作家一样,总是不由自主地让外面的事情决定我们的情绪和行为?有谁能像那个作家的朋友一样,自作主宰,内心强大,不为外物所转?能做到的同学举一下手好吗?

没人举手。

好吧,我承认,我跟大家一样做不到,这就是我们普通人经常活得不快乐的原因。我们的心,总是不由自主地被他人和外部环境所控制:地铁天天挤得要死,我们抱怨;开车出门总是找不到停车位,我们生气;有些家伙开车总是变道抢位,连转向灯都不打,我们愤怒;上网跟人讨论个话题,动不动就碰上各种"杠精",把我们气得七窍生烟;老板天天晚上叫加班,连双休日都不放过,我们捶胸顿足,可捶破了也不是老板的胸,顿折了也还是自己的足。

这一切值得吗?

不值得。明知这些都不值得,我们为什么还是不能让自己快乐?

因为习惯。我们对这些东西一直都是这么反应,从来没想过可以自作主宰。心理学的相关研究指出,让我们不快乐的主要原因有二:一是本来与我们个人完全无关的事情,我们却要让自己对号入座;二是对于那些不能掌控的事情,我们潜意识里老是想掌控。

不快乐是一种习惯,快乐也是一种习惯。英国作家罗伯特·路易斯说过:"快乐的习惯,能使一个人摆脱(或基本摆脱)外界环境的支配。"因此,改变对号入座的观念,放下掌控外物的态度,我们就能摆脱外界的支配,找回本来属于自己的快乐。

而儒家的圣贤,对自己的心都了如指掌。他们很清楚,快乐纯粹是内心的事——能给我们制造不快乐的并非外在的事物,而是我们的观念、想法和态度,亦即我们自己的心。反之,快乐也是。

所以，小陆的那个问题其实是不言自明的。当圣贤遇到大忧、大怒、大惊、大惧的事情时，他们通常会问自己："我为什么要让这些东西决定我的情绪和行为呢？"然后，他们就会拂袖转身，该干吗干吗去了——此贤者可以"一箪食，一瓢饮"，彼圣人可以闲看庭前花开花落，坐望天上云卷云舒。这个时候，还有谁能怀疑他们的乐不存在呢？

事实上，阳明老师之所以不屑回答小陆，就是因为心学的主要功夫之一，便是养成快乐的习惯，甚至让自己成为快乐的源泉。用王阳明的话说，就叫"常快活便是功夫"（《传习录》卷下）。可是，小陆学了好几年心学，却还在提这种小儿科问题，难怪阳明老师会骂他"骑驴觅驴"。

听完这个解释，这位女同学显得挺满意，不过还没等我歇口气，她马上又抛出了第二个问题："小陆问阳明老师：'君子之心必须常存戒惧，这是终身的忧患，怎么能乐呢？'对此，您和阳明老师好像也都没讲。"

虽然本节课已经超时，其他同学也已哈欠连天、坐立不安，但这个问题不能不讲清楚，所以我还是耐心作了回答："小陆同学提这个问题，说明他读书不太认真，所以对'戒惧'二字产生了望文生义的错解，以为'常存戒惧'就是一个人整天都要活得紧张兮兮。其实，'戒惧'之说出自《中庸》'君子戒慎乎其所不睹，恐惧乎其所不闻'，意思就是'慎独'。也就是说，一个人在任何情况下都要对自己的心负责，不欺人，不自欺，这样才能打造一个'至诚'的内心世界。

"所以，'常存戒惧'的本义，就是我们上节讲过的觉知、觉照，用阳明老师的话说就是'戒慎恐惧，是致良知的功夫。学者时时刻刻常睹其所不睹，常闻其所不闻，功夫方有个实落处。久久成熟后，则不须着力，不待防检，而真性自不息矣'（《传习录》卷下）。

"而且，阳明老师一向认为，这种致良知的功夫是'活泼泼的'；'人若复得他（良知）完完全全，无少亏欠，自不觉手舞足蹈，不知天地间更有何乐可代'（《传习录》卷下）。

"如此气象，何等洒脱自在，何等逍遥快活，又怎么能叫'终身的忧患'呢？又怎么会和'乐'对立起来呢？

"儒家固然强调忧患意识，但那是指一种'居安思危'的社会责任感，一种'民胞物与'的人文关怀。所以，越是具有忧患意识的人，就越是一个大写的人，一个有着'浩然正气'的人，一个'坦荡荡'的君子。怎么这种精神到了小陆嘴里，就变得那么畏畏缩缩，一副惨惨戚戚的小人之相呢？"

小陆同学这么拧巴，难怪阳明老师理都不理他。还好他没去学禅，要不禅宗祖师肯定一棒打过去，看你小子再胡言乱语！

最后，我想把阳明心学的衣钵传人、泰州学派掌门王艮的《乐学歌》送给小陆，同时也与诸位共勉：

> 人心本自乐，自将私欲缚。
> 私欲一萌时，良知还自觉。
> 一觉便消除，人心依旧乐。
> 乐是乐此学，学是学此乐。
> 不乐不是学，不学不是乐。
> 乐便然后学，学便然后乐。
> 乐是学，学是乐。
> 於乎！天下之乐，何如此学！
> 天下之学，何如此乐！

好了，本节课已严重超时，就上到这里，祝同学们都能找回心灵的快乐！

第六章
致良知：开启正能量

生命中的许多事物，都是需要用心去体验的。头脑固然可以帮忙，但它绝对无法取代内心的体验。爱情如是，良知亦复如是。所以，在修行过程中，理性思维与直觉体悟就像车之双轮、鸟之双翼，只有二者并用，才能让良知彻底呈现。

一　良知的迷失 & 道德的重建

圣人致知之功，至诚无息。其良知之体，皦如明镜，略无纤翳，妍媸之来，随物见形，而明镜曾无留染：所谓情顺万事而无情也。"无所住而生其心"，佛氏曾有是言，未为非也。明镜之应物，妍者妍，媸者媸，一照而皆真，即是生其心处；妍者妍，媸者媸，一过而不留，即是无所住处。

——《传习录·中·答陆原静书》

当今社会的道德困境

上文是王阳明给陆澄回信中的一段话，其大意是：圣人体认良知的功夫是至诚不息的。良知的本体，亮如明镜，没有一丝灰尘，美丑在镜中随时现出原形，而明镜却不留任何染污，这就是程颢所说的"情顺万事而无情"。佛教有一句话叫"无所住而生其心"，意思跟这个差不多。明镜照物，美的显现为美，丑的显现为丑，一照就是它的本来面目，这就叫"生其心"；而不管美的如何美，丑的如何丑，照过后都不留下，这就叫"无所住"。

关于良知，王阳明不仅在平常的讲学中谈得很多，还曾以"良知"为题，写了不少诗作送给他的学生：

个个人心有仲尼，自将闻见苦遮迷。而今指与真头面，只是良知更莫疑。
问君何事日憧憧？烦恼场中错用功。莫道圣门无口诀，良知两字是参同。
人人自有定盘针，万化根源总在心。却笑从前颠倒见，枝枝叶叶外头寻。
无声无臭独知时，此是乾坤万有基。抛却自家无尽藏，沿门持钵效贫儿。

良知是什么？

良知就是真头面，就是定盘针，就是圣门口诀，就是乾坤万有基。

在儒学的语境中，"良知"常常与"良能"相提并论。良知良能，指的就是每个人与生俱来的道德意识和道德能力。如孟子所言："人之所不学而能者，其良能也。所不虑而知者，其良知也。"

然而，这种道德意识和道德能力虽然是一种天赋，却非常容易在后天的生活中迷失。用王阳明的说法，就是一般人往往抛弃这个人人自有的无尽宝藏，遮蔽本心，迷惑颠倒，整天活在烦恼场中，乃至像个乞丐一样沿门持钵，自讨苦吃。

有个故事，说王阳明的一个门生，某夜在屋里抓到一个贼，就学以致用，对贼讲了一番良知的道理。没想到，贼听完却哈哈大笑，说："那你告诉我，我的良知在哪里？"

这个门生登时语塞。当时正是大热天，他看贼穿着一身夜行衣，便说："天太热了，何不把衣服脱掉？"

贼照办了。

门生看着那个贼，又说："还是太热了，为什么不把裤子也脱掉？"

贼犹豫了："这……好像不大好吧？"

门生一声大喝："这，就是你的良知！"

只要是人就有羞耻之心，而羞耻之心就是良知的表现之一。从这个故事可知，人都是有良知的，之所以有些人的良知仿佛"被狗吃了"，其实只是他们的良知被"私欲"障蔽而已。

2011年10月13日，在广东佛山的广佛五金城内，一个2岁女童相继被两车碾压，7分钟内，18名路人从她身边经过，却都视而不见，漠然离去，最后是一位拾荒的阿姨把她抱离了路面。

奄奄一息的女童在重症监护室里躺了8天，最终还是离开了这个冷漠的世界。

这就是震惊国人的小悦悦事件。

该事件引起了国内外媒体的广泛关注和国内网民的热议。看过新闻后，人人都在问："我们的良知在哪里？当今社会的道德底线在哪里？"

在这样追问之前，也许我们首先要承认一个现实：在当今社会，见义勇为反倒惹祸上身已经是屡见不鲜的事情了。面对这样的社会现实，小悦悦事件中的那18个路人不可能没有顾虑。

所以，当国人异口同声地谴责上述事件中那些人的冷漠和无情时，是否也该扪心自问：假如我在现场，我是会毫不犹豫地冲上去救人，还是会担心惹上麻烦？

我想，这个问题并不是那么容易回答的。

当然，在漠然离去和出手相救之外，还有第三种选择，就是拿起手机拨打110或120。但是，当这个社会屡屡通过负面新闻向我们传达"好人没好报"的信息时，当我们也不自觉地养成了明哲保身的习惯思维后，拿起手机拨打电话的这个简单动作，就有可能被非常复杂的现实考虑所抑制，而通过举手之劳挽救一条生命的这种纯乎自然的善意，也很容易被"多一事不如少一事"的后天养成的冷漠所取代。

我相信，佛山那18个路人，肯定不会都是良知彻底泯灭的人。在第一眼看见小悦悦时，他们中的大多数，内心肯定有过短暂的犹豫和挣扎（从现场视频看，确实有这种迹象），但他们最终之所以选择离开，并不是因为良心被狗吃了，而是因为他们头脑中的现实考虑和利害计较抑制了良心的作用。

恻隐之心，人皆有之。孟子很早就用"孺子将入于井"的故事说明，当一个孩子即将落井时，只要是看见的人，都会不由自主地产生一种"怵惕恻隐之心"，这是一种不依赖任何外在条件的自然情感，只要心理机能正常，一旦"触目"便会"惊心"，就像一根针刺到皮肤，只要生理机能正常，就会产生相应的痛感一样。

当然，不是所有人都会在恻隐之心的驱使下采取拯救孩子的行动，但没有行动只是因为我们用别的东西抑制了这种自然情感，并不等于这种自然情感不存在。

孟子说："人之所以异于禽兽者几希。"而这个"几希"，最主要的就是"恻隐之心""羞恶之心""恭敬之心""是非之心"。这四种与生俱来的道德情感和道德意识，就构成了良知的主要内容。

人之所以成为人，并不仅是因为我们学会了直立行走，也不仅是因为我们学会了制造和使用工具，更是因为我们具有良知，具有上述道德情感和道德意识。倘若没有这些，人就退化成了走兽。

所以，面对小悦悦事件，以及所有类似事件，我们需要追问的也许并不是我们的良知和道德底线在哪里，而是到底是什么东西一直在抑制我们的良心、遮蔽我们的良知，以及到底是什么东西会一而再，再而三地刺穿我们的道德底线。

道德是一种公共服务，很难建立却极易崩塌

马克思说，人的本质是一切社会关系的总和。因为人总是社会中的人，一个人总是处在与他人和社会的交往和互动中，也总是依据他对生活于其中的社会环境的理解来采取行动。

从这个意义上说，人的许多道德情感固然是与生俱来的，但是这样的道德情感并不必然引发道德行为，因为人总是社会中的人，他的行为动机便不能不带有各种复杂的现实考虑和利害计算。并且，当这个社会时时刻刻都在向他传递与其道德情感相冲突的信息时，我们更是很难指望这个人会按照自己的道德情感行动。

经济学家茅于轼说过，道德是个人与社会签订的一种不成文的契约。契约的内容是"我"愿意为社会提供道德服务，如果社会上每个人也都做出同样承诺的话，那么包括"我"在内的所有个体都将享受到他人和社会提供的道德服务。

因此，从社会的角度来看，道德是一种公共服务。

但是，这种公共服务要想在社会上普遍确立，其隐含的一个大前提就是：每个个体都要对他人和社会抱有充分的道德信任。因为，只有当别人跟我做

出相同承诺，并且愿意将承诺付诸行动，我向他人和社会提供的道德服务才有意义。否则，我提供的道德服务不仅对自己无益，对他人和社会同样无益。

最简单的例子，就是我们平常生活中过马路等红绿灯。假如我开车经过一个十字路口，其他车辆都不愿按照交通规则行驶，那么就我一个人在红灯前面停下来，又有什么意义呢？

另外，排队也是一个典型例子。如果在某个办事窗口前面，所有人都挤成一团，那么你是会坚持"一个人排队"，还是会毫不犹豫地冲进拥挤的人群？

正因如此，道德作为一种公共服务，要普遍而有效地建立起来，就是一件非常困难的事情，它需要社会绝大多数成员的共识、信任，以及其他很多条件的支持。但是，要破坏它却非常容易，例如，只需几个扶老人反被讹的负面新闻，就极有可能会让后来在马路上跌倒的老人无人搀扶；只需一个郭××事件，就会令中国社会的慈善事业在一夜之间遭受巨大冲击。

在一个已经拥有成熟而稳定的道德环境的社会中，任何个体的不道德情感和不道德行为都将受到抑制，因为这样的情感和行为会在这种社会中遭受鄙视和惩罚。最简单的例子就是：当我们进入一个很文明的场所，即便平时已经习惯了随地吐痰，可面对那种文明的氛围，我们不需要别人提醒也会抑制自己的坏习惯；反之，当一个社会不仅在道德上毫无完善的公共服务可言，而且人与人之间充满了不信任，加之个体的内心又充满了不安全感，那么人们的道德情感和道德行为也必将受到抑制，因为相应的情感和行为很可能给自己带来麻烦，让自己利益受损。在此情况下，我们又岂敢奢望这个社会中的人会在同胞身处险境时义无反顾地伸出援手呢？

综上所述，我们不难得出一个结论：一直在抑制我们的良心、遮蔽我们的良知，并且一而再，再而三地刺穿我们道德底线的那个东西，就是人与人之间日渐消亡的道德信任感，以及个体内心日渐增强的不安全感。

说白了，不是良心都被狗吃了，也不是我们不想为他人和社会提供道德服务，而是因为：首先，我们的道德情感经常遭到愚弄——假如就在郭××事件之前，你刚刚给红十字会捐了款，你肯定很受伤；其次，我们的道德行为经常给自己带来相反的后果——假如网上充斥着帮助跌倒的老人反而被告的新闻，你还愿意在看到老人跌倒时上前搀扶吗？

总之，我们伤不起了。久而久之，我们就只好把自己变成一个冷漠、麻木、自私、无情的看客，让自己龟缩在尽量不与他人发生道德关系的坚硬的内心铠甲中，借此让自己免受不必要的伤害。

我们拥有一个共同的命运

在这样的社会中，也许很多人都会心存侥幸，认为只要自己照顾好自己就够了，别人的不幸没必要关心，也没能力关心。然而，社会总是由每一个活生生的人组成的，当这个社会的道德氧气日渐稀薄时，每个人肯定都会不同程度地感到呼吸困难。

生活在同一块土地上，我们就拥有一个共同的命运。

这是我们无可逃避的现实。

在此意义上，我们有理由说：当一个小悦悦倒在血泊中无人施救的时候，受害的绝不仅仅是她和她的家人，还有我们每一个人；当肇事司机畏罪逃逸，过往路人视若无睹，应该受到谴责的也绝不仅仅是他们，还有我们每一个人！

因为，我们生活在同一块土地上，我们都是同一个大家庭中的父亲母亲、兄弟姐妹、儿子女儿。我们都因着每一个家庭成员的受难而受难，都因着每一个家庭成员的犯罪而犯罪。我们不是丛林里弱肉强食的走兽，也不是自然宇宙中一粒粒孤立的原子。我们是所有动物中唯一缔造了文明社会的人类，我们是地球上唯一具有道德情感的物种。

然而，当我们下意识地为自己披上坚硬的铠甲时，我们将不再能感受生命的温度；当别人的不幸无法再让我们产生疼痛时，我们的不幸也将不会有任何人感到疼痛。

美国波士顿有一座纪念碑，上面镌刻着许多第二次世界大战期间遭到屠杀的犹太人的名字，另外还刻着一个日耳曼人的名字，他叫马丁·尼莫拉，是德国的一位新教牧师，也是被关入集中营的受害者之一。在纪念碑上，铭刻着一段他的话：

起初，他们迫害共产主义者，我没有说话，因为我不是共产主义者；接着，他们迫害犹太人，我没有说话，因为我不是犹太人；后来，他们迫害工会成员，我没有说话，因为我不是工会成员；之后，他们迫害天主教徒，我没有说话，因为我是新教教徒；最后，他们奔我而来，就再也没有人站出来为我说话了。

在这个世界上，每个人的命运都是无常的，每个人的生命都是脆弱的，没有人敢断言不幸和厄运不会降临到自己头上。所以，在别人危难的时候伸出援手，你拯救的不仅是现在的他，也有可能是未来的你自己。

退一步讲，即便你对他人的拯救并不必然换来他人对你的拯救，但是，当你对别人的灾难和毁灭熟视无睹的时候，你的心灵其实已经陷入了一场无形的灾难——除非你良心已死，否则你将在余生之中饱受良心的折磨。

对马丁·尼莫拉来讲，情况正是如此。当他身边的所有人一个一个遭到毁灭的时候，他的灾难就开始了——他必须极力压抑自己的同情心，假装对这一切无动于衷，然后每天受到良心的谴责，给自己找各种逃避的借口，直到最后，荷枪实弹的纳粹撞开了他的家门。

在此，马丁实际上是遭遇了双重灾难：第一次是灵魂的煎熬，是内心世界的地动山摇；第二次才是现实的苦难，是外在生活的彻底坍塌。在这种双重灾难之下，马丁最难忍受的，也许并不是外在的不幸和磨难，而是信仰对灵魂的鞭笞，是良知对人格的拷问。所以，作为新教牧师的马丁，才会在战后发出真诚的忏悔，借此实现灵魂的自我救赎。

今天的我们虽然大多没有宗教信仰，但这并不等于我们的良心都已经寒冷如冰、坚硬如铁。我想，在面对他人的不幸和苦难时，绝大多数人都不可能心如止水，不惊起一丝涟漪。所以我相信，对于佛山那18个路人而言，即便他们看见小悦悦时心里只有一丝疼痛，即便他们扬长而去时心里只有一丝不安，但这样的疼痛和不安必将伴随他们日后的岁月。

道德重建之路

那么，今天的我们到底该怎么办呢？

难道因为社会道德这座大厦确实难建而易崩，我们就可以冷眼旁观，任由它坍塌成一堆废墟吗？由于很少看见别人主动给这个社会提供道德服务，我们就可以心安理得地拒绝向他人和社会提供任何道德服务吗？

如果答案是否定的，如果我们不愿自己赖以栖身的唯一家园变成丛林，不愿让自己退化成走兽，我们又要从哪里入手，开始道德的重建呢？

在此，我们需要的绝不是空洞的道德呼唤和苍白的道德说教，也不能总是停留在官方媒体"学雷锋，做好事"的宣传上，而是需要实实在在的行动。换言之，今日社会不仅需要官方呼唤老百姓讲道德，还应该让老百姓呼唤各级政府和官员们以身作则，并且制定一系列有利于道德重建的法律。

例如，应不应该把"见死不救"视为违法犯罪行为，而不仅仅是视为非道德行为？应不应该对所有"见义勇为"的个人和行为给予最大程度的奖励和褒扬？并且除政府之外，是不是也要鼓励社会上的各种组织、团体、企业，乃至个人对见义勇为者进行从物质到精神的各种奖励？还有，如果被救者以怨报德、反咬一口，查清事实后应不应该予以严惩重罚？

来参照一下其他国家的做法：法国于1994年修订的《刑法典》，就有一条"怠于给予救助罪"，具体条文是：任何人对处于危险中的他人，能够个人采取行动，或者能唤起救助行动，且对其本人或第三人均无危险，而故意放弃给予救助的，判处五年监禁并处以50万法郎罚金。美国有一些州的法律也规定，发现陌生人受伤时，如果不打"911"报警电话，可能构成轻微疏忽罪。

我们不一定照抄别人的法律，但我们一定要在这方面尽早确立制度性的奖惩机制。没有制度的保障，我们的道德情感就很难转化为道德行动，每个人心中的不安全感也很难消除。而没有这样的基础，人与人之间的道德信任感便无从培育，道德作为一种公共服务也不可能在我们这个社会普遍确立。

除了呼吁政府进行制度建设之外，我们每个人能做的，也许就只有那句老话——从我做起，从现在做起了。

我们不一定每天都会碰上跌倒的老人，但如果你经常坐地铁公交，你一定有机会给老人或需要的人让座；我们不一定每天都会碰上交通事故中需要救助的人，但如果你是开车一族，你一定要提醒自己小心驾驶，并且在夜里两车交会的时候，轻轻动一下你的手指，把远光灯变成近光灯，以免让自己无意中成为"晃眼杀手"；我们不一定要经常从事慈善，但一定经常会在网络上看见那些身患重症却无钱医治的人，这个时候，我们可不可以从每月的生活预算中划出几百元钱，悄悄汇入那个救命的账户？

勿以善小而不为。每天，在力所能及的范围内，我们都可以向素不相识的人释放一点儿善意，给这个社会注入一点儿温暖。

虽然你让座了，对方不一定会当场感谢你，但其实车上已经有许多人看见了，请相信，改天肯定会有人复制你今天的行为；虽然交会车的时候你主动变灯了，对方没有变灯，但请相信，当下一次他和别人交会车时，也许就会主动变灯了，而许多潜在的交通事故也许就会避免；虽然你给陌生人汇了款，这件事根本没人知道，但请相信，当那个接受帮助的人将来有能力的时候，肯定也会给需要救助的陌生人汇款。而且，我想说的是，即便你做过的这些小小善举都没有人表示感谢，甚至都没有人知道，但是没有关系，因为——你自己的良知知道。

这就够了。

是的，这就够了。我们可以率先做一个向他人和社会提供道德服务的人，这其实对我们不会有什么损失，却足以让他人和社会受益。而且，最重要的是，我们的小小善举会化成一圈一圈的涟漪，它们会激起更大的涟漪，而当越来越多的涟漪涌动起来，我们这个社会的道德环境就必然会得到极大的改善。

在我们的日常生活中日行一善，绝不是一件很难的事情，也不需要我们拥有多么高尚的道德情操。事实上，要在生活中长期做一个抱怨、冷漠、麻木的人，也是蛮辛苦的一件事，有时候换一种习惯生活，比如学会做一个心有善意并习惯于把善意付诸行动的人，反而会比前者活得更轻松、更快乐。

当我们向他人和社会提供道德服务时，我们不仅是把善意带给了别人，还把快乐带给了自己，这就是"赠人玫瑰，手有余香"的道理。如果我们能经常让自己的道德情感自然而然地转化为道德行动，那么我们的良知就会时时呈现，从而体验到一种由内而外的纯净而自足的快乐。

所以，与其说我们的道德情感日渐淡薄，还不如说我们只是羞于或怯于表达自己的道德情感；与其说我们总是担心受到不必要的伤害，还不如说我们其实是没有体验过"良知呈现"的快乐。

当然，我们向他人和社会提供道德服务，并不一定会获得等量的回报，但这是无关紧要的。因为，体认良知是我们自己的事，做出道德行为只是体认良知的副产品。我们不需要由他人的掌声来证明我们的良知，也不需要由外在的奖赏来肯定我们的道德。

不管这个世界有多么自以为是，或是对我们采取怎样的态度，也不管别人奉行怎样的价值观，或是怎么看待和评价我们，做一个有良知的人，并且在良知的光照下过一种健康、快乐、平静、幸福的生活，始终是我们自己的事。

关于这一点，我们可以来看一看平凡而又伟大的德兰修女是怎么说的：

人们经常是不讲道理的、没有逻辑的和以自我为中心的，不管怎样，你要原谅他们；即使你是友善的，人们可能还是会说你自私和动机不良，不管怎样，你还是要友善；当你功成名就，你会有一些虚假的朋友和一些真实的敌人，不管怎样，你还是要取得成功；即使你是诚实和率直的，人们可能还是会欺骗你，不管怎样，你还是要诚实和率直；你多年来营造的东西，有人在一夜之间把它摧毁，不管怎样，你还是要去营造；如果你找到了平静和幸福，他们可能会嫉妒你，不管怎样，你还是要快乐；你今天做的善事，人们往往明天就会忘却，不管怎样，你还是要做善事；即使把你最好的东西给了这个世界，也许这些东西永远不够，不管怎样，把你最好的东西给这个世界。你看，说到底，它是你和上帝之间的事，而绝不是你和他人之间的事。（华姿《德兰修女传》）

对我们这些没有上帝信仰的人来说，这些话是不是就没有意义了？

绝不。德兰修女面对的是西方读者，所以才会说这是"你和上帝之间的事"，倘若面对的是中国读者，她一定会说：这是你和自己良知之间的事。

我们可以不皈依基督教，可以不信仰上帝，可以不期待来自天国的光芒，但我们不可以放弃做一个人，不可以任由自己的良知陷入黑暗。

让良知蒙尘绝不是一件明智的事情，它看起来是一种自我保护行为，其实却是一种无形的自我伤害。就像马丁·尼莫拉牧师，当他面对纳粹迫害其他人却袖手旁观的时候，尽管他的外在生活貌似安然无恙，可他的内心世界却已陷入了一场灾难。

鲁迅说过，当一个社会道德败坏的时候，一个人能够不为所动，坚守自己的道德，这种人就是民族的脊梁。我们当然不一定要当民族的脊梁，但是要在这个世界上堂堂正正地做一个人，不让自己退化成走兽，我们一定不能没有自己的脊梁。

这根脊梁，就是你的良知。

二　正能量的开启、扩充、运用

　　致良知是学问大头脑，是圣人教人第一义。……大抵学问功夫只要主意头脑是当，若主意头脑专以致良知为事，则凡多闻多见，莫非致良知之功。盖日月之间，见闻酬酢，虽千头万绪，莫非良知之发用流行。除却见闻酬酢，亦无良知可致矣……

　　　　　　　　　　　　　　　　　　　——《传习录·中·答欧阳崇一》

良知是一种正能量

　　致良知，是阳明心学的无上心印，也是他一生修学与智慧的结晶，所以他才会说这三个字"是学问大头脑，是圣人教人第一义"（"第一义"，佛教用语，意谓根本智慧、终极真理）。在其他地方，王阳明也曾讲过，"致良知"就是"吾圣门正法眼藏"（"正法眼藏"，佛教用语，意谓彻见真理、含藏万德之究竟法门），更是"千古圣贤相传一点骨血也"。

　　我在第二章说过，如果把阳明心学看成一把宝剑，那么"心即理"就是剑柄，"知行合一"就是锋利的剑刃。现在，我要加上一句话："致良知"

三个字，就是这把宝剑上，那个直指苍穹、寒光凛冽的剑锋！

虽然良知是人皆有之、本自具足的，一般人的良知却湮没不彰。究其原因，就在于"私欲的障蔽"。用王阳明常说的话就是：良知如明镜，"全体莹彻"，然而私欲却如灰尘，"一日不扫，便又有一层"。所以，良知必须去"致"，才能体认其"廓然大公"之本体，扩充其"常觉常照"之功用，并践行于"见闻酬酢"的日常生活中。

致，就是体认、扩充、践行之意，三个层面的意思相辅相成，缺一不可。

必须指出的是，在阳明心学中，良知具有两层含义：第一，它是人的道德意识和道德情感；第二，它是内在于人却又超越万物的宇宙本原。

第一层含义较为浅显，它归属于心学的功夫论范畴（用）；第二层含义比较抽象，它归属于心学的本体论范畴（体）。第一层含义我们前文谈得很多，下面主要来看第二层含义。

关于良知的本体论含义，王阳明曾经在很多地方阐述过。

"良知是造化的精灵。这些精灵，生天生地，成鬼成帝，皆从此出，真是与物无对。"（《传习录》卷下）良知就是创造宇宙和生命的精神本原，这个精神本原，可生成天地，可化育鬼神，万物皆从其出，其又超越万物。

"此良知之妙用，所以无方体，无穷尽，语大天下莫能载，语小天下莫能破者也。"（《传习录》卷中）这就是良知的妙用，空间上无形体，时间上无穷尽，说它大，它可以无穷大，连宇宙都不能承载；说它小，它可以无穷小，没有任何力量可以打破。

综上所述，良知显然具有这样的特征——既内在又普遍，既平凡又神圣。

说它内在，是因为每个人都拥有它；说它普遍，是因为它并非哪个人所独有，而是遍布虚空、超越万物的；说它平凡，是因为它是连贩夫走卒也会运用的，尽管普通人不知其所以然，却经常用"良心""天良"指称它，故说"百姓日用而不知"（老百姓在日常生活中天天用到它，却从未自觉体认它的存在）；说它神圣，是因为它是所有古圣先贤毕生追求的最高境界和终极真理，故说"百世以俟圣人而不惑"（就算千百年后的圣人来验证，它也依然是颠扑不破的）。

由此我们不难发现，"良知"在阳明心学中的地位，恰如"道"之于老庄，"空性"之于佛禅。因为无论是"良知"、"道"还是"空性"，都具有化生万物而又超越万物、演化时空而又超越时空的根本特征；而且，这三者看似玄妙，其实又都很平实："良知"就在"日用"中，"道"就在"屎溺"中，"空性"就遍布在你身边的任何一样事物中，即《心经》"色即是空，空即是色"之谓也。

所以，如果用今天的语言来表达，我们也可以说，良知就是一种"正能量"，而致良知就是"开启、扩充、运用正能量"。

为什么可以把良知看成能量？

因为在今天的语境中，只有"能量"这个概念，堪与"良知"的上述特征相似或对应，如能量创造宇宙（大爆炸），能量守恒，能量在宇宙中无所不在，能量与物质的相互转换，每个人身上都具有一定能量，等等。

当然，把良知视为能量，并不是要消解良知的传统意义，也不是要颠覆它在心学体系中既定的思想内涵，而是为了让今天的读者更好地理解把握，并且在生活中有效实践。此外，我们这里说的"正能量"，与物理学或生物学中的能量概念也是不同的，在本书中，正能量指的是能够让我们的生命得以安顿、心灵得以成长、人格得以完善、生活品质得以提升，并与宇宙本体始终保持紧密联结的一种精神力量。

如何开启正能量？

为了开启正能量，在初始阶段，你必须认识到：人与动物的主要区别之一，就在于人不仅要活着，还要知道为什么活着。换言之，外在的物质生活虽然能够维系我们肉体的存在，却无法向我们提供人生的意义。要获得这个意义，你必须超越日常生活。也就是说，你必须与灯红酒绿的现实生活暂时拉开距离（这里是指心理距离，不是指物理距离），打造一间属于自己的心灵密室（这里是说要培养一种独立的精神生活，而不是让你躲进深山老林）。

接下来，每天抽出一定时间进入"心灵密室"，开始你的修行之旅。所谓修行，并不需要采取什么特定的形式，也不一定要按照什么规范的方法来"静坐"。事实上，一切外在形式都只是辅助手段，都是为了帮助你达到精神转化。用孟子的话说："学问之道无他，求其放心而已矣。"所谓"放心"，就是向外放纵、向外追逐、向外发散的心。而精神转化的过程，就是要把这颗习惯外放的心收回来，使之内敛、内观、内省。

这个转化的过程，差不多就是"见山不是山，见水不是水"的阶段。这个时候，你会发现你的价值观和生活方式与流俗大众的不太一样。但你无须为此担心，因为这是一个必经的过程。在此期间，你必须有勇气活得与众不同，也必须有勇气活在世俗生活与修行生活的两极张力之中。

一旦成功开启了正能量，你就从"见山不是山，见水不是水"的境界进入"见山还是山，见水还是水"的境界了。就像前文讲过的那样，这时候，世界虽然还是原来的世界，但是在你眼中已经全然不同；生活虽然还是原来的生活，但是你的体验和整个存在状态也已经全然不同了。因为，体认和开启正能量的过程，就是把你整个人的认知系统和意识结构全然转换的过程，同时也就是把外在的物理自然"意义化"、把平凡琐碎的日常生活"价值化"的过程。

然后，你就活在正能量发用流行的意义世界里了。这时候，你虽然与80亿人共同生活在一个地球上，但你自己心里清楚，你其实已经活在与宇宙能量同频共振、与终极实在紧密联结、与所有生命息息相通的一个新天地里了。无论你管这个新天地叫天堂、净土、大同世界还是别的什么，都无关紧要，重要的是，你醒来了。

是的，开启就是醒来。

而醒来之后，并不是无事可做了。恰恰相反，你仍然要投入到原来的生活、学习、工作和人际交往中，只是变得比以前更有觉知、更有力量、更能自作主宰而已。这，就是禅宗所谓的"只异旧时人，不异旧时行履处"。现在，你所要做的事情，就是一个一个去唤醒身边所有人的正能量，让所有人的正能量一一汇入宇宙能量的无限脉动之中！

这时候，活着就是在不断扩充、运用正能量；而扩充、运用正能量也就是生活本身。所以王阳明说："盖日月之间，见闻酬酢，虽千头万绪，莫非良知之发用流行。除却见闻酬酢，亦无良知可致矣。"

王阳明之所以将"致良知"作为他毕生学问的总纲和修行的终极旨归，就是因为，这三个字可以统摄心学所有的概念、范畴、观点和思想。所以，如果有人问你：阳明心学是在讲什么？你大可以给他这个最简单的答案——致良知。

若他再问：致良知是什么意思？

你就告诉他：致良知就是开启、扩充、运用你的正能量。

三　正思维：一般思维的 2.0 升级版

沉空守寂，与安排思索，正是自私用智，其为丧失良知一也。良知是天理之昭明灵觉处，故良知即是天理，思是良知之发用。若是良知发用之思，则所思莫非天理矣。良知发用之思，自然明白简易，良知亦自能知得。若是私意安排之思，自是纷纭劳扰，良知亦自会分别得。盖思之是非邪正，良知无有不自知者。所以认贼作子，正为致知之学不明，不知在良知上体认之耳。

——《传习录·中·答欧阳崇一》

修行的两大误区："沉空守寂"与"安排思索"

在这段话里，王阳明提出了心学学人在修行过程中的三种心理状态：

一是沉空守寂。

二是安排思索，自私用智。

三是所思所虑只是天理。

第一种，是心学初学者或者说刚开始修行的人常有的心理状态。例如，我需要更多的时间修行，工作对我来讲真是负担；我要静坐，可家务活却总也干不完，孩子也吵得要死；我要报名参加坐禅静修活动，老板却不让我请假，我干脆辞职算了；世间的一切都是虚幻的、毫无意义的，没有任何东西值得留恋，所以我要出家，斩断一切牵绊，追求解脱；人的念头都是生灭无常的，没有什么意念和想法不是源于"假我"，所以我要摒弃所有思虑，达到一念不生的境界……

上述心态，就是王阳明一再批评的"沉空守寂""死灰槁木"。很显然，这是对现实生活采取了一种厌离和弃绝的姿态。这种厌世姿态表面上与世俗之人截然相反，实际上同样会阻碍良知的呈现。因为，当你越是排斥和抗拒一种东西时，这种东西就越有可能对你形成另一种意义上的束缚。

要理解这一点，最典型的例子莫过于《盗梦空间》里亚瑟问日本人斋藤的那句话："如果我说不要想大象，你会想到什么？"

斋藤回答："大象。"

为什么亚瑟让斋藤不要想大象，可他想到的偏偏是大象？

原因就是我们上面说的：当你在抗拒某种东西的同时，就是在让这种东西进入你的内心；你越是抗拒，它对你的束缚就越深。正是在这个意义上，德兰修女才会说："我不会参加反战运动，但如果有支持和平的运动，我就会参加。"

第二种，所谓"安排思索，自私用智"，就是把我们在日常生活中习惯的心智活动运用到致良知上。换言之，就是通过概念思考、逻辑推理等理性思维去认识良知。

每个人活在这世上，理性思维是须臾不可或缺的。事实上，就连致良知也必须依靠强大的理性思维能力。然而，理性思维固然重要，但单纯依靠它去致良知是远远不够的，要想让良知真正呈现，必须在运用理性思维的同时又超越理性思维。

为什么这么说？

因为，一般人的理性思维都难免会有副作用，如本书前面多次提到的"二元对立、分别执着"等思维模式，以及王阳明在讲学中屡屡批评的"意、必、固、我"等错误心态，其实都源于人的理性思维。而理性思维所带来的这些副作用，都会对良知的呈现、对正能量的开启形成障碍。

好在人除了理性思维能力之外，还有一种非常重要的能力——直觉体悟，亦即王阳明经常提到的两个字——体认。

理性思维往往只能带来概念性的知识，这种知识只停留于人的头脑；而直觉体悟则会带来一种内在的行动和精神转化，这样的转化必然诉诸人的心灵。而致良知不仅是头脑的事，更是心灵的事。

打个比方，要知道一杯水是冷的还是热的，我们可以拿温度计来测量，也可以直接把它喝下去。理性思维就像前者，直觉体悟就像后者。用温度计测量水温，不管得到的数据如何精确，它仍然是一种外在的"知识"，而一旦你自己把水喝下去，那么关于水温的数据就变得毫无意义了，因为你已经亲身体验了它。

这，就是佛教禅宗经常说的"如人饮水，冷暖自知"。

由理性思维建立的知识可以通过概念传达，但是，一个人的生命体验却不可能通过语言文字原汁原味地传递给另一个人。打个最简单的比方：假如一个人从没恋爱过，想知道爱情是什么，那他是去读十本有关爱情的专著好呢，还是自己去谈一场轰轰烈烈的恋爱好呢？

答案不言自明。

由此可见，生命中的许多事物，都是需要用心去体验的。头脑固然可以帮忙，但它绝对无法取代内心的体验。爱情如是，良知亦复如是。所以，在修行过程中，理性思维与直觉体悟就像车之双轮、鸟之双翼，只有二者并用，才能让良知彻底呈现。

正思维是什么？

"沉空守寂"以及"安排思索，自私用智"这两种心理状态，是心学学人修行之路上通常会遭遇的两大误区：第一种，是把厌世当成了超脱；第二种，是把理性知识当成了生命体验；而第三种，"所思所虑只是天理"，则是已经开启正能量，或者说已经开悟的人所具有的心理状态。

"所思所虑只是天理"该怎么理解呢？是不是说，已经开启正能量的人，其所思所想、一言一行都必须符合外在的道德规范？

这么理解当然不能算错，但失之肤浅，偏于狭隘。事实上，天理固然包含了道德因素，但它绝不仅仅是道德。在今天的语境下，天理就是一种既内在于人又超越万物的宇宙法则或宇宙能量。

从这个意义上讲，"所思所虑只是天理"就是对内在正能量的体认和开启。这是一种自觉、主动、充满创造力的精神转化活动。一旦完成了这样的精神转化，一个人的所思所想、所言所行自然就会与宇宙法则若合符节，与宇宙能量同频共振，同时也自然能够顺应社会的道德规范和伦理准则。

用庄子的话说，与宇宙法则、宇宙能量相契合，就叫作"与天地精神相往来"；用孔子的话说，完全按照自己内心想要的去生活，却又不违背社会的道德规范，就叫作"从心所欲不逾矩"。

综上所述，对于一个刚刚走上修行之路的人来说，固然应该与世俗生活保持一定的心理距离，也需要拥有相对独立的精神生活，但这绝不等于要对这个世界采取厌离和弃绝的姿态；同时，一个修行人固然应该认识到理性思维的局限，并且应该有意识地运用直觉体悟的力量，但这也绝不等于要你摒弃理性思维。因为，一旦开启了正能量，或者说成功实现了精神转化，理性思维恰恰可以成为我们在生活中扩充、运用正能量时不可或缺的利器。

用王阳明的话说，"思是良知之发用。若是良知发用之思，则所思莫非天理矣"。

事实上，正能量一旦启动，原有的理性思维与直觉体悟之间的界限便被打破了，二者已经水乳交融，密不可分。如果用佛教术语来表述，王阳明所谓的"良知发用之思"，其实就相当于佛教"八正道"中的"正思维"。

开启正能量之后获得的这种正思维，可以说是一般理性思维的 2.0 升级版，它能够兼具理性与直觉之长，又全面修正了 1.0 版本（一般理性思维）中的"二元对立""分别执着""意、必、固、我"等缺陷，可谓心学修行人在生活、工作中的必备"杀毒（心中之毒）软件"。

四　我的良知我做主

夫人者，天地之心，天地万物本吾一体者也。生民之困苦荼毒，孰非疾痛之切于吾身者乎？不知吾身之疾痛，无是非之心者也。是非之心，不虑而知，不学而能，所谓"良知"也。良知之在人心，无间于圣愚，天下古今之所同也。世之君子，惟务致其良知，则自能公是非，同好恶，视人犹己，视国犹家，而以天地万物为一体，求天下无治，不可得矣。古之人所以能见善不啻若己出，见恶不啻若己入，视民之饥溺犹己之饥溺，而一夫不获，若己推而纳诸沟中者，非故为是而以蕲天下之信己也。务致其良知，求自慊而已矣。

——《传习录·中·答聂文蔚》

天地万物，本吾一体

嘉靖五年（1526年），王阳明在家乡越城讲学，时任御史的聂豹（聂文蔚）前往福建公干，途经浙江，专门来越城拜见王阳明。由于公务在身，聂豹住了几日便走了，不久就给王阳明来了一封信。

当时王阳明已经平定了"宁王之乱","势位隆盛",功震朝野,且心学也已风靡天下,四方学人云集景从,故而引起了很多官场中人的羡慕嫉妒恨,于是"谤议日炽"。聂豹有感于此,便在信中极力安慰并鼓励王阳明。

王阳明见信后,甚为感动,便提笔挥毫,洋洋洒洒地写了封回信。信中说:

人就是天地的心,天地万物,本吾一体。百姓所受的困苦荼毒,难道不也是我自己的切肤之痛吗?没有这种切肤之痛,就是没有是非之心的人。是非之心,是不需要思考就能知道的,不需要学习就能拥有的,这就是所谓的良知。

良知自在人的心中,不论圣人与凡愚,从古到今都是相同的。世上的君子,只要专心在致良知上,那么自然能具备共同的是非好恶,视人犹己,视国犹家,以天地万物为一体。若能如此,想让天下不得治理都是不可能的。

古代的人,看见别人做好事,就像自己做了好事;看见别人做坏事,就像自己做了坏事;看到百姓饥饿痛苦,就像自己饥饿痛苦;有一个人生活没有着落,就像是自己把他推入了困境之中。之所以能如此,并非他们要故意这样做以取信于天下,而是一心致其良知以求得自足而已。

这就是王阳明的世界观:天地万物,本吾一体。在王阳明看来,一个人一旦建立了这样的世界观,必然会相应具有这样的人生观——"视人犹己,视国犹家""视民之饥溺,犹己之饥溺",以"生民之困苦荼毒"为自己的切肤之痛;若按陆九渊的说法,就是把"宇宙内事"都当成"吾分内事"。

一个具有上述世界观和人生观的人,就是一个致良知的人。这种人活在世上,只会听从内心的声音和良知的召唤,去做自己认为对的事情,而外在的一切荣辱毁誉都可以在所不计。用王阳明的说法,这就叫"狂者的胸次"。

宁为狂者,不为乡愿

关于这个话题,王阳明曾和他的几个得意门生探讨过。那是在王阳明平定"宁王之乱"后,天下"谤议日炽",每当他和学生们坐在一起,大家便扼腕叹息,纷纷替他打抱不平。

有一天,大伙儿又提起这个话头。王阳明淡然一笑,说:"诸君且说说看,'谤议日炽'是何缘故?"有人说,是因为先生功名太盛遭人嫉妒;有人说,是因为先生之学日益昌明,且与宋儒(朱熹)争异同,所以很多学者对此颇有微词;还有人说,是因为先生的弟子遍布天下,所以才招人嫉恨。

王阳明说:"你们说的这些原因恐怕都有,但是我自己知道的那一点,你们却都没说到。"众人问是哪一点。王阳明说:"我在南京任职之前,心中还有一些乡愿的影子,过后才真正相信,只有良知才是判断一切是非的标准,所以就按良知指引的去做,再没有任何掩藏回护的东西,这才成就了一个狂者的胸怀。纵使天下人都说我言行不一也没关系,我还是只依照良知的指引去做。"

弟子问:"先生说的'乡愿'是什么意思?'狂者'又是什么意思?"

王阳明答:"一个人碰到君子,就以忠信廉洁取悦君子;碰到小人,就同流合污去迎合小人,这种人就是乡愿。乡愿之人,心已腐坏,不可能走上人格完善的道路。而狂者立志学习古圣先贤,所以世俗的一切纷嚣杂染,都不足以累及他的心。狂者的胸怀,就像凤凰振翅于千仞孤峰之上,从不会掩藏自己的言行。唯其如此,他的心才能得以造就,他的人格才能得以完善。"

宁为狂者,不为乡愿!

这就是王阳明的做人原则和处世之道。

事实上,一个真正开启了良知的人,必然会把"生民之困苦荼毒"当成自己的切肤之痛,把救世安民作为自己的分内之责,同时也必然会具有如孟子般"虽千万人吾往矣"的豪放气概,以及如屈原般"虽九死其犹未悔"的坚定信念。

所以,他也必然会成为世人眼中的"狂者"。然而,这个意义上的狂者,与其说是一种贬损,还不如说是一种褒扬。至少,当王阳明在官场中举目四望,发现真君子寥寥可数,而小人和乡愿则比比皆是时,他是乐于以"狂者"自许的。

良知的四大价值特征:自发、自足、自律、自得

通过王阳明的阐述与自陈,我们不难发现,他定义的"良知"具有如下四个典型特征:自发、自足、自律、自得。

良知是自发的，它听从的是内心的命令和召唤，而不是外在的规范和要求。所以孟子才会说："仁义礼智，非由外铄我也，我固有之也。"王阳明才会说："虽欲已之，而自有所不容已。"（《传习录》卷中）

良知是自足的，它既不因外在的理解、相信、肯定而有所增益，也不因外在的误解、诽谤、贬抑而有所减损。所以《中庸》才会有"故君子语大，天下莫能载焉，语小，天下莫能破焉"之语；王阳明才会说："良知只是一个。……当下具足，更无去来，不须假借。"（《传习录》卷中）

良知是自律的，它自己为自己立法，然后自己立法自己遵守，既不需要他人的鞭策或监督，也不会屈从于外在的威逼或利诱。所以《中庸》才有"戒慎乎其所不睹，恐惧乎其所不闻"，"君子慎其独也"之语；孟子才会说："富贵不能淫，贫贱不能移，威武不能屈。"

良知是自得的，它享受的是心灵的快乐，得到的是人格的完善，它当下即是，不期待未来的任何回报；本身就是目的，不需要外在的任何奖赏。所以孟子才会说"反身而诚，乐莫大焉"；《中庸》才有"君子无入而不自得焉""遁世不见知而不悔"之语。

良知的上述四种价值特征，与康德所言的"道德法则"颇有异曲同工之处。

在康德看来，道德法则就是人的理性对自己发出的命令，亦即"应该"做什么的命令。但是，命令有两种，一种叫"假言命令"，一种叫"定言命令"，只有后者才是真正的道德法则。

所谓假言命令，就是有条件的，通常表现为这样的句式："如果……就……"譬如说，你在马路上扶起了一位跌倒的老人，心里想的是"如果我做了这件好事，就能获得一笔见义勇为奖金"。那么这个时候，你的动机就属于假言命令，因为你扶老人是有条件的，你的目的是获得奖赏，扶老人只是你达到这个目的的手段，所以这算不上道德行为。

所谓定言命令，就是无条件的——同样是扶起一位跌倒的老人，如果你只是出于恻隐之心，不为任何别的目的，心里想的仅仅是"我应该去帮助他"，那么这个动机就属于定言命令，你的手段和目的在这里是统一的，因此你的行为就具有了道德价值。

由此可见，王阳明的"良知"也是属于典型的定言命令。因为它是自发、自足、自律、自得的，是手段与目的的合一，绝对无条件的。执行这种内在的道德指令，并不必然带给我们什么现实利益，却能赋予我们人之为人的价值与尊严。这种价值和尊严就体现在——我们能够享有一种专属于人的自由。

我们在本书第一章讲过，按照康德的看法，人既是一种"自然存在物"，又是一种"理性存在者"。作为前者，人跟其他动物一样，必须受制于各种各样的自然法则；作为后者，人却能够超越动物，遵循理性法则行动。

前者是必然的领域，是一种有形的感觉世界；后者则是自由的领域，是一种无形的超感觉世界。人同时活在这两个世界之中。虽然这两个世界都与我的存在有着极为密切的关系，但是它们对人的意义截然不同。

康德认为，就有形的感觉世界而言，我们作为自然中的一个成员，与其他一切自然存在物一样，只不过是大自然无穷无尽的因果锁链上的一环。在浩瀚无边的宇宙之中，我们的家园——地球——不过是沧海一粟、一颗无足轻重的沙尘，我们自己则是活动于这粒沙尘上的微不足道的渺小生物。我们不知道自己凭什么被赋予了极其短暂的生命，也不知道自己究竟何时何地将交出生命，重新加入自然之永恒的物质循环之中去。

从这个意义上看，人类仅仅是有限的自然存在物，即使有认识能力，可以认识这个宇宙的自然法则，甚至这自然法则就是由人类的知性赋予自然的，那也无济于事，因为无论如何人类都是一种自然存在物，其地位与一块石头或者一棵树没有什么两样。

然而，就那无形的理智世界而言，情况就发生了变化。因为这样一个超感觉世界向我们表明，人不仅是自然存在物，而且是理性存在者，而作为理智世界中的一员就无限地提高了人类人格、理智的地位和价值。在人格中，道德法则的自律性呈现某种独立于动物性乃至独立于全部感觉世界的生存方式，它表明作为理性存在的人具有自己为自己立法，完全由其自身决定自己存在的真正的自由。

当人类遵从道德法则行动的时候，就摆脱了仅仅作为一个"物件"的他律地位，而具有了超越一切自然存在物、不受自然限制的自由和尊严。

上面这些话，是康德在其名著《实践理性批判》结尾部分，对他本人哲学思想所做的一个总结。在某种意义上，康德所谓的"理性""理智""道德法则"，与王阳明常说的"天理""良知"几乎是可以等量齐观的。

因为，这些都是区别人与动物的关键，是人能够超越自然限制和动物状态而自作主宰、获享自由的根本依据。就此而言，我们可以说，良知的四大价值特征"自发、自足、自律、自得"与康德的无条件的"定言命令"，都是人实现自由理想的条件和保障，也是人从"必然王国"走向"自由王国"的必由之路。

第七章
修行，从当下开始

无论你是还在应试教育中苦苦煎熬的学子，还是已经在社会上拼得头破血流的职场中人，只要从现在开始认识你的天命、建立你的天命，找到你喜欢做并且擅长做的事，那么总有一天，你必然会与属于你的幸福和成功不期而遇！

一　格物：修行的入手处

　　（陈九川）己卯归自京师，再见先生于洪都。先生兵务倥偬，乘隙讲授，首问近年用功何如？

　　九川曰："近年体验得'明明德'功夫只是'诚意'。自'明明德于天下'，步步推入根源，到'诚意'上再去不得，如何以前又有格致功夫？后又体验，觉得意之诚伪必先知觉乃可，以颜子'有不善未尝知之，知之未尝复行'为证，豁然若无疑。却又多了格物功夫。又思来吾心之灵何有不知意之善恶？只是物欲蔽了。须格去物欲，始能如颜子未尝不知耳。又自疑功夫颠倒，与诚意不成片段。后问希颜，希颜曰：'先生谓格物致知是诚意功夫，极好。'九川曰：'如何是诚意功夫？'希颜令再思体看。九川终不悟，请问。"

——《传习录·下·门人陈九川录》

《大学》：古人的心灵生活指南

　　陈九川，王阳明的学生，字惟浚，江西临川人，官至太常博士、礼部郎中。

正德十四年（1519年）七月，王阳明正在南昌与宁王朱宸濠打仗，陈九川从京城来见他。王阳明虽然戎马倥偬，还是在百忙之中抽空为小陈讲学。他问小陈："最近用功有何心得？"

小陈说："近来体悟到，《大学》所说的'明明德'功夫，其实就是'诚意'。但是，我从'明明德于天下'一步一步推究本原，推到'诚意'就无法再往前推了，为什么'诚意'之前又有'格物'的功夫呢？后来经过体验，我觉得意的诚与不诚必须先'致知'才行。从颜回的'有不善可能不知道，但一知道就不会再犯'中可以得到验证，于是我豁然开朗，似乎没有疑问了。可就是前面多出个格物的功夫，还是让我很困惑。后来又想，以我心之灵明，岂能不知意之善恶？只是物欲蒙蔽而已。只要格去物欲，便能像颜回那样有了'不善'马上就能知道。可如此一来，功夫的顺序好像就与《大学》所说的颠倒了，而且与'诚意'不能打成一片。然后我问希颜同学，希颜说：'先生说过，格物致知就是诚意的功夫，非常正确。'我问他：'若说格物致知就是诚意的功夫，那诚意本身的功夫又是什么呢？'希颜同学让我再去思考体会，可我终究不能领悟，还请先生指教。"

小陈同学一口气说了一大堆，看上去有点儿乱。要弄清楚他的问题，我们必须先来了解一下《大学》这本书。

《大学》与《中庸》一样，原本都是《礼记》中的单篇文章。按照学术界的看法，《大学》的基本思想出自孔子，后经其弟子曾参发挥、阐释而成文。在宋朝以前，《大学》《中庸》虽然也经常被抽出来专篇刊行，但还没有与《论语》《孟子》合称为"四书"。

南宋淳熙年间，朱熹把《大学》《中庸》从《礼记》中抽出来，与《论语》《孟子》合编，加以注释，称为《四书集注》。从此，"四书"之名遂定，并成为儒家传道授业的基本教材。明朝初年，官方又将"四书"与《诗经》《尚书》《礼记》《周易》《春秋》并称为"四书五经"，作为开科取士的考试大纲和出题范围，此后便成了天下士子的必读书。

有人说过，毁掉一首好歌的方法就是把它当闹铃，毁掉一本好书的方法就是把它划进考试范围。以此来看"四书五经"的命运，似乎颇为恰当。

在明朝以前，中国的读书人对"四书五经"是怀有真感情的，因为这些经典里面讲的都是为人处世之道，与每个人的生活息息相关，是安身立命的根本，是安顿心灵的不二法门。可是，自从"四书五经"被划进考试范围，昔日的"心灵生活指南"就变成了换取功名利禄的手段，"四书五经"就成了入仕为官的敲门砖，而原本自觉自愿的精神追求，也变成了强制性的填鸭式教育。

到了清末民初，随着科举制度的终结和新文化运动的勃然兴起，"四书五经"也作为封建礼教的同义词而被扫进了历史的垃圾堆，并渐渐淡出中国人的视野。

然而，"四书五经"是不能与八股考试画等号的。站在今天来看，"四书五经"中固然有许多不合时宜的思想糟粕，但同时也蕴含着很多亘古不变的精神价值。尤其是"四书"，更是包含了极大的人生智慧，绝不会因为时代的变迁而丧失其观照心灵的价值。

从这个意义上说，身为中国人而不知"四书"为何物，可以说是一种遗憾。而《大学》一书，就是"四书"的入门读物。不读《大学》，就无法让孔孟的思想和精神真正落实到自己的生命中。

朱熹传承"二程"的思想，最为尊崇《大学》。程颐认为，《大学》是"初学入德之门"，读此书"可见古人为学次第"；朱熹也说："'大学'者，大人之学也。"

在朱熹看来，《大学》就是"为学纲目"，如果把儒家的修学看成是盖房子，那么《大学》就是这座房子的"间架"，"先通《大学》，立定纲领，其他经皆杂说在里许。通得《大学》了，去看他经，方见得此是格物致知事，此是正心诚意事，此是修身事，此是齐家、治国、平天下事"（《朱子语类》）。

同样，王阳明接引学人，也首重《大学》《中庸》，"必借《学》《庸》首章以指示圣学之全功，使知从入之路"。王阳明晚年，还专门写了一篇《〈大学〉问》，以阐明《大学》精神及其与心学的关系。

《大学》之所以被历代大儒如此推崇，就在于它为所有儒家学人指示了明确的人生方向和修学次第，亦即后代儒者总结的"三纲领""八条目"。

儒家学人的人生方向和修学次第

《大学》开宗明义的第一段话就说:"大学之道,在明明德,在亲民,在止于至善。……古之欲明明德于天下者,先治其国。欲治其国者,先齐其家。欲齐其家者,先修其身。欲修其身者,先正其心。欲正其心者,先诚其意。欲诚其意者,先致其知。致知在格物。"

所谓"三纲领",就是"明明德、亲民、止于至善"。

所谓"八条目",就是"格物、致知、诚意、正心、修身、齐家、治国、平天下"。

下面,我们先来看看"三纲领"的意思。

"明明德",就是彰显人人本有的光明德性。用王阳明的话说,明德就是心之本体,心之本体就是仁,就是良知,而仁与良知的具体表现就是"以天地万物为一体",所以明明德其实就是致良知。

"亲民",按朱熹的解释,"亲"当为"新",即"新民",就是使人人都能去除污染,日日自新;而王阳明的理解与朱熹不同,他认为不需要把"亲"解释为"新",应该按照原文来解释:"亲民"就是"亲吾之父,以及人之父,以及天下人之父""亲吾之兄,以及人之兄,以及天下人之兄"(《〈大学〉问》),其实就是孟子所讲的"老吾老,以及人之老;幼吾幼,以及人之幼"的意思,亦即视人犹己,把天下人都当成自己的骨肉至亲的意思。

"止于至善",就是使自己和所有人共同达到至善的境界。所谓至善,就是王阳明经常讲的"以天地万物为一体"。

而要达到"三纲领"所揭示的上述境界,就要通过"八条目"所提供的具体方法和步骤。

不难看出,从"格物"到"平天下",有一个很明显的由浅及深、由己及人、由近及远、由小及大的脉络和轨迹,所以"八条目"才会成为历代儒家学人的修学次第。

既然是次第,那当然得一步一步来。也就是说,你不可能在毫无"修身"功夫的情况下,一上来就想"齐家、治国、平天下"。在"八条目"中,"格物、致知、诚意、正心"就是修身的内容,而"齐家、治国、平天下"则是修身的目的。对儒家学人来讲,修身是一切的根本,正所谓"自天子以至于庶人，壹是皆以修身为本"。而修身的入手处，就是格物。没有格物的功夫，后面一切免谈。

仅从这一点来说，王阳明与朱熹是没有异议的。

然而，尽管他们都认为修行的入手处是格物，可对"格物"一词究竟该怎么理解，二人却产生了根本的分歧。

程朱理学认为，理在万事万物中，所以"格物"的意思，就是要把万事万物中的理一一研究透彻，即所谓"格物穷理"。而王阳明年轻时听信程朱之言，花了七天七夜去格竹子，结果半毛钱的理都没格出来，反而把自己格倒了。

后来经由"龙场悟道"，王阳明才大悟"心即理"之旨——始知圣人之道，吾性自足，向之求理于事物者误也！

既然理不在物而在心，那么"格物"当然就不能到外面去格，而是要在自己的心上下功夫了。所以，王阳明对"格物"的解释就是："格者，正也，正其不正以归于正之谓也。""物者，事也，凡意之所发必有其事，意所在之事谓之物。"（《〈大学〉问》）

简单来说，王阳明的格物，其实就是"格心中之物"，也就是把我们心中种种错误的及不良的欲望、情绪、观念、意识、思想、认知等全都改正过来。"故'格物'者，格其心之物也，格其意之物也，格其知之物也。"（《传习录》卷中）

由于王阳明与朱熹对"格物"的理解截然不同，所以接下来的修行方法和步骤，也就随之大相径庭了。

格物到底是在格什么？

在朱熹那里，"格物"就是要去研究和认识外在的万事万物，"致知"就是透彻掌握客观事物的理则（穷理）；而根据这个客观理则（天理），你才能做诚意的功夫，亦即起心动念都要符合天理，绝不自欺；这样久久做去，才能慢慢去除不良的欲望、情绪、观念、意识、思想、认知等，从而达到正心的目的。

做到这一切，才叫修身。

所以对朱熹来讲，功夫必须是一步一步做的，绝对不能躐等。

而在王阳明这里，功夫既可以一步一步做（王阳明曾在《〈大学〉问》

中详细论述了"八条目"的次序问题，有兴趣的读者可以参看，限于篇幅，此不赘述），也可以打成一片一起做。因为格物就是"格心中之物"，所以一说到格物，其实就已经包含了致知，包含了诚意，包含了正心。同理，说致知，说诚意，说正心，也莫不同时包含了格、致、诚、正。

"盖其功夫条理虽有先后次序之可言，而其体之惟一，实无先后次序之可分。"（《〈大学〉问》）

能够悟到这一点，才不会纠结于修行功夫的次序问题。小陈同学之所以纠结，就是因为他没有办法把这些东西打成一片。

不过，有必要指出的是，不管是朱熹循序渐进的方法，还是王阳明打成一片的方法，本身都没有对错，只是一个对机不对机的问题。也就是说，要看学生的根器如何。如果是钝根人，你硬要叫他打成一片，很可能会弄得他手忙脚乱，无所适从，最后什么也学不到；而如果是利根人，你强迫他一步一步来，则很可能会耽误他、埋没他，甚至害他到老死都不能入道。

就像"北渐南顿"的禅宗一样，神秀主张"时时勤拂拭，勿使惹尘埃"的渐悟法门，慧能则提倡"本来无一物，何处惹尘埃"的顿悟法门，二者其实也没什么高下对错之分，关键还是要看学人的根器。

正所谓"药无贵贱，愈病则良；法无高下，当机则妙"。任何修行法门都无所谓高下，只要对机，就是高妙的法门；任何药物也没有绝对的好坏，只要能治病，就是好药。

对一个健康的人来说，你给他下砒霜就等于害死他；可对于某一类病人，砒霜却可以用来当药引。同样一碗水，让牛喝下去就变成了牛奶，让蛇喝下去就变成了蛇毒。由此可见，离开个人的具体情况去谈论修行方法的好坏，其实是没有意义的。

由于小陈同学一直纠结于修行功夫的次序问题，所以当希颜同学告诉他"先生说格物致知就是诚意的功夫"时，他一下就晕了。

若说格物致知就是诚意的功夫，那诚意本身的功夫又该怎么做呢？

希颜同学不敢再跟小陈讲，怕他更晕，所以就叫他自己去想。

小陈同学明显不是利根人，越想脑袋越大，最后只好专程从京城跑到正在打仗的南昌，向阳明先生请教这个问题。

下面，我们就来看看王阳明的回答。

二 诚意：改变自己，改变世界

先生曰："惜哉！此可一言而悟，惟浚所举颜子事便是了。只要知身、心、意、知、物是一件。"

九川疑曰："物在外，如何与身、心、意、知是一件？"

先生曰："耳、目、口、鼻、四肢，身也，非心安能视、听、言、动？心欲视、听、言、动，无耳、目、口、鼻、四肢亦不能。故无心则无身，无身则无心。但指其充塞处言之谓之身，指其主宰处言之谓之心，指心之发动处谓之意，指意之灵明处谓之知，指意之涉着处谓之物，只是一件。意未有悬空的，必着事物。故欲诚意，则随意所在其事而格之，去其人欲而归于天理，则良知之在此事者，无蔽而得致矣。此便是诚意的功夫。"

九川乃释然破数年之疑。

——《传习录·下·门人陈九川录》

诚意是一以贯之的修行"大头脑"

由于在王阳明这里,"格物、致知、诚意、正心、修身"全都是可以打成一片的,所以王阳明就对小陈说:"你只要弄清楚'身、心、意、知、物'都是一回事儿,你的问题也就迎刃而解了。"

可是,当王阳明把这个独门秘籍告诉小陈的时候,他却越发糊涂了:"物是外面的东西,怎么会和身、心、意、知是一回事儿呢?"

王阳明说:"耳、目、口、鼻及四肢,是人的身体,若没有心,岂能视、听、言、动?心想视、听、言、动,若没有耳、目、口、鼻及四肢也不行。因此,没有心就没有身,没有身也就没有心。就其充塞空间而言叫作身,就其主宰而言叫作心,就心的发动而言叫作意,就意的灵明而言叫作知,就意所涉及之处叫作物,都是一回事儿。意没有悬空的,一定涉及事物。所以,要想诚意,就随着意所在的某件事去'格',去掉不合理、不正当的欲望而复归于天理,那么良知在这件事上,就不会被蒙蔽而能够'致'了。这就是诚意的功夫。"

小陈同学听完,豁然开朗,破除了数年的困惑。

小陈豁然了,你豁然了没有?如果没有,那并不是因为你根器太差,而是因为你没有儒家修行的经验。所以,要完全理解王阳明的意思,我们还得一步一步来。

首先,我们要弄清:在阳明心学中,格物、致知的意思分别是什么?

在王阳明看来,所谓格物,就是为善去恶;所谓致知,就是把这种为善去恶的功夫做到极致,让良知彻底显露。

其次,我们要弄清:诚意是什么?

按照《大学》本义,诚意就是不自欺。但是,一般人在格物致知的过程中,一开始总是不太给力的——明明知道是善的事,却出于各种利害因素的考虑而不敢坚持;明明知道是恶的事,也由于习性使然而偏偏去做。

这就是自欺,就是意不诚。所以,按照王阳明的看法,要做诚意的功夫、不自欺的功夫,就应该在格物致知的时候做,亦即时时反观自己在每一件事上的意念。如果意念是善的,就坚持;意念是恶的,就去除。这样诚意才能落到实处。

综上所述,我们不难得出两个结论。

一是在阳明心学中，格物、致知、诚意说的都是一回事儿——为善去恶。

二是诚意不是等到格物致知的功夫做久了才出现的结果，而是要在整个格物致知的过程中始终贯穿的——若不贯穿，格物致知便不能给力。

至此，我们也就跟小陈一样豁然了：尽管在程朱理学看来，格物、致知、诚意是循序渐进、不可躐等的，但是在阳明心学的语境及具体的修行实践中，三者却是可以打通的，所以也就不必纠结于孰先孰后、功夫颠倒的问题了。

事实上，在王阳明这里，诚意不仅必须贯穿格物致知，甚至可以作为"八条目"的总枢纽，贯穿儒家学人的整个修行生涯。

他说："大学工夫即是明明德，明明德只是个诚意，诚意的工夫只是格物致知。若以诚意为主，去用格物致知的工夫，即工夫始有下落。"倘若没有把握"诚意"的要领，而向外"去穷格事物之理"，便会"茫茫荡荡，都无着落处"。

此外，王阳明还在其他地方反复强调：

"诚是心之本体。"

"为善去恶，无非是诚意的事。"

"工夫难处，全在格物致知上。此即诚意之事。意既诚，大段心亦自正，身亦自修。"

"所以提出个诚意来说，正是学问的大头脑处。"（《传习录》卷上）

可见，在王阳明看来，从"格物致知"一直到"明明德于天下"，都离不开这个"诚意"。

"诚意"在阳明心学中之所以具有如此独一无二的重要性，关键就在于：王阳明对"诚"的理解并不仅仅停留在《大学》所说的"不自欺"上，而是结合了《中庸》的阐述，赋予了"诚"极其丰富而深刻的内涵。

《中庸》论述"诚"的地方很多：

"诚者，天之道也；诚之者，人之道也。诚者，不勉而中，不思而得，从容中道，圣人也。诚之者，择善而固执之者也。"

诚，就是天道，就是宇宙法则；在人生中努力实现诚，就是做人之道，就是为人处世的根本原则。天赋而诚的人，不必刻苦奋勉就能符合天道，不必殚精竭虑就能证得天道，并且可以自在从容地实践中庸之道，这就是圣人；而在人生中努力实现诚的人，则必须选择至善的道德并持之以恒地坚守和践行。

"诚者，自成也；而道，自道也。诚者，物之终始，不诚无物。是故君子诚之为贵。诚者，非自成己而已也，所以成物也。成己，仁也；成物，知也。性之德也，合外内之道也，故时措之宜也。"

诚，就是自我完善、自我实现、自我成就的意思；而道，就是自己引导自己、以自己为人生导师的意思。诚，贯穿宇宙万物的始终，没有诚就没有宇宙万物。所以君子最注重的，就是在人生中努力实现诚。说到底，诚并不仅仅是自我完善、自我实现、自我成就而已，还要去成就万事万物，去帮助别人实现人格完善和自我实现。成就自己，是仁的表现；成就万物，是智慧的表现。人自性本具之德，是自我与他人、主体与客体、内心世界与外部世界的一体之道，不存在对立分别，所以从任何时候、任何地方开始修行都是可以的。

综观《中庸》对"诚"的阐述，我们不难发现：在子思（孔子之孙，相传为《中庸》的作者）所建立的哲学体系中，"诚"就是宇宙本原，几乎与基督教的"上帝"、佛教的"真如"、伊斯兰教的"安拉"、道家的"道"、理学的"天理"、阳明心学的"良知"、《大学》的"明德"一样，在各自的思想体系中都具有至高无上的地位。

用今天的语言来说，"诚"也可以称为宇宙法则、宇宙能量、绝对精神、终极实在等等。正因为"诚"在儒家哲学中具有如此崇高的地位和如此深广的内涵，所以在王阳明看来，"诚意"当然就绝不仅仅是"不自欺"了。毋宁说，"诚意"的意思，就是要通过格物致知、为善去恶的功夫，彻底完善自己的人格，使自己的心灵与宇宙法则、宇宙能量、绝对精神、终极实在等最高本体建立牢固的联结，并且与之息息相通，同频共振。

也许，就是因为给"诚意"赋予了这样的内涵，王阳明才会一再强调"诚是心之本体""明明德只是个诚意"等等，也才会把"诚意"置于"八条目"总枢纽的地位。

因此，对于心学修行人来讲，只要把握住"诚意"这个一以贯之的修行"大头脑"，格物致知、为善去恶的功夫自然就给力了；继而心得以正，身得以修，久久行之，"齐家、治国、平天下"也就是水到渠成的事了。

"美国圣人"富兰克林

乔布斯有一句名言：活着就为了改变世界。

其实，所有儒家学人也莫不怀抱着相同的理想——所谓"治国、平天下"，所谓"明明德于天下"，说到底都是为了改变世界。

但是，就像《大学》为我们指明的人生方向和修学次序一样，要想改变世界，下手处却不是世界，而是我们自己。

用王阳明的话说，下手处就是以诚意为主，去做格物致知、为善去恶的功夫。

只要按照这个方法去修行，把自己人格上的弱点、缺陷、恶习等一一摆平，自然就能成就外在的事功，因此也才谈得上改变世界。

被誉为"美国圣人"的本杰明·富兰克林说过一句话："即使最伟大的国王，也得坐在自己的屁股上。"（《富兰克林自传》）话虽然有点儿糙，但理一点儿都不糙。他的意思就是：一个人无论建立多么伟大的事功，都必须建立在他的内在品质上；离开了内在的精神品质，外在的事功就成了无源之水、无本之木。

我们之所以可以这么理解，是因为富兰克林还说过这么一句话："没有什么财富比一个人的品质更珍贵。"

富兰克林自己的一生，就是对他这两句话的完美诠释。

虽然他不是"最伟大的国王"，也不是坐拥金山的巨富，但他比世界上很多国王和巨富伟大多了。

富兰克林是美国的开国元勋、独立战争的领袖之一，也是美国历史上第一位享有世界声誉的科学家、发明家、文学家、启蒙思想家，同时又是著名的实业家、政治家、慈善家、社会活动家和外交家（他是美国历史上第一任驻外大使，曾在独立战争期间出使法国，为美国赢得外援，保证了独立战争的胜利）。

在富兰克林的一生中，他在各个领域所取得的业绩、事功和成就可谓不胜枚举。

他是个典型的"穷二代"，10岁便辍学打工，一生只在学校读过两年书，12岁去印刷厂当学徒，却自学了文学、历史、哲学、数学，掌握了法文、意大利文、西班牙文、拉丁文，先后被美国的哈佛大学、耶鲁大学，英国的牛津大学、爱丁堡大学、圣安德鲁大学等学校授予硕士或博士学位。他的代表作《富兰克林自传》、《穷理查年鉴》（又名《格言历书》）对当时的美国人和欧洲人产生了无比深远的影响，直到今天仍然在许多国家畅销不衰。

他在电学方面成就斐然，创造了许多专用名词，如正电、负电、导电体、电池、充电、放电等，并提出了电荷不能创生也不能消灭的理论，后人在此基础上发现了电荷守恒定律；他还揭示了雷电现象的本质，因此被康德誉为"第二个普罗米修斯"（古希腊神话中为人类盗取火种的神）。

他在光学、热学、声学、数学、海洋学、植物学等方面也有深入研究，并发明了新式火炉、避雷针、双焦距眼镜、自动烤肉机、玻璃乐器、高架取书器、新式路灯等等；他还改革了北美殖民地的邮政制度，创建了北美殖民地统一的邮政系统。

他第一个发现了墨西哥湾暖流的确切走向；最先绘制暴风雨推移图；最先发现人们呼出气体的有害性；最先解释清楚北极光；最先发现感冒的原因。他发明了颗粒肥料，设计了夏天穿的白色亚麻服装和最早的游泳眼镜和蛙蹼，并且被称为"近代牙科医术之父"。

他创办了美洲第一座图书馆、第一个学术团体、第一个消防队和费城第一家医院；他制定了新闻传播法，创立了议员的近代选举法，四次当选宾夕法尼亚州州长；他第一个提出了殖民地自治的思想，作为美国最伟大的开国元勋之一，参与起草了《独立宣言》和美国联邦宪法，积极主张废除奴隶制度，组织了反对奴役黑人的运动。

…………

一个在世界上留下这么多辉煌印迹、为世界和人类创造了这么多价值的人，去世后却只在墓碑上刻着这么一行字：印刷工——富兰克林。

不过，富兰克林的自谦丝毫影响不了世人对他的高度赞誉和无限崇敬。在后人的心目中，富兰克林就是人类历史上最多才多艺的人（没有之一），而同时代的法国经济学家杜尔哥也给了他一句非常经典的评语："他从苍天那里取得了雷电，从暴君那里夺取了民权。"

鉴于富兰克林对美国和人类的贡献，今天的百元美钞上仍然印着他的头像。

面对这么一个"全方位改变世界"的超级牛人,我们除了羡慕嫉妒之外,剩下的恐怕就只有困惑了:他为什么能这么牛?

答案很简单:富兰克林是个一辈子都在努力"格物致知、为善去恶"的人。

富兰克林取得这么多成功的最主要秘诀,就在于他从青年时代起就走上了一条人格完善之路,严格执行了一套自己拟订的"修行计划",一一摆平了自己道德品质上的诸多缺点,并相应培养了各种令人尊敬的美德。

富兰克林的"修行计划":牛人是怎样炼成的?

大约在24岁那一年,富兰克林立志要让自己拥有完美的品德,他说:"我希望我一生中在任何时候都能不犯任何错误,我要克服所有缺点,不管它们是由天生的癖好、习惯,还是交友不善引起的。因为我知道,或是自以为知道,什么是善的,什么是恶的,我想我或许可以做到只做好事,不做坏事。但是不久我发现,我想做的这件事比我想象的要困难得多。正当我全力以赴克服某一缺点时,常常出乎意料地冒出了另外一个缺点。习惯利用了一时的疏忽,理智有时候又不是癖好的敌手。后来我终于断定,光是抽象地相信完美的品德对我们有益,还不足以防止过失的发生。坏的习惯必须打破,好的习惯必须加以培养,然后我们才能希望我们的行为达到坚定不移、始终如一的正确。"(本杰明·富兰克林《富兰克林自传》)

为此,富兰克林开始了一个他自称"达到完美品德的大胆而艰巨的计划"。在计划中,他列举了13项决定要培养的美德:

1. 节制:食不过饱,酒不过量。
2. 寡言:避免无益的聊天,言必于人或于己有益。
3. 秩序:每件东西应安放在一定的地方,每件日常事务应安排在一定的时间。
4. 决心:该做的事一定要做,做了就要坚持不懈。
5. 节俭:对人或对己有益才可用钱,绝不浪费。
6. 勤勉:珍惜光阴,每时每刻都做有益的事,戒掉一切不必要的行为。

7. 真诚：不欺骗，有良知，为人正直，说话诚实。

8. 公正：不做不利于人的事，不要忘记做你应该做的有益于人的事。

9. 中庸：避免极端，容忍别人给你的伤害，甚至你应认为这是你应受的。

10. 整洁：保持身体、衣服和住所的整洁。

11. 镇静：不因小事、寻常之事、不可避免之事而慌乱。

12. 节欲：少行房事，除非考虑到身体健康或者延续子嗣；切戒房事过度，伤害身体或者损害自己或他人的安宁与名誉。

13. 谦逊：效法耶稣和苏格拉底。

富兰克林是个科学家，所以在他那里，人格完善与道德修养几乎就是一项严谨的科学实验。为了切实有效地养成上述美德，他决定采取各个击破的办法，一个星期只集中精力对付其中一个。

为此，他专门制作了一本小册子，每一页都画了表格，纵向 7 行，代表一星期的 7 天；横向 13 行，写上 13 项美德的名称。如果当天在哪一项美德上有过失，就在相应的表格内涂上一个黑点。

富兰克林决定依次给每一项美德以一个星期的严格注意。在第一个星期中，他就密切预防关于"节制"的任何极细微的过失。其他的美德让它们像平时一样，只是每晚记下有关的过失。

这样，假如在第一个星期中，他能使写着"节制"的第一行里没有黑点，他就认为这一美德已经加强，其相反方面已经削弱，于是扩大注意力到下面的一项，争取在下一周内在两行中都没有黑点。这样下去直到最后一项，就可以在 13 个星期内完成整个过程，一年可以循环 4 次。

富兰克林把自己这项一丝不苟的计划比喻成在花园中除草。他说："就像一个人要为花园除草，他不能企图一次就根除所有杂草，这样会超出他的能力，但是他可以每次只对付一个花坛，在拔完第一个花坛的杂草后，再动手拔第二个。像他一样，我希望我能令人快慰地在我的表格上看到我在品德上的进步，在逐步地清除了每一行中的黑点之后，我就能愉快地看到一本干净的小册子了。"

一本干净的小册子，就是一座剪除了所有杂草的心灵花园，就是一个去除了所有污点和瑕疵的完善的人格世界。

从这个意义上说，富兰克林所做的事情，其实就是王阳明所讲的格物、致知、诚意。

有了这样一座日益干净的心灵花园，有了一片健康而充满养分的道德土壤，富兰克林的所有成就、业绩、事功，就像春天里姹紫嫣红的花朵一样，随着时间的推移而竞相绽放、灼灼盛开了。

尽管在富兰克林自己看来，到最后，他执行的这项"大胆而艰巨的计划"并没有完全达到预期的目的，可即便如此，也足以让他的人格境界远远超越一般人了。就像他自己说的："虽然我从来没有达到我原先雄心勃勃想要达到的完善境界，而且差得很远，但我向着这方面的努力却使我比做这种尝试前要好得多、快乐得多了。这正像临摹帖本的人，他们的目的是要练成完美的书法，虽然他们永远也达不到像帖本那样卓越的书法，但是在临摹帖本时他们的书法却改善了，字也写得不但整洁易读，而且相当不错了。"（本杰明·富兰克林《富兰克林自传》）

因此，没有最终达到"至善"，一点儿也不让富兰克林感到遗憾。相反，直到79岁撰写自传的第二部分时，他仍然还是以一种自豪、喜悦和感恩的口吻，谈论他年轻时这个让他受益终身的"修行计划"：

我的后裔应当知道，他们的祖先一生中持久不变的幸运，直到他79岁写作本文时为止，全靠这一小小的方法和上帝的祝福。他今后的岁月会遭遇什么挫折，那是难以预料的。但是假如碰到什么不幸，往日的快乐也足以使他听天由命了。

他长期的健康和那迄今为止还强健的结实体格，应当归功于节制；他早年境遇的安适，财产的获得，以及一切使他成为一个有用公民和使他在学术界得到一些声誉的知识，都应当归功于勤勉和节俭；国家对他的信任和给他的光荣职位，应当归功于真诚和公正；他的温和，以及他言谈的愉悦、诚恳、爽直，则应当归功于全部这些品德的总影响——即使他不能达到尽善尽美的境地。（本杰明·富兰克林《富兰克林自传》）

富兰克林还在他的自传中说，希望他的子孙中能有人依照他的样子做，以期获得良好的效果。如果你也觉得富兰克林的方法不错，那你也可以把自己想培养的美德罗列出来，给自己打造一座完美的心灵花园。

不过，有必要强调的是，虽然我们的修行确实需要一套简洁明了、便于操作的方法，但是要想真正获得人格的完善，最重要的并不是修行的方法，而是修行的动机。

也就是说，在走上修行之路前，我们都需要问自己一个问题：我是为了什么而修行？

假如你是为了获得成功和荣誉而修养人格，那我只能遗憾地告诉你：出于这样的动机，不但你的人格会出问题，恐怕也会远离真正的成功和荣誉。

而如果你不是为了任何其他目的而修行，仅仅是因为你认为完美的品德本身是对你有益的，那我必须恭喜你，就凭这个动机本身，你的人格境界就已经开始提升了，而且或迟或早，成功和荣誉也会主动上门找你。

事实上，这不光是我的个人观点，也是富兰克林的看法。他说过："最好的获得荣誉的途径，就是把为荣誉而干，变成为良心而干。"

当一个人凡事只为良心而干，不为别的，他就已经是在"致良知"了，同时就等于开启了强大的正能量。这样的正能量流淌奔涌到世界的哪个地方，哪个地方就必然会被改变。富兰克林就是这么改变世界的。而在这样的时候，他根本不必去追求成功和荣誉，所有令世人艳羡的东西都会不请自来。

所以，富兰克林真正想告诉我们的就是：我们应该把成功和荣誉视为人格完善的副产品，而不应该把人格完善当成追求成功和荣誉的手段。

只为完美的品德而修行，这本身就已经是一种美德，或者说已经离美德不远了。

为了成功和荣誉而修行，这本身就是一种功利行为，已经远离了真正的修行。

就像康德的"定言命令"一样，真正的道德行为都是无条件的：我想要诚实，并不是因为诚实可以给我带来诚信的名誉和其他利益，而只是因为诚实本身是好的、是对的、是值得坚守的。

所以，我是为了诚实而诚实，不为其他。

孟子那个"见孺子将入于井"的故事，同样告诉我们：当我们看到一个孩子即将掉进井里的时候，会立刻产生恻隐之心。这时候，我跑过去救他，并不是为了结交孩子的父母，也不是为了在社会上获得名誉，而仅仅是出于一念恻隐。

所以，我是为了救人而救人，不为其他。

用王阳明的话说，这就叫"圣贤只是为己之学，重功夫不重效验"（《传习录》卷下）。所谓功夫，就是修行本身；所谓效验，就是修行产生的效用和结果。真正的儒家修行人，只会关注修行的功夫是否正确、是否得力，而不会在乎修行会带来什么样的效用和结果。

不为任何别的目的而自我完善、自我成就，就是《中庸》所讲的"诚"（诚者，自成也）；树立正确的修行动机，不自欺，就是《大学》所讲的"诚意"（所谓诚其意者，毋自欺也）。

从这个地方上路，辅之以格物致知、为善去恶的修行方法，你就能真正改变自己，获得人格的完善，也才有可能最终改变世界，获得像富兰克林一样巨大的成功和无上的荣誉。

三　工作就是修行

有一属官,因久听讲先生之学,曰:"此学甚好,只是簿书讼狱繁难,不得为学。"

先生闻之,曰:"我何尝教尔离了簿书讼狱,悬空去讲学?尔既有官司之事,便从官司的事上为学,才是真'格物'。如问一词讼,不可因其应对无状,起个怒心;不可因他言语圆转,生个喜心;不可恶其嘱托,加意治之;不可因其请求,屈意从之;不可因自己事务烦冗,随意苟且断之;不可因旁人谮毁罗织,随人意思处之。这许多意思皆私,只尔自知,须精细省察克治,惟恐此心有一毫偏倚,枉人是非。这便是格物致知。簿书讼狱之间,无非实学。若离了事物为学,却是着空。"

——《传习录·下·门人陈九川录》

修行不能离开尘世

王阳明有一个下属官员,经常听他讲学,说:"先生的学说的确很好,只是我要处理的案件和工作繁重复杂,没有时间去修学。"

王阳明一听，就知道这家伙把心学理解歪了，他以为心学只是一种心灵的学问，所以只能在静定中修学。

这个误会真是太大了。若心学只是如此，王阳明凭什么轻而易举剿灭南赣山贼，又凭什么旬日之间平定"宁王之乱"？

王阳明当即对这个下属说："我什么时候让你放弃案件和工作，悬空去做学问的？你既然需要断案，就从断案的事上修学，这样才是真正的格物。比如当你在审理案件时，不能因为对方言语无礼，就起个恼怒之心；不能因为对方措辞婉转，就起个欢喜之心；不能因为厌恶对方的委托说情，就存心整治他；不能因为对方的哀告求情，就屈意宽容他；不能因为自己的事务繁忙，就随意草率结案；不能因为旁人的诋毁陷害，就随着他人的意思去处置。以上讲的这些情况，都是私心杂念，只有你自己知道，所以必须仔细反省、省察克治，唯恐心中有丝毫偏倚而错判了是非，这就是格物致知。处理工作与审理案件，无不是实实在在的修行。如果抛开具体事物去做学问，反而会凌空蹈虚，不着边际。"

人不可能离开社会而独存，因而修行也就必然不可能在深山老林中完成。

有个故事，说的是一位禁欲苦行的修道者，准备离开自己所住的村庄，到山中去隐居修行，走之前他只带了一块布当衣服。

有一天在洗衣服时，他发现自己需要另外一块布来替换，于是就下山向村民们乞讨。村民们都知道他是虔诚的修道者，就毫不吝啬地送给他一块布。

修道者回到山中继续修行。一天，他无意中发现自己的茅屋里有一只老鼠，常常在他专心打坐时撕咬那件准备换洗的衣服。他遵守不杀生的戒律，不想去伤害那只老鼠，却又赶不走它，只好回到村庄，向村民要了一只猫。

有了猫以后，老鼠果然就被吓跑了。可没过几天，修道者又发现了一个问题：给猫吃什么呢？我并不想让猫吃老鼠，可总不能让猫跟我一样只吃野菜吧？

于是，他又下山向村民要了一只乳牛，这样猫就可以靠牛奶维生了。

但是，一段时间以后，修道者又发现，自己每天要花许多时间来放牛、挤牛奶、照顾它，以致无法专心打坐，便又下山去找了一个流浪汉来照顾乳牛。

流浪汉在山中住了几个月，就开始抱怨，说山上太无聊，他是个正常人，需要一个老婆。修道者想想也有道理，总不能强迫别人也过禁欲苦行的生活，只好让他去找了个老婆。

流浪汉成家后，开始生儿育女，他老婆又饲养了很多家畜，于是山上就有了人间烟火。后来，又有许多人陆续上山做了他们的邻居。短短几年后，修道者便吃惊而无奈地发现：他的茅屋已经被一座热闹的村庄包围了。

这个故事告诉我们：人只要活着，就不可能真正脱离人群和社会。

既然如此，那么一个人想要逃离现实生活，专门去做格物致知的修行功夫，无疑跟一个人想拔着自己的头发离开地面一样无稽。

所以在王阳明看来，工作就是最好的修行，"盖日用之间，见闻酬酢，虽千头万绪，莫非良知之发用流行，除却见闻酬酢，亦无良知可致矣"（《传习录》卷中）。

把日常生活和工作视为修行，不仅是王阳明的主张。事实上，在佛教禅宗和基督新教中，我们发现：所有正当的日常劳动和世俗工作，都可以被赋予神圣而超越的意义。

精进：工作就是最好的修行

禅宗是大乘佛教入世修行的典范。历代禅师所谓的"平常心是道""担水砍柴，无非妙道""佛法在世间，不离世间觉"等语，无不是把世俗生活和日常劳作提到了修行的高度。

日本禅学大师铃木大拙说过："中国人对佛教的一大贡献，就是他们的工作观念。第一个做出自觉努力，以求使工作成为佛教一个组成部分的人，是距今大约 1000 年的百丈怀海，他是使禅宗寺院制度不同于其他佛教设施的创始人。""他的庙规中有一条就是工作：每个和尚，包括师父本人在内，都必须从事一些卑微的体力劳动。不管这些工作是多么脏，多么不为人所情愿。"

铃木大拙所说的百丈怀海，是中唐时期的著名禅师，也是中国禅宗史上的一位革命性人物。他对禅宗发展所做的最大贡献，就是打破了传统佛教不事生产的陈规陋习，通过教制和戒律改革把生产劳作变成了修行的题中之义。

他在新的教规中规定，僧团之中不分长幼都要参加生产劳动，他自己也不顾年迈之身，始终率先垂范，身体力行。

这就是禅宗史上著名的"百丈立清规"。

《五灯会元》记载了百丈怀海的一个故事：

> 师凡作务执劳，必先于众。主者不忍，密收作具而请息之。师曰："吾无德，争合劳于人？"既遍求作具不获，而亦忘餐。故有"一日不作，一日不食"之语，流播寰宇矣。

百丈禅师每一次劳动，必定带头。负责管理生产的僧人见其年事已高，于心不忍，就偷偷把他的工具藏了起来，想让他安心休息。百丈说："我没有什么德业，怎能让人替我劳动？"于是到处找他的工具，最后实在找不到，当天就不肯吃饭了。众人劝他，他就说："一日不作，一日不食。"从此，这句话就传遍了天下。

"一日不作，一日不食"充分表明，禅宗祖师是以一种宗教修行的虔敬心态在看待世俗劳作的。对此，史学家余英时先生也认为："这是用一种超越而严肃的精神来尽人在世间的本分。"

与中国同属"亚洲文化圈"的日本，在其近代化的进程中，亦曾致力于佛教、儒教等精神传统的创造性转化。而其传统转型之核心，就是把世俗工作提升到了宗教信仰与修行的高度。日本德川时代的著名僧人铃木正三就认为，佛教修行不专在于忏悔、祈祷，而在于竭尽心智从事劳动而不懈怠。为此，他极力提倡"入世修行""工作修行""职业修行"，就是要士人诚心为政，农人实意耕作，工人努力做工，商人责己经商。而江户时代的儒者石田梅岩、二宫尊德等人，则是把孔子精神与日本的"町人"（商人）思想糅合改造，宣传人生应勤勉、节俭、敬守职分，主张人在本职工作中竭尽所能、勤勉敬业，就是敬拜上苍、道德完成的唯一标志。

当代日本的"经营之圣"、阳明心学的"私淑弟子"稻盛和夫，最为推崇佛教"六度"当中的"精进"。所谓"六度"（度为"到彼岸"之意，比喻将众生从生死海中度至涅槃彼岸），分别是布施、持戒、忍辱、精进、静虑（禅定）、智慧（般若）。"六度"是大乘佛教入世修行、自利利他、自度度人的根本法门。而在稻盛和夫看来，所谓"精进"，就是拼命努力、心无旁骛、埋头眼前的工作。他认为，这是提高心性、磨炼人格的最重要、最有效的方法。

佛教的"精进"当然不仅仅是指工作，但是，对于一个信仰大乘佛教的居士来说，工作却必然是他修持"精进"（其实不仅"精进"，也包括"六度"），提升心性，完善人格的最直接、最有力的手段。

在《活法》一书中，稻盛和夫以他佛教徒的信仰背景，同时以他多年从事企业管理的丰富经验，论述了工作与修行的关系，并极力强调劳动、工作对人所具有的价值和意义：

一般认为，劳动的目的是获取报酬，劳动不过是谋生的手段，幸福生活应该是少劳多得、多休闲、多娱乐。抱这种人生观的人甚至认为劳动是不得不干的苦差事。

然而，劳动对人具有崇高的价值和深远的意义。劳动具有克制欲望、磨炼心志、塑造人格的功效。劳动不仅是为了生存、为了温饱，它还陶冶人的情操。

聚精会神、孜孜不倦，全身心投入每一天的工作，这就是最尊贵的"修行"，就能磨炼灵魂、提升思想境界。

⋯⋯⋯⋯

拉丁语中有一句谚语："比完成活儿更重要的是完善干活人的人格。"但是干活人的人格必须在干活儿中才能提升和完善。就是说，正确的人生哲学只有在拼命工作中、在汗水中才能产生，人的精神只有在日常的、不懈的劳动中才能得到磨炼。

埋头于本职工作，不断钻研，反复努力，这意味着珍惜上苍赐予的生命中的每个今天、此刻中的每个瞬间。

我常对员工们讲，必须"极度认真"地过好每天每日，人生只有一次，不可虚度。认真的程度要达到"极度"好像很"傻"，但只要坚持这种人生态度，一个平凡的人就能脱胎换骨，变成一个非凡的人。

世间被称为"名人"、在各自的领域中登峰造极的人们，他们一定走过相同的历程。劳动不仅创造经济价值，而且提升人本身的价值。

不必脱离俗世，工作现场就是最好的磨炼意志的地方，工作本身就是最好的修行，每天认真工作就能塑造高尚的人格，就能获得幸福的人生。

信仰上帝一样信仰职业，热爱生命一样热爱工作

基督新教（又称"清教"，是自16世纪起欧洲宗教改革运动中各教派的统称）把人的工作称为"天职"，就是因为新教伦理具有这样的信念：任何正当的人类职业都具有神圣性，是上帝安排的任务，也是人生的目的、使命和价值所在。

20世纪最有影响力的思想家之一、德国社会学家马克斯·韦伯，曾经深入研究了新教伦理与近代资本主义精神之间的生成关系。他发现，所有新教教派的核心教义，就是"天职观"。这种天职观认为，"上帝应许的唯一生活方式，不是要人们以苦修的禁欲主义超越世俗道德，而是要人完成个人在现世所处地位赋予他的责任和义务"。就是说，新教伦理"抛弃了天主教的伦理训诫"，从而"使日常的世俗行为具有了宗教意义"。

韦伯的研究结论表明，正是由于新教对职业所抱有的这种信仰，并且赋予了教徒勤劳、节俭、守诺、诚信等品质，才为近代西方资本主义的发展提供了强大的伦理资源和精神驱动力。

本书前面提到的洛克菲勒、富兰克林，都是典型的清教徒。他们之所以能够取得伟大的成就，首先当然要归功于他们优秀的道德品质，其次就是因为他们从新教伦理中获得了这样的信念：信仰上帝一样信仰职业，热爱生命一样热爱工作。

洛克菲勒曾经在写给他儿子的一封信中说："天堂与地狱都由自己建造。如果你赋予工作意义，不论工作大小，你都会感到快乐，自我设定的成绩不论高低，都会使人对工作产生乐趣。如果你不喜欢做的话，任何简单的事都会变得困难、无趣，当你叫喊着这个工作很累人时，即使你不卖力气，你也会感到精疲力竭，反之就大不相同。"

为此，洛克菲勒在信的末尾给了儿子这样一句忠告："如果你视工作为一种乐趣，人生就是天堂；如果你视工作为一种义务，人生就是地狱。"

当你遇上不喜欢的工作，该怎么办？

在这个世界上，幸福是最难定义的，每个人心目中的幸福可能都不一样。但是，由于世界上绝大多数人都必须工作，而且工作占据了我们生命中的大部分时间，所以，至少从这个意义上说，幸福的定义就是工作与志趣相投。

能够从事自己喜欢并且擅长的工作，就是人生最大的幸福之一，反之就是一种不幸。

今天，很多职场中人之所以感觉自己活得很不幸福，很大一部分原因就是他们只把工作当成谋生的手段，而很少静下心来想一想：我要的到底是什么？

假如你很少去思考这一点，只是下意识地认为工作的全部意义就是混口饭吃，那你肯定很难摆脱烦恼、痛苦、无奈、焦虑等负面情绪的缠绕。

倘若如此，我必须给你几点建议：

第一，你要扪心自问：目前从事的职业到底是不是自己真心喜欢的？如果是，那你就要学习禅宗祖师和清教徒，把工作视为修行，把职业当成信仰，倾尽你全部的心力，实现人生价值的最大化。而如果目前从事的职业不是你喜欢的，你就必须对自己做出深入的评估，看看自己真正的兴趣和优势到底在哪里，改行的可能性大不大。只要有一定的可能性，就要努力争取。但是要改行，你必须按下面说的来做。

第二，在辞掉目前的这份工作之前，务必给自己留出一些时间，以便找出真正的兴趣和优势所在，锁定你最喜欢的行业和岗位，然后在正式改行前，拼尽全力提升你在这个新领域的专业能力，让自己有足够的竞争力进入新行业。

第三，在改行之前的这段时间里，省吃俭用，给自己攒下足够的"银子"，以备在你辞职之后而又尚未找到喜欢和适合的工作之前，能够维持生活基本温饱。

第四，在改行之前的这段时间里，你照样可以用修行的态度来对待你目前这份不喜欢的工作。不过，修行的重心要从"精进"调整到"忍辱"。就是说，即便这份工作对你确实毫无意义，但仍然有最后一个意义：锻炼你的承受力、忍耐力、意志力。换言之，就是提高你的逆商（面对挫折和逆境的能力）。回忆一下本书前面说过的一句话，"把无意义接受下来，这本身就是有意义的行为"。牢记这句话，会让你在面对人生的一切不如意时有更强的担当。另外还有很重要的一点，就是要学会感恩。尽管你并不喜欢目前的工作，但你还是要感恩。因为这份工作至少给了你一份收入，让你和你的家人不至于三餐不继、露宿街头。抱着这样的心态，你就能尽量把这份工作带给你的烦恼、痛苦、伤害降到最低。

第五，也许出于种种原因，你最终还是无法摆脱你不喜欢的这份工作。但是，只要记住上面这一条，相信你一定可以消除大部分的负面情绪。同时，你当然还是要继续发展你自己真正的兴趣，把业余时间和精力全投进去，尽量把这份兴趣培养成一份能给你带来收入的副业。如果你的副业最终壮大了，那接下来该做的事就不用我多嘴了。

世界上最不幸的人，就是不想工作的人

其实，退一步讲，人的幸福感都是相对的。跟那些"工作与志趣相投"的人比起来，做自己不喜欢的工作固然是一种不幸，但只要你看看那些失业的人，你就会觉得自己还是幸运的；跟有工作的人比起来，失业固然是一种不幸，但只要看看那些丧失工作能力的残疾人，你就会发现自己还是幸运的。

由此可见，不管你所从事的工作是不是自己喜欢的，只要你凭自己的能力做着一份正当工作，而且借此能够养活自己、养活家人，那么你即使无法从工作本身获得多少幸福感，你的行为也已经具有了某种意义和价值。

因为，当你用自己的劳动给家人换来一份安宁的生活时，你就已经尽了自己在世上的本分。而在儒家的语境中，"尽分"其实也是一种做人的成就。

虽然这种成就很平凡，但它的确是一种价值。从这个意义上讲，其实你也在修行。

此外，假如说你是一个没有到社会上工作的全职太太，乍一看好像没有为社会创造价值，但只要你安心地相夫教子，那么你也是在尽分。同样地，你也能在普通的家务劳动中实现生命的价值，同时也就是在修行。

所以，世界上最不幸的人，其实并不是工作与志趣不相投的人，也不是失业的人，甚至也不是丧失工作能力的人，而是明明四肢健全却心灵残疾

的人。

有一个故事，说的是一个残疾的乞丐，他只有一只手。一天，他来到一户人家，向女主人乞讨。女主人指着屋前的一堆砖头说："把这些砖头搬到屋后去。"

乞丐委屈地说："你没看见我只有一只手吗？"

女主人没说什么，就用自己的一只手搬了一趟砖，说："你看，并不是非要两只手才能干活。"

乞丐无语了，只好用他那唯一的手去搬砖。由于一次只能搬两块，这堆砖他整整搬了四个小时才搬完，累得全身都快散架了。

女主人最后给了他20元钱。乞丐感激地说："谢谢！"女主人说："不用谢我，这是你自己干出来的。"

听到这句话，乞丐怔住了，像是忽然想到了什么。片刻后，他才对女主人说："我不会忘记你的。"说完深深地鞠了一躬，就上路了。

几天后，又有一个双手健全的乞丐来乞讨，女主人就叫他把屋后的砖搬到屋前。乞丐哼了一声，极其不屑地走了。这位妇人的孩子奇怪地问她："上次你让那个乞丐把砖搬到屋后，现在又叫这个乞丐把砖搬到屋前，为什么要这样搬来搬去呢？"

妇人说："砖放在屋前屋后都一样，可搬与不搬对他们却不一样。"

若干年后，一个很体面的人找到这户人家。这个人只有一只手。他对坐在院中已有些老态的女主人说："如果没有你，我还是个乞丐，可现在，我是一家公司的董事长。"

老妇人淡淡地说："这是你自己干出来的。"

在这个故事中，真正的残疾人显然不是那个只有一只手的乞丐，而是那个双手健全的乞丐。而在这个智慧的妇人心目中，判断一个人是高贵还是卑贱的标准，也不是外在的身份，而是内在的品质——一个愿意自食其力的人，不管是不是董事长，他都是高贵的；一个不愿自食其力的人，不管有没有两只手，他都是残疾的。

人因工作而高贵，人也因工作体现着人的价值。

只要你心灵健全，那么无论何时，你都可以在工作中修行。换言之，无论你现在境遇如何，只要你用正确的态度工作，你就是一个高贵的人、一个有价值的人。

四　忍辱的境界：提升你的情商和逆商

  问："叔孙武叔毁仲尼，大圣人如何犹不免于毁谤？"

  先生曰："毁谤自外来的，虽圣人如何免得？人只贵于自修，若自己实实落落是个圣贤，纵然人都毁他，也说他不着。却若浮云掩日，如何损得日的光明？若自己是个象恭色庄、不坚不介的，纵然没一个人说他，他的恶慝终须一日发露。所以孟子说：'有求全之毁，有不虞之誉。'毁誉在外的，安能避得？只要自修何如尔。"

——《传习录·下·门人黄省曾录》

忍辱的功夫必须"在事上磨炼"

  有学生问："《论语》记载了'叔孙武叔毁谤孔子'的事情，为什么大圣人还是不能免于毁誉呢？"

  这个学生提的问题，事见《论语·子张》。

  叔孙武叔是鲁国的一个大夫，不知何故总是看孔子不顺眼，有一次他在朝中对同僚说："子贡其实比他老师仲尼更有水平。"有人把这话告诉了子贡，子贡一听就吓坏了，赶紧声明："我老师的德行比我高多了，咱就拿房屋的围墙打个比方吧，我家的围墙只有肩膀高，随便哪个路人都看得见我家，所以都夸我的房子豪华；而老师家的围墙有数丈高，大家不得其门而入，所以压根儿不知道他老人家的房子有多么雄伟壮观、多么美轮美奂。"

没过多久，叔孙武叔又在别人面前毁谤孔子。子贡这回真的愤怒了，说："别再这么干了！仲尼是毁谤不了的。别人的德行充其量就是山丘，还可以超越；而仲尼的德行就像日月，没有人可以超越。就算有人想自绝于日月，但对日月本身又有什么损害呢？只能表明他不自量力罢了。"

由于《论语》记载了这件事，所以千年之后，王阳明的学生还替孔子他老人家打抱不平，对他遭受毁谤一事深感不解。

王阳明告诉学生："毁谤是来自他人和外界的，即使是圣人也免不了。人贵在自修，如果自己实实在在是个圣贤，纵然人们都毁谤他，也影响不了他。就像浮云蔽日一样，如何损害日的光明？如果自己是个外表端庄恭敬、内心却虚伪无德的人，纵然没一个人说他，他隐藏在内心的奸恶也总有一天会暴露。所以孟子才会说：'人活着，总有过于苛求的诋毁，也有意料不到的赞扬。'总之，毁誉都是外来的，怎么能避免？关键还是要看你自己的修行功夫如何。"

这段话，绝对是王阳明自己的切身感受和经验之谈。

自从王阳明平定"宁王之乱"后，各种攻击和诋毁甚嚣尘上，把他包围了。尤其是正德皇帝朱厚照身边那几个佞臣，如边将江彬、许泰，太监张忠等人，更是因为嫉妒他的事功，就诬蔑他"与宁王通谋"，还说他平叛的动机是为了杀人灭口云云，总之一心想把他整成明朝版的岳飞。所幸太监也不全是小人，当时皇帝身边的大太监张永就是一个相对正直的人，跟王阳明的关系也不错，才帮他洗清了这个莫须有的罪名。

在王阳明遭到诋毁、诬蔑、陷害的那些日子里，他平日的修行功夫就派上大用场了。

由于早在年轻时，王阳明就已经练就了"不动心"的功夫，加之后来贬谪龙场，经历了九死一生，更是打造了一颗宠辱不惊、自作主宰的强大内心，所以那些小人的伎俩对他来讲，无异于浮云蔽日、蚍蜉撼树，根本不能伤害他分毫。

那些日子，王阳明该做事做事，该讲学讲学，该吃饭吃饭，该睡觉睡觉，只一意守护内心昭明灵觉的良知，每天照旧过得逍遥自在。用他自己的话说，只要"依此良知，忍耐做去，不管人非笑，不管人毁谤，不管人荣辱"，"自然有得力处，一切外事亦自能不动"（《传习录》卷下）。

由此可见，一个人只要具备心学的功夫，情商和逆商自然能够达到相当高的水平。

但是，这种忍辱的功夫必须"在事上磨炼"，若关起门来在静定中修，其结果就只能是玩弄光景，"遇事便乱，终无长进"。换言之，要提升情商，你就必须在情绪发动的时候修；要提升逆商，你就必须在逆境和挫折中修。否则就是纸上谈兵，不会有半点儿实战功夫。

生气的学问：大肚能容法

王阳明的学生有一次问他："一个心学修行人该如何看待'忿懥'（生气）这件事？"

王阳明的回答是："人心怎能无'忿懥'（人怎么可能不生气呢）？生气是在所难免的，关键是要把握以下几个原则：首先，不能'怒得过当'；其次，要'物来顺应''不着一分意思'；最后，比方你上街看见人打架，对于没道理的那一方，你肯定也会感到义愤，虽然义愤，却又'此心廓然，不曾动些子气'。这才是生气的学问。"

总结起来，王阳明的意思有三点：

一是生气的时候要学会控制，把握一个适当的度，不要过火。

二是事情一过，怒气也要随它过去，不能执着，不要怀恨。

三是生气的时候要学会从自己的立场上超拔出来，找到一个客观的、第三方的视角，这样才能让理性在场，从而保持"此心廓然"、寂然不动的境界。

这个境界看上去是很高超，可是在现实中，除了王阳明自己，还有谁能做到面对侮辱而"此心廓然"、寂然不动呢？

当然有人能。最典型的代表，当属唐朝武则天时期的宰相娄师德。

娄师德是武则天时代的一位牛人，不仅在对吐蕃的战争中功勋卓著，而且出将入相，官至宰辅。然而，在古往今来罕见的女帝手下当官，无疑是当时世界上风险最高的事情之一。面对当时极端严酷的政治环境，娄师德不得不夹起尾巴做人，从而练就了超人般登峰造极的修养功夫。

当时，与娄师德同朝为相的李昭德最受武则天信任，此人生性张扬，锋芒毕露。由于娄师德身体肥胖，所以行动迟缓，每天上朝都走得慢吞吞地，李昭德偶尔跟在后面，半天过不去，就会爆粗口："田舍夫！"

"田舍夫"的意思是农民。在唐代，这估计是一句标准的"国骂"，因为当年太宗李世民被诤臣魏徵气得够呛的时候，也曾背地里骂他是田舍夫。如今娄师德无端招来国骂，换成别人，恐怕一回头就跟李昭德干起来了，可是娄师德却慢慢地回过头来，笑容可掬地说："师德不为田舍夫，谁当为之？"

娄师德的弟弟也在朝中任职，有一次外放为刺史，来跟大哥辞行。娄师德语重心长地说："我贵为宰相，而今你又担任刺史，荣宠过盛，必定招人嫉妒。在你看来，我等当如何自处？"

弟弟说："大哥放心，从今往后，就算有人把唾沫吐到我脸上，我也只会擦去而已，不同他计较，绝不为大哥惹祸。"

弟弟以为把话说到这份儿上了，大哥一定满意。没想到娄师德却忧心忡忡地说："这正是我所担心的！人家把唾沫吐到你脸上，证明他对你火大，你把唾沫擦了，就是表示不服气，这不是让他的火更大吗？你应该任唾沫留在脸上，让它自己干掉，然后还要面带笑容，表示你欣然接受。"

这就是成语"唾面自干"的出处。一个人能把忍辱修到这种境界，世上还有什么人能够让他生气呢？还有什么事能够决定他的反应和行为呢？

表面上看，娄师德这么做好像很懦弱，其实这才是真正的自作主宰，也才是真正的内心强大。最有力的证据就是：短短几年后，那个表面刚强的李昭德就被酷吏来俊臣整死了，落了个身首异处的下场（说到底就是被武则天兔死狗烹了）；而娄师德不仅在武周时期的恐怖统治中顽强地生存了下来，"独能以功名终"，还引荐了一大批德才兼备的官员进入朝廷，为最终推翻武周王朝储备了强大的人才资源，也为李唐宗室拨乱反正奠定了坚实的基础。娄师德引荐的人中就有狄仁杰，狄仁杰又引荐了张柬之，张柬之不久便发动了"神龙政变"，推翻了武则天政权。

老子说："坚强者死之徒，柔弱者生之徒。"李昭德因刚强而身败名裂、人亡政息；娄师德却依靠貌似柔弱的忍辱功夫，不仅保全了自身，而且成就了常人莫及的品德与事功。二者截然相反的命运，几乎就是在为老子这句话做注脚。

忍辱的最高境界：转化超越法

在世间所有的忍辱功夫中，最上乘的境界其实还不是娄师德的"唾面自干"，而是把人生中的所有欺辱、轻贱、困苦、挫折、逆境、磨难等，全都视为砥砺品德、磨炼意志、提升能力、完善人格的必不可少的助力。

这种助力，佛教称之为"逆增上缘"。就是说，人生中的一切负面因素和负面境遇，都可以被我们当成开启正能量的必要条件。用王阳明的话说："人若着实用功，随人毁谤，随人欺慢，处处得益，处处是进德之资。"（《传习录》卷下）

这，就是提升情商和逆商的终极法门。

一位佛教密宗的上师，有一次在西藏各地弘扬佛法，沿途一直带着他的厨师。这个厨师不仅厨艺极差，没有责任感，而且生性暴躁，动不动就跟人干架，是个典型的刺儿头。

当地人注意到这个厨师的糟糕品性后，便私下询问上师："大师，您为何要容忍那个厨师的坏脾气？他只会妨碍您，对您一点儿帮助也没有，您为何不将他遣送回去？我们很乐意帮助您再找一位。"

上师微笑回答："哦！你不了解，我并不把他当成我的仆人，我以他为师。"

当地人大为讶异："大师何出此言？"

上师说："他的无能和好争的天性，每天都在教导我学习如何容忍和培养耐性。因此，我认为他极有价值，可以当我的老师。"

很显然，这位上师就是把他的厨师当成了修行之路上不可或缺的"逆增上缘"。如果我们能向这位上师学习，那还有什么人是我们不能相处的呢？

关于忍辱，佛教史上还有一则脍炙人口的典故，那就是唐代高僧寒山与拾得的一段问答。

寒山问："世间谤我、欺我、辱我、笑我、轻我、贱我、恶我、骗我，如何处治乎？"

拾得答："只是忍他、让他、由他、避他、耐他、敬他、不要理他，再待几年，你且看他。"

如果说拾得作为佛门高僧，其境界还是让我们感到可望而不可即的话，那么下面的这个故事，应该能让我们有所启发。

洛克菲勒曾经在写给儿子的信中，对自己如何成为世界上最富有的人进行了揭秘。令人始料不及的是，这个昔日的"穷二代"脱贫致富的最初动机，竟然是源于他学生时代的一件小事：

我一直珍藏着一张我中学同学的多人合照。那里面没有我，有的只是出身富裕家庭的孩子。几十年过去了，我依然珍藏着它，更珍藏了拍摄那张照片的情景。

那是一天下午，天气不错，老师告诉我们说，有一位摄影师跑来要拍学生上课时的情景照。我是照过相的，但很少，对一个穷苦家的孩子来说，照相是种奢侈。摄影师刚一出现，我便想象着要被摄入镜头的情景，多点儿微笑、多点儿自然，帅帅的，甚至开始想象如同报告喜讯一样回家告诉母亲："妈妈，我照相了！是摄影师拍的，棒极了！"

我用一双兴奋的眼睛注视着那位弯腰取景的摄影师，希望他早点儿把我拉进相机里。但我失望了。那个摄影师好像是个唯美主义者，他直起身，用手指着我，对我的老师说："你能让那位学生离开他的座位吗？他的穿戴实在是太寒酸了。"我是个弱小还要听命于老师的学生，我无力抗争，我只能默默地站起身，为那些穿戴整齐的富家子弟制造美景。

在那一瞬间我感觉我的脸在发烧。但我没有动怒，也没有自艾自怜，更没有暗怨我的父母为什么不让我穿得体面些，事实上他们为我能受到良好教育已经竭尽全力了。看着在那位摄影师调动下的摄影场面，我在心底攥紧了双拳，向自己郑重发誓：总有一天，你会成为世界上最富有的人！让摄影师给你照相算得了什么！让世界上最著名的画家给你画像才是你的骄傲！

我的儿子，我那时的誓言已经变成了现实！在我眼里，侮辱一词的词义已经转换，它不再是剥掉我尊严的利刃，而是一股强大的动力，如同排山倒海，催我奋进，催我去追求一切美好的东西。如果说那个摄影师把一个穷孩子激

励成了世界上最富有的人，似乎并不过分。（约翰·洛克菲勒《洛克菲勒写给儿子的38封信》）

讲完这个故事，洛克菲勒语重心长地总结了这样一段人生箴言：

"我知道任何轻微的侮辱都可能伤及尊严。但是，尊严不是天赐的，也不是别人给予的，是你自己缔造的。尊严是你自己享用的精神产品，每个人的尊严都属于他自己，你自己认为自己有尊严，你就有尊严。所以，如果有人伤害你的感情、你的尊严，你要不为所动。……我的儿子，你与你自己的关系是所有关系的开始，当你相信自己，并与自己和谐一致，你就是自己最忠实的伴侣。也只有如此，你才能做到宠辱不惊。"（约翰·洛克菲勒《洛克菲勒写给儿子的38封信》）

今天，所有还在自怨自艾、抱怨命运不公、痛恨老天无眼的"穷二代"，都应该把洛克菲勒的这段箴言背下来。

可以说，一个人最终会成为什么样的人，并不取决于上帝发给你一副什么样的牌，而取决于你用什么样的心态和方法去玩这副牌。

而要把人生这副牌玩好的一大关键，就在于提升你情商和逆商，亦即修炼你的忍辱功夫。尤其是在今天这样一个"内卷"的时代，一个处于社会底层、没有背景、没有资源、没有人脉的普通人，更需要具备一种超越常人的修行功夫，更需要在这个险恶的世界上，练就一颗充满正能量的强大内心！

诚如洛克菲勒所言，只有"与自己和谐一致"，才能成为"自己最忠实的伴侣"。用王阳明的话说，就是"人只贵于自修"，只要自己"实实落落是个圣贤"，其他的一切都不重要。

五　天生我材必有用：认识你的天命

王汝中、省曾侍坐。

先生握扇命曰："你们用扇。"

省曾起对曰："不敢。"

先生曰："圣人之学不是这等捆缚苦楚的，不是装做道学的模样。"

汝中曰："观'仲尼与曾点言志'一章略见。"

先生曰："然。以此章观之，圣人何等宽洪包含气象？且为师者问志于群弟子，三子皆整顿以对，至于曾点，飘飘然不看那三子在眼，自去鼓起瑟来，何等狂态；及至言志，又不对师之问目，都是狂言。设在伊川，或斥骂起来了。圣人乃复称许他，何等气象！圣人教人，不是个束缚他通做一般，只如狂者便从狂处成就他，狷者便从狷处成就他，人之才气如何同得？"

——《传习录·下·门人黄省曾录》

教育就是要尊重个性，实现天性

王汝中，名畿，号龙溪，浙江山阴人，官至兵部郎中。

黄省曾，字勉之，号五岳山人，未入仕，以诗文名于世。

小王和小黄两位同学陪王阳明在一块儿坐。时值盛夏，酷热难耐，王阳明拿扇子给他们，说："你们用扇。"

小黄赶紧站起来说："不敢。"

王阳明说："圣人的学问不是这样束缚痛苦的，不用装作道学的模样。"

小王说："从《论语》'仲尼与曾点言志'那一章中就能大致看到。"

王阳明说："对。从这一章可以看出圣人具有多么宽广包容的气象！老师询问弟子们的志向，子路、冉有、公西华都严肃地回答了提问，而曾点却飘飘然不把那三个人看在眼里，独自去弹起瑟来，这是何等狂态！等到他表达志向的时候，又不针对老师的问题，口出狂言。假如是程颐遇到这种情况，或许便斥骂起来了，孔子却还称许他，这是何等气象！圣人教育人，不是束缚他按一个模式来修行，狂者就从狂处成就他，狷者就从狷处成就他。人的才气怎么可能完全相同呢？"

按照《论语》的解释，所谓狂者，就是锐意进取者；所谓狷者，就是有所不为者。二者的天性截然不同，但在王阳明看来，无论学人的个性、才气如何千差万别，都一样能在修行上有所成就。因为，孔门圣学的教育思想本来就是有教无类、因材施教，绝不会用一套僵死的教条去要求所有学生，更不会把所有学生都变成一个模子里倒出来的。

换言之，真正的教育，非但不会抹杀个性或扼杀天性，反而尊重个性、保护天性，进而激发每个人的内在潜能，让学生沿着个性化的道路发展，做最优秀的自己，从而最大程度地实现其与生俱来的天性。

用王阳明的话说，这就叫"随才成就""不拘死格"。

"人要随才成就，才是其所能为，如夔之乐，稷之种，是他资性合下便如此。成就之者，亦只是要他心体纯乎天理。"（《传习录》卷上）

人要根据自己的才能来成长，才是他所能做到的。比如夔（相传为舜的乐官）对于音乐，稷（古代掌管农事的官员）对于种植，是他们的资质自然能如此。成就一个人，也只是要他的心体达到纯粹天理的境界。

"且如一园竹，只要同此枝节，便是大同。若拘定枝枝节节，都要高下大小一样，便非造化妙手矣。汝辈只要去培养良知。良知同，更不妨有异处。"（《传习录》卷下）

比如一园的竹子，只要枝节差不多，就是在大的方面实现了一致。如果一定要每根竹子的枝枝节节、高低大小都一样，就不能体现自然的妙手了。你们只要去培养良知：良知相同，有其他不同处也无妨。

由此可见，阳明心学教人存天理、致良知，并不是要把所有学生都弄成一个样子，而是要让大家百花齐放——从天理和良知的角度看，每朵花只要最大程度地展现了它的美丽和芬芳，就是在大的方面实现了一致，这就叫"只要同此枝节，便是大同"；从个性和天性的角度看，不同品种的花之间，其颜色、形状、香味等，又是各不相同、大异其趣的，这就叫"良知同，更不妨有异处"。

再打个比方，每届奥运会大概有300个比赛项目，对于最终夺取金牌的运动员来讲，他们的相同点是很显著的，即都是通过艰苦的训练、顽强的拼搏，把人体的潜能发挥到了极致。但是与此同时，他们每个人的参赛项目、身体条件、运动能力、职业优势又是各不相同的。在此，"同"不会妨害"异"，"异"也不会妨害"同"。而儒家（心学）的教育思想与修行的道理也与此类似——在天理和良知上达至相同的境界，并不会抹杀个体之间的种种差异，更不会妨害每个人独特个性的发展与本具天性的实现。

自我教育：认识你的天命

要判断一种教育的好坏，最简单的标准就是看它是在启发还是在灌输，是在引导还是在压制。前者必然尊重个性、保护天性，后者必然泯灭个性、扼杀天性。

每个人来到这个世界上，其实都是负有"天命"的，就像李白说的"天生我材必有用"。每个人的性情、好恶和天赋各不相同，只要是正当的，就不应该有高低贵贱之分。教育的责任就是去发现每个人不同的资质、才气、禀赋，再给他提供适合其天性的教育。

如果说人的天性是一颗种子，那么适合其天性的教育就是土壤。有了这个土壤，再给他人格教育的养分，给他自由思想的空气，给他生命意义的阳光，他自然就会茁壮成长，成为他最想成为的那个人。

我相信，只要我们的社会找到一套新的游戏规则，不把"成功"狭隘地定义为钱和权，不根据人们的职业和经济状况对人进行价值排序，也不对所有社会成员灌输单一的价值观，那么我们就无须担心所有人都会抢着去当富豪、明星或网红，或者都去争夺"高薪体面"的行业和职位。

我相信，只要我们的教育能像王阳明所讲的那样，"不拘死格，随才成就，狂者就从狂处成就他，狷者就从狷处成就他"，人们自然会在三百六十行中找到自己的位置、实现自己的价值。而最重要的是，就在一个人从事着自己最喜欢、最擅长的工作时，所谓的成功、幸福、快乐也不期而至了。

从严格意义上讲，只要一个人没有实现他的天命，就是这个世界的损失，也是所有人的损失。然而迄今为止，这个世界上估计还没有任何一个国家、任何一种教育能够完全实现每个人的天性。在这一点上，发达国家和发展中国家的差别，也只是程度上的，而不是性质上的。

可是，即使这个目标非常遥远，它却是人类必须追求的永恒理想之一。在实现这个理想的道路上，我们可能会前进得很慢，但绝不应停滞，更不应倒退。而且，最重要的并不在于这个理想最终能否实现，而在于我们能否面朝它，并一直走向它。

儒家讲"知天命"，讲"践形尽性"，讲"天命之谓性，率性之谓道，修道之谓教"，事实上就是在描画这种理想，并且启发、引导学人朝着这个理想无限趋近。

《让天赋自由》的作者罗宾逊说："天命，是指'喜欢做的事'与'擅长做的事'能够互相结合的境界，所以你必须及早发现可以被你视为玩乐的工作。……很多成功的人找到了自己生来就应该做的事，并倾注庞大心力，即使明天世界就颠倒过来，他们也会设法调整自己的能力，以因应世界的变迁，同时继续与自己的天命结合，因为他们已经具有内化的理解力。"

所谓"内化的理解力"，其实就是认识自己，深刻了解自己与生俱来的个性与天性。一旦你认识了自己的天命，它就会成为你的"生命磁石"，即使外在环境一直在阻碍你，或者不断在变化，最终也无法阻挡你与自己"生命磁石"的结合。

身处今天这个严重内卷的时代，我们无法改变社会的游戏规则，也改变不了应试教育的体制，但无论如何，我们都拥有自我教育和终身成长的权利——你可以拒绝社会强加给你的单一价值观，可以拒绝在狭隘的"价值排序"中对号入座，也可以对"一考定终身"或"一职定终身"的游戏规则勇敢地说不！

是的，你可以说不，但前提是你要认识自己的天命。

孔子说："不知命，无以为君子。"

知命，才能立命。

王阳明说："立者，创立之立。如立德，立言，立功，立名之类。凡言立者，皆是昔未尝有，而今始建立之谓。"（《传习录》卷中）

今天，无论你是还在应试教育中苦苦煎熬的学子，还是已经在社会上拼得头破血流的职场中人，只要从现在开始认识你的天命、建立你的天命，找到你喜欢做并且擅长做的事，那么总有一天，你必然会与属于你的幸福和成功不期而遇！

第八章
做自己的心灵导师

要想在这个浮躁喧嚣的红尘中获得自在解脱，只能从自性中求，而无法从外在的任何人、任何地方求。换言之，在这个世界上，唯一能够帮助你实现精神转化、开启正能量、提升生命境界的人，只有你自己。

一　超越苦难：建立你的内在自由

　　澄（陆澄）在鸿胪寺仓居，忽家信至，言儿病危。澄心甚忧闷，不能堪。

　　先生曰："此时正宜用功。若此时放过，闲时讲学何用？人正要在此等时磨炼。"

——《传习录·上·陆澄录》

负面境遇的存在，使正面品质的塑造成为可能

　　王阳明在南京任鸿胪寺卿时，学生陆澄有一段时间寄居在鸿胪寺。

　　有一天，陆澄忽然收到家信，说他儿子病危。陆澄顿时忧心忡忡，精神一下就垮掉了。平时听先生讲学时，小陆同学似乎颇能领悟，甚至对某些义理也能说得头头是道，可一旦碰上现实中的灾祸，尤其是"儿子病危"这么大的打击，小陆的平日所学就全都派不上用场了，整个人立刻被痛苦击溃。

　　王阳明告诉他："此时正宜用功！若此时放过，平时讲求学问又有何用？人正要在此时磨炼自己的修行功夫。"

我们生活在这个世界上，没有哪个人的人生是一帆风顺的，每个人总要经历一些痛苦、挫折、打击、逆境、磨难，有时候甚至还要承受极大的苦难。所以，如何面对人生的负面境遇，就成了我们每个人的人生必修课。而阳明心学，从这个意义上说，就是一种教我们如何面对苦难以及一切负面境遇的智慧。

那么，王阳明教我们"正要在此等时磨炼"，下手处在哪里呢？

第一步，就是要进行自我检视，看我们对人生中的负面境遇是否抱有正确的认知。

由于人都有避苦趋乐的天性，所以我们总会下意识地认为，不幸和苦难离我们很远。但这只是一厢情愿，不是现实。因为人生的本质是无常的，没有人知道意外和明天哪一个会先到。对于无常，我们既无力改变，也无从逃避。

所以，面对人生中的负面境遇，我们应该建立的正确态度就是：

首先，认识到不幸、苦难等一切负面境遇都是人生的题中之义，都是生活中固有的，且随时可能与我们迎面撞上；其次，就是要认识到，负面境遇虽然会给人造成痛苦，虽然是我们所有人都不想要的，但它们的存在，却并非全然没有意义。

为什么这么说？

理由很简单——正是负面境遇的存在，才使正面品质的塑造成为可能。

就像健身的原理一样。要想让身体的线条更完美、肌肉更有力量，就必须通过有针对性的运动和训练，让身体承受超出一般情况的高强度的压力和负荷，使肌肉纤维产生一定程度的撕裂（说白了就是有意将肌肉纤维拉断），然后让肌肉在"超量恢复"中达到增长的目的。

这个过程当然是痛苦的（包括绝大多数体育运动的过程都是痛苦的），但明白其原理的"健身达人"和运动员却会对这样的痛苦甘之如饴。

肉体的训练要遵循这一原理，精神的训练又何尝不是呢？

正如肌肉总要经过撕裂才能变得强健一样，人的精神力量，也必然要经由不幸和苦难的磨砺和锻造，才能变得强大。如果世上根本没有困难和挑战，我们就很难激发潜能并获得成长；如果世上根本没有挫折、逆境和失败，我们就很难拥有抗挫折能力和坚韧不拔的精神；如果世上根本没有邪恶、危险、打击和伤害，我们就很难培养正直、勇敢、坚毅、宽容的品格；如果世上没有令人困惑不解的种种问题,我们就很难获得知识和智慧……

这就是佛教所说的"逆增上缘",大意就是:人生中的逆境和其他负面境遇,都有助于磨炼我们的心志,激发我们的潜能,促进我们的成长,提升我们的修行境界。所以禅宗才会说:"烦恼即菩提,生死即涅槃。"所以孟子才会说:"天将降大任于是人也,必先苦其心志,劳其筋骨,饿其体肤,空乏其身,行拂乱其所为,所以动心忍性,曾益其所不能。"

正是在这个意义上,王阳明才会告诉小陆同学,"此时正宜用功","人正要在此等时磨炼"。也就是说,作为一个心学的修行人,当不幸和苦难遽然降临时,我们不该惊慌失措、萎靡不振,而应将其视为修行过程中必要的助缘,视为我们人生中的必修课,然后坦然面对,勇敢承受。最终,随着我们的精神逐渐从软弱走向坚强,我们会发现,尼采说的那句话是对的:"一切杀不死我的,都会使我更强大。"

当然,面对不幸和苦难,任何人都会感到烦恼和痛苦,正如小陆面对儿子病危会忧闷不堪一样,此乃人之常情。如果一个人连这样的感情都没有,那跟死灰槁木就没有区别了。所以,心学的修行,并不是要让人在面对不幸和苦难时,心中毫无波澜,没有任何负面情绪,更不是要把我们变成一块没有烦恼和痛苦的枯木顽石,而是教我们正视一切负面境遇,并采用正确的方法去对待,从而把一切负面境遇都转化成锻造正面品质的材料,把一切负面情绪都转化成心性成长的助燃剂。

就像纪伯伦说的:"一粒珍珠,是痛苦围绕着一粒沙子建造起来的庙宇。"

当"沙子"这样的异物进入蚌的体内(就像我们遭遇了不幸和苦难),蚌的外套膜就会在"痛苦"的刺激下分泌出珍珠质(就像我们因负面境遇而生出了正面品质)。如此,一只普通的蚌就有可能生成一颗晶莹夺目的"珍珠"。纪伯伦之所以用"庙宇"这种神圣的词汇来形容这件事,就是因为这种事情像极了我们的修行——蚌在沙子的刺激下经历痛苦,最终生成了珍珠,这无异于一种伟大的修行成就。换言之,对最终"功德圆满"、生出珍珠的蚌而言,沙子和痛苦,正是它"修行路上"不可或缺的"逆增上缘"。

综上所述,我们不难得出一个结论:所有正面品质的塑造,都离不开负面境遇和负面情绪。换句话说,恰恰是负面境遇和负面情绪的存在,给我们提供了人格完善和精神成长的条件,从而让我们获得平常状态下难以企及的成就。

对此，司马迁早在两千年前就给我们提供了一系列真实而生动的案例：

"文王拘而演《周易》；仲尼厄而作《春秋》；屈原放逐，乃赋《离骚》；左丘失明，厥有《国语》；孙子膑脚，《兵法》修列；不韦迁蜀，世传《吕览》；韩非囚秦，《说难》《孤愤》；《诗》三百篇，大底圣贤发愤之所为作也。"（《报任安书》）

周文王受到拘禁而推演了《周易》；孔子遭遇困厄而修订了《春秋》；屈原被放逐，才写下《离骚》；左丘明失明，却有了《国语》；孙膑被截去膝盖骨，《兵法》才撰写出来；吕不韦被贬谪蜀地，后世才流传《吕氏春秋》；韩非被囚禁在秦国，写出《说难》《孤愤》；《诗》三百篇，大都是圣贤们抒发愤慨而写作的。

就连司马迁本人的遭遇，也跟这些古人如出一辙。汉武帝晚年，将军李陵因兵败被迫投降匈奴，司马迁替李陵求情，结果被汉武帝施加了惨无人道的宫刑（就是像宦官一样阉割去势）。

这样的酷刑给司马迁造成了巨大的身心创伤，也让他感到了极度的悲愤。不过，如此不幸的遭遇并没有让司马迁变得消沉，反而激发了他与命运抗争的斗志，并促使他最终完成了《史记》这样一部五十多万言的史学皇皇巨著。

弗兰克尔的故事：在苦难中活出尊严

在我们大多数人的生活中，尽管注定会经历一些挫折、打击、逆境、失败、生离死别等，但一般而言，不太可能遭遇那种极大的常人难以想象的苦难。那么，当我们说人生中的负面境遇也具有正面意义时，包不包括这种极致的苦难呢？如果苦难大到足以让人绝望的程度，我们还能说它具有正面意义吗？

下面来看一则真实的故事，也许能够回答上述问题。

这个故事的主人公名叫弗兰克尔，是奥地利的一名心理学家。德军占领奥地利后，因为犹太人的身份，他和所有家人一起，被纳粹关进了"二战"

期间最骇人听闻的奥斯维辛集中营。在那里，他几乎失去了所有亲人。他的父亲、母亲、兄弟、妻子，要么受尽折磨而死，要么直接被送进了煤气室和焚尸炉。他生活中的一切被全部剥夺，所有价值均遭破坏。在集中营的三年里，他每天都受着饥饿、寒冷、疾病和拷打的折磨，无时无刻不处在死亡的威胁之下。

然而，就是在这种致命的苦难和毫无希望、毫无价值的绝境中，弗兰克尔却顽强地活出了生命的意义，自由地捍卫了人性的尊严。

当身边的难友们纷纷陷入恐惧、麻木和绝望中时，弗兰克尔却凭借自己的心理学素养和一颗强大的内心，发现了苦难对人生所具有的意义，就像在冰封的冻土中找到了一株绿色的幼苗一样。弗兰克尔认为，无论在什么情况下，即使是在最恶劣的境遇中，一个人，仍然拥有一种不可剥夺的精神自由，他将其称为"最后的内在自由"。

也就是说，当你无法改变外在的苦难时，你仍然可以选择面对苦难的态度，以及承受苦难的方式——你可以像行尸走肉一样，意志消沉、充满屈辱地活着，或者在某个夜晚像蝼蚁一样静悄悄地死去；也可以在最困难的环境中，"保持勇敢、自尊和无私"，并让自己始终保有爱、幽默感和对艺术、自然的审美，从而让内心力量超越外部命运。即使必须去死，也要"自豪地，而不是悲惨地受难，知道如何去死"。

为了向世人证明这种"有尊严地受难"是完全可能的，弗兰克尔在他后来写作的自传《追寻生命的意义》中，举了很多例子。比如，在当时那种"绝望的、无意义的世界中"，他会有意识地、"专心地"回忆和思念妻子，以便让自己持续活在爱的力量中；他也会经常"强迫"难友和他一起讲笑话，通过幽默来"远离和超越环境"。

还有一个例子，说有一天傍晚，他和难友们经过一天的繁重劳动，精疲力竭地坐在地上休息，有个难友忽然招呼他们去操场上看落日。然后，弗兰克尔和所有人就看到了一幅人间最美的图景：落日映照在巴伐利亚森林的高大树木上，天空布满了铁红的、血红的云朵，荒凉的灰色泥屋静静地伫立在大地上，泥泞土地上的积水倒映着闪闪发光的天空。在几分钟的寂静之后，一个难友对另一个说："世界多美啊！"

弗兰克尔说："当囚徒的内心生活变得强烈时，他就会感受到以前从未体验过的艺术和自然的美。在美的熏陶下，他有时候甚至会忘记自身所处的恐怖环境。"当说到死亡时，弗兰克尔借着"一位难友"的名义，表达了自己对死亡的态度。他说，当这位难友到达集中营时，便与天堂签订了一份契约。这份契约的内容是：以自己的受难和死亡为条件，要求上帝"把他所爱的人从痛苦中解救出来"。无论这个所爱的人是他的父母、妻子、孩子还是别的什么人，也不管他们处在怎样的痛苦之中，这些都不重要。重要的是，通过内心的这种承诺和坚守，一个人的受难就有了意义，他的牺牲就有了价值，从而"不会无缘无故地死去"。

在三年的集中营生活中，弗兰克尔就是以这种有尊严的方式在承受苦难。他认为，这种方式本身就是"一项实实在在的内在成就"，因为它显示的不只是一种个人品质，而且是整个人性的高贵和尊严。

"二战"结束后，弗兰克尔凭借自己这段绝无仅有的经历，以及深刻的体验和思考，创立了"意义疗法"，帮助人们去发现生命的意义，超越那些生活中不可避免的苦难。弗兰克尔因此成为继弗洛伊德、阿德勒之后的"维也纳第三心理治疗学派"的创始人，在全世界拥有广泛的声誉和影响。

孟子说："富贵不能淫，贫贱不能移，威武不能屈，此之谓大丈夫。"

《中庸》说："君子素其位而行，不愿乎其外。素富贵，行乎富贵；素贫贱，行乎贫贱；素夷狄，行乎夷狄；素患难，行乎患难。君子无入而不自得焉！"

这些话的意思，跟弗兰克尔的结论如出一辙：无论在什么情况下，人都不能被外在境遇摆布，而应该用正确的方式，有尊严地活着，并且始终坚守内心的自由，即选择自己态度的自由。若能如此，世上将没有任何一座"集中营"可以禁锢你，没有任何一种命运可以左右你，更没有任何一种苦难可以击败你。

二　禅：住在你心中的导师

　　一友问功夫不切。

　　先生曰："学问功夫，我已曾一句道尽，如何今日转说转远，都不着根？"

　　对曰："致良知盖闻教矣，然亦须讲明。"

　　先生曰："既知致良知，又何可讲明？良知本是明白，实落用功便是。不肯用功，只在语言上转说转糊涂。"

　　曰："正求讲明致之之功。"

　　先生曰："此亦须你自家求，我亦无别法可道。昔有禅师，人来问法，只把麈尾提起。一日，其徒将麈尾藏过，试他如何设法。禅师寻麈尾不见，又只空手提起。我这个良知就是设法的麈尾，舍了这个，有何可提得？"

　　少间，又一友请问功夫切要。

　　先生旁顾曰："我麈尾安在？"

　　一时在坐者皆跃然。

——《传习录·下·门人黄省曾录》

禅师们到底在打什么机锋？

王阳明某日讲学，一位友人请教他："功夫不真切怎么办？"

王阳明说："学问的功夫，我曾经用一句话就把它讲透了，为什么现在越说越远，都不着根基了？"

友人答："致良知是听过了，但还是需要讲明白。"

王阳明说："既然知道致良知，还有什么可以讲明的呢？良知本是明白的，切实用功就是了。不肯用功，只在语言上说，越说越糊涂。"

友人道："我正是希望您讲明如何做功夫。"

王阳明说："这也必须是你自己去探求，我没有别的办法可以说。从前有一位禅师，别人来问佛法，他只把拂尘提起来。一天，他的徒弟把拂尘藏起来，看他用什么办法。禅师找不到拂尘，就只空手做个提拂尘的样子。我这个良知就是启发人的拂尘，除了这个，还有什么可以提的呢？"

过了一会儿，又有个人请教功夫的关键。

王阳明左看右看，说："我的拂尘在哪儿？"

一时间，在座的人都笑了。

阳明先生有时候也是挺好玩儿的，对某些人，他会苦口婆心说个没完，可对另一些人，他有时会吝啬得一个字都不想多说。

如果你问为什么，答案其实很简单：法无定法。

什么叫法无定法？

它有两层意思。

一是答案视问题的性质而定。

我们来打个比方，如果你问王阳明：诸葛亮和司马懿哪个更厉害？他肯定会跟你说上半天；可假如你问的是：诸葛亮和孔明哪个更厉害？你说他除了左看右看找拂尘外，还能怎么办？

因此，所谓法无定法，第一层意思就是：从来没有什么固定不变的"法"，一切都要根据问题的性质而定——如果你的问题是合理的，答案必然也是合理的；如果你提的压根儿就是伪问题，你让禅师和王阳明如何作答？没有用拂尘打你的脸，已经够给你面子了，你还真指望王阳明给你辨析一下诸葛亮跟孔明孰高孰低呀？

二是答案视学人的具体情况而定。

再来打个比方,如果你现在身在海南,要去武汉,你问王阳明该往哪儿走,王阳明会告诉你往北走;如果你身在上海,王阳明会告诉你往西走;如果你身在北京,王阳明会叫你往南走;可如果你站在黄鹤楼下,却缠着王阳明问武汉怎么走,你猜他会不会去提拂尘?

因此,所谓法无定法,第二层意思就是:从来没有什么固定不变的"法",一切都要针对学人的不同情况而定。学生的禀赋、性情、根器、水平等方面的诸多差异,都将决定答案的不同。就是说,导师给的答案都是有针对性的,学生的情况有别,给出的答案自然不会一样。

可是,如果我们不懂这个道理,就会在此犯晕:四个人要去同一个目的地,怎么王阳明却指了三个截然不同的方向,最后又做了"提拂尘"这样一个莫名其妙的动作呢?

同样道理,今天的读者看禅宗公案的时候,也往往是一头雾水,觉得那些禅师要么是在故弄玄虚,玩文字游戏,要么是在作秀,要么干脆就是不懂装懂。

实际上,禅师们的苦心又有几人能知呢?

试问,在上例中,往北、往西、往南、提拂尘,有哪个答案是错的?假如你是导师,面对前三个人的问题,你又会如何回答?难道不管对方身处何地,只要说去武汉,你都指给他同一个方向?而面对那个身在黄鹤楼却跟你打听武汉的人,你又会怎么做?我估计你不会去提拂尘,而是会抄起鞋帮照着对方的脑门儿狠狠来一下。

古德云:"此身已在含元殿,更从何处问长安!"

含元殿是唐朝大明宫的正殿,而大明宫本就位于长安。所以,身在含元殿又追问长安的人,就跟身在黄鹤楼却追问武汉的人一样,纯属骑驴觅驴。

因此,古代禅师说这句话,就是针对那些已有一定修行基础,却仍然茫茫荡荡向外逐求,不知体认自性、不敢直下承当的人。

静默禅：对于不可言说之物，必须保持沉默

后世不少人指摘王阳明"近禅"，认为心学多有对禅宗的效仿，假如王阳明听到后世的讥评，他肯定会笑着反问对方："你说我近禅，我不否认，但你能否告诉我，什么是禅？"

是啊，什么是禅呢？

当年，佛陀在灵山法会上拈起一朵金婆罗花，瞬目扬眉，示诸大众。众人却相顾默然，不知佛陀法意，唯有摩诃迦叶破颜微笑。佛陀于是告诉大众："吾有正法眼藏，涅槃妙心，实相无相，微妙法门，不立文字，教外别传，付嘱摩诃迦叶。"

我有普照宇宙、含藏万有的无上正法，超越生死、出离轮回的妙法心印，契合真相并破除对一切相的执着，因此法微妙，难以言说，故不立文字，以心传心，于教外别传一宗，现在传给摩诃迦叶。

这就是禅宗的起源，亦为印度禅宗第一公案。摩诃迦叶即为印度禅宗初祖，至二十八代达摩远赴东土，传佛心印，中国禅宗即奉达摩为初祖。

佛陀拈花的时候，迦叶笑了。

若问什么是禅，禅就在这一拈一笑中。

换言之，禅就是默契，就是心领神会，就是一切尽在不言中。

佛陀不用说话，但迦叶已然懂得；佛陀没有给出任何东西，但迦叶已经得到了一切。

这是为什么呢？

举个例子，如果你是资深网民，相信你逛论坛、看帖子的时候经常会看到这三个字：你懂的。不需要对方多说半个字，你自然懂得对方在说什么。这就叫默契。试问，连你在虚拟空间里，跟一个素不相识的网民都能如此默契，那你有什么理由怀疑佛陀和迦叶之间的默契呢？

再来看一个场景：清朝年间，有两个壮汉在八仙桌的一左一右坐着，甲在桌上放了一个盘子，然后把一只茶杯放在盘中，一只茶杯放在盘外，将两杯斟满茶。乙一看，就将盘外的那杯茶移到盘子中，然后端起其中一杯相请。甲一看，会心地笑了。

在此过程中，甲乙双方一个字都不用说，却什么都明白了。假如你在旁边，

你知道这两个家伙是谁，玩的又是什么把戏吗？

或许你已经猜到了，他们是天地会的。桌上摆的东西叫"茶阵"，上面那个阵势叫"木杨阵"，是比较简单的阵势之一，专门用来试探对方是不是本会兄弟。其他复杂的茶阵还有很多，各有不同含义。

试问，天地会兄弟一言不发地做几个动作就能接上头，佛陀和迦叶之间凭什么就不能仅靠一拈一笑就心领神会呢？

其实，类似的例子还可以举很多，比如夫妻之间、母子之间、恋人之间、哥们儿之间、闺密之间，甚至是对手之间，很多时候都不需要语言交流，只要一个眼神、一个表情或一个动作，一切就尽在不言中了。

由此可见，禅虽然"不立文字"，却能在任何时间、任何地点，以任何方式完成导师与弟子之间的心灵交流。在此，禅之所以不以正常方式作为沟通媒介，是为了信息交流的"高保真"和"零耗损"。

人类所使用的任何语言都是有局限性的。当我们使用语言文字传达内心的想法时，受众接收到的未必就是你想表达的东西。所以在日常生活中，因语言文字的局限性而导致的误会、纠纷并不少见。20世纪，西方哲学之所以兴起一个专门分析、研究语言的流派，且成为当代显学（维特根斯坦便是其代表人物），原因也是语言本身存在很多不靠谱儿的地方。

由于禅具有"根本、整体、直接、终极"的特征，所以，在禅的交流和传授中，如果老老实实使用一般的交流方式，必然会造成极大的信息失真和信息耗损——要么淮橘为枳，要么挂一漏万。为了避免这种情况，历代禅师才不得不采用各种各样的非常手段来启发学人，以期最大程度地突破语言文字固有的局限性。

我们在禅宗公案中经常看到的呵佛骂祖、当头棒喝、答非所问、缄默不语等，都属于禅师们用心良苦的非常手段，其中最典型的，莫过于缄默。

有一次，佛陀登上法座，准备为僧众说法，但是，众人等了许久，却始终没听见佛陀说半个字。片刻，担任本次法会司仪的文殊菩萨敲了一下惊堂木，对僧众说："诸位仔细谛听观察佛陀说法，佛的法就是如此。"然后，佛陀就一言未发地下座了。

为什么佛陀始终保持缄默？

因为这一堂法会，佛陀讲的是最究竟的佛法，是"第一义"，而"第一义"

是不可言说的，只能用静默来表达。

用禅宗术语来讲，这就叫"言语道断，心行处灭"；用王阳明的话说，这就叫"用功到精处，愈着不得言语"（《传习录》卷下）；用老子的话讲，这就叫"大音希声，大象无形"；用庄子的话说，这就叫"得意忘言，得鱼忘筌"；用维特根斯坦的话说，这就叫"对于不可言说之物，必须保持沉默"。

佛陀经常用"标月之指""渡河之筏"的比喻来表明，他所有的言说都只是指向月亮的指头和渡过河流的舟筏，你如果执着于言说，就等于只看指头不看月亮，也等于船已过河却始终不肯弃舟登岸。

为打破人们对言说的执着，佛陀有时候就不得不采用静默的方法。

而佛陀希望我们看见的月亮，其实就是人人本具、不假外求的真如自性，也就是王阳明所说的天理、良知。

所谓"最究竟的佛法"，所谓"第一义"，其实都是指我们的自性。但我们却不敢"直下承当"，往往觉得最好的东西总是在外面——在佛陀那里、在王阳明那里、在其他的心灵导师那里。

殊不知，我们唯一的心灵导师就住在我们心里。

世界上所有真正的心灵导师，他们说了千言万语，使用了无数的善巧方便，最终都是要把这位"终极导师"介绍给我们。

古德云："佛在灵山莫远求，灵山只在汝心头；人人有个灵山塔，好向灵山塔下修。"

王阳明说："良知原是完完全全，是的还他是，非的还他非，是非只依着他，更无有不是处，这良知还是你的明师。"（《传习录》卷下）

可见，无论是佛教禅宗还是阳明心学，归根结底都是在告诉我们一件事——做自己的心灵导师。

正是在这个意义上，当友人问王阳明如何致良知时，王阳明才会对他说："此亦须你自家求，我亦无别法可道。"

还有一次，一个学生问他："'未发之中'是什么气象？"王阳明的回答是："哑子吃苦瓜，与你说不得。你要知此苦，还须你自吃。"（《传习录》卷上）

从这个意义上说，后人评价王阳明的学说很像禅宗，确实没有冤枉他。

因为，禅宗和心学都是地地道道的"心地法门"。这一生中，要成为一个什么样的人，都由你的心决定——让你去作奸犯科、杀人越货的，是你的心；让你去希圣希贤、成佛作祖的，也是你的心。

而要认识你的心，只有你自己才能办到，任何人也无法越俎代庖。

求人不如求己：皈依你的自性导师

一位禅师，有一天撑着伞在雨中走。路边檐下有个人在躲雨，看见禅师，赶紧大叫："禅师，普度一下众生吧！带我一程如何？"

禅师道："我在雨里，你在檐下，而檐下无雨，你不需要我度。"

那人立刻走进雨中，说："现在我也在雨中，该度我了吧？"

禅师："我也在雨中，你也在雨中，我不被雨淋，因为有伞，你被雨淋，因为无伞。所以，不是我度你，而是伞度我。你要被度，不必找我，请自找伞！"

说完，禅师便撑着伞扬长而去。

其实，并不是这个禅师不够慈悲，而是那个人太渴望依赖。而一个习惯依赖的人，就算你今天用伞"度"了他，明天呢？后天呢？

人活在世上，总要经历风霜雨雪，如果你总是巴望着有人撑一把伞来"度"你，那你将永远停留在风雨中。要想走出自己的风雨，只有一个办法——请自找伞！

西谚云："自助者，天助之。"

禅宗说："佛不度人，唯人自度。"

可见，这位禅师并非自私冷漠不肯助人，也不是铁石心肠不肯度人，而是怀有真正的大慈悲——他已经给了那个人一把遮挡人生风雨的伞，至于那个人懂不懂得用、愿不愿意用，那就是他自己的事了。

王阳明说："学问也要点化，但不如自家解化者，自一了百了。不然，亦点化许多不得。"（《传习录》卷下）学问也要经过点化，但不如自己的体悟那样，自然一了百了。若自己不悟，再怎么点化也没有用。

禅师已经把"伞"给了那个人，至于他以后会不会再淋雨，禅师就爱莫能助了。

再来看一个苏东坡的故事。

有一天,苏东坡与佛印禅师同游灵隐寺,二人来到观世音菩萨像前,合掌礼拜。抬头之时,苏东坡忽然发现观音手上挂着一串念珠,心中不解,便问佛印:"人人皆念观世音菩萨,是求其慈悲救度,可为何观音手上也有一串念珠呢?他在念谁?"

佛印禅师答:"念观世音菩萨。"

苏东坡大为困惑:"为何观音要念自己?"

佛印禅师说:"因为他比我们更清楚,求人不如求己。"

所谓求人不如求己,意思就是:无论是佛陀指月的指头,还是禅师设法的拂尘,抑或是寺庙中那些泥塑木雕、供人礼拜的佛菩萨像,乃至佛教的三藏十二部经典(三藏不是唐僧的名字,而是经藏、律藏、论藏;十二部也不是十二本书,而是佛经的十二个类别),都是帮助我们认识自性的方法和手段,要想在这个浮躁喧嚣的红尘中获得自在解脱,只能从自性中求,而无法从外在的任何人、任何地方求。换言之,在这个世界上,唯一能够帮助你实现精神转化、开启正能量、提升生命境界的人,只有你自己。

很多人都知道,成为佛教徒要举行一个仪式,称为"三皈依",即皈依佛、皈依法、皈依僧。佛、法、僧在佛教中称为"三宝"。必须皈依"三宝",才能成为正式的佛弟子。可是,许多人并不知道,皈依外在的"三宝"只是一个形式,真正的皈依,其实是皈依"自性三宝"。

什么叫"自性三宝"?

觉、正、净。

佛代表觉悟,法代表正知正见,僧代表清净。所以,真正的佛教皈依,其实是要让我们对自己发愿(通俗的说法是立志):从今日起,尽未来际,我要遵照佛陀的教诲,皈依内在的佛性,做到觉而不迷、正而不邪、净而不染,让自性的光芒彻底显露,从而照亮自己,照亮他人,照亮过去、现在、未来,照亮法界一切众生!

观世音菩萨为何要念自己?

因为离开了"自性三宝",他也将无处皈依。

由此可见,真正的皈依,就是皈依自性,就是皈依那个住在你心中的导师——就像王阳明的致良知,也无非是开启你心中本具的正能量而已。

"学问功夫,我已曾一句道尽。"

阳明先生道尽的是哪一句?

如果你懂得向内求,他讲过的每一句都是;如果你仍然认为真正的好东西总是在外面,那你就继续站在雨中,等那个永远不帮人遮雨的禅师吧……

三 心灵世界的密码：良知四句教

丁亥年九月，先生起复征思、田。将命行时，德洪与汝中论学。

汝中举先生教言曰："无善无恶是心之体，有善有恶是意之动，知善知恶是良知，为善去恶是格物。"

德洪曰："此意如何？"

汝中曰："此恐未是究竟话头：若说心体是无善无恶，意亦是无善无恶的意，知亦是无善无恶的知，物亦是无善无恶的物矣。若说意有善恶，毕竟心体还有善恶在。"

德洪曰："心体是'天命之性'，原是无善无恶的，但人有习心，意念上见有善恶在。格、致、诚、正、修，此正是复那性体功夫。若原无善恶，功夫亦不消说矣。"

是夕侍坐天泉桥，各举请正。

先生曰："我今将行，正要你们来讲破此意。二君之见，正好相资为用，不可各执一边。我这里接人，原有此二种：利根之人，直从本原上悟入，人心本体原是明莹无滞的，原是个'未发之中'，利根之人，一悟本体，即是功夫，人己内外一齐俱透了；其次，不免有习心在，本体受蔽，故且教在意念上实落为善去恶，功夫熟后，渣滓去得尽时，本体亦明尽了。汝中之见，是我这里接利根人的；

德洪之见,是我这里为其次立法的。二君相取为用,则中人上下,皆可引入于道;若各执一边,眼前便有失人,便于道体各有未尽。"

既而曰:"以后与朋友讲学,切不可失了我的宗旨。无善无恶是心之体,有善有恶是意之动,知善知恶是良知,为善去恶是格物。只依我这话头,随人指点,自没病痛,此原是彻上彻下功夫。利根之人,世亦难遇。本体、功夫一悟尽透,此颜子、明道所不敢承当,岂可轻易望人?人有习心,不教他在良知上实用为善去恶功夫,只去悬空想个本体,一切事为俱不着实,不过养成一个虚寂。此个病痛不是小小,不可不早说破。"

是日,德洪、汝中俱有省。

——《传习录·下·门人黄省曾录》

天泉证道:本体和功夫不可偏废

嘉靖六年(1527年)九月,广西思恩(今广西壮族自治区武鸣县北)、田州(今广西壮族自治区百色市田阳区北)发生少数民族叛乱。朝廷起用王阳明,命其前往广西平叛。

临行之前,王阳明的得意门生钱德洪、王汝中和他讨论学问。

钱德洪,王门大弟子,名宽,号绪山,浙江余姚人,官至刑部郎中,他是《传习录》的编撰者之一,也是《王阳明年谱》的作者。

小钱同学与王阳明除了有师生关系外,还有一个很有趣的关系:两个人是在同一幢楼——瑞云楼出生的。

王阳明在余姚的老家,并非自有产权,而是向一个姓莫的人租的。王阳明的父亲王华高中状元后,在越城盖了新房,举家搬迁,房东莫氏就把房子租给了一户姓钱的人家。弘治九年(1496年),即王阳明出生的二十四年后,钱家有个孩子也出生在瑞云楼中,他就是钱德洪。

嘉靖七年(1528年),王阳明再度出征,这时他已57岁,平定广西之乱后,便在归乡的客舟中与世长辞了。事后来看,他临行前的这次论学,其意义自然非同往日。而巧合的是,这次论学的主题又恰好是非常重要的"良知四句教",所以此次论学,几乎可以视为王阳明一生学问的总结和旨归。

所谓"良知四句教",即无善无恶心之体,有善有恶意之动,知善知恶是良知,为善去恶是格物。

关于这四句话,小王同学认为还不是阳明先生最究竟、最根本的言说。他的理由是:"如果说心体本是无善无恶的,那么意念也该是无善无恶的,良知也该是无善无恶的,物欲也该是无善无恶的了。如果说意念有善恶,毕竟在心体上就还有善恶存在。"

小王同学之所以认为"四句教"还不是阳明先生的"究竟话头",是因为在他看来,一个修行人一旦悟到心之本体是无善无恶的,功夫自然到家,意念上也就不存在善恶了。若意念上还有善恶,就证明修行还有欠缺,还没悟到家。

很显然,小王同学是属于六祖慧能那一路的,提倡"本来无一物,何处惹尘埃"的顿悟。

小钱同学却不以为然,说:"心体就是天命之性,本来是无善无恶的,但人的心有了习染,意念上便有善恶了。格物、致知、诚心、正意、修身,都是要恢复那性体的功夫。若一切都无善恶,那就没什么修行功夫好讲了。"

毫无疑问,小钱同学是北宗神秀那一路的,主张"时时勤拂拭,勿使惹尘埃"的渐修。

当天晚上,两位同学在天泉桥陪阳明先生一块儿坐,还在争论这个问题,于是就请先生裁决。

王阳明说:"我就要远行了,正想给你们讲破这一点(此时王阳明的肺病已经相当严重,或许他也已预感到自己时日无多。五百年后,我读书至此,仍觉一种莫名的感伤溢满心中)。二位的认识,正好可以互为补充,不可各执一边。我引导人的方法,本来就有两种:天分、资质极高的人(利根之人),直接让他从本原悟入,人心本体原是明净莹彻、毫无滞碍的,原本是一个'未发之中',一旦悟道,本体与功夫就没有分别,自他、内外也一齐通透了。另一种人,资质稍差,心不免有习染,本体被遮蔽,所以就教他在意念上切实为善去恶,等功夫纯熟后,渣滓完全消除,本体也就明净了。汝中的认识,是我这里接引利根人的法门;德洪的认识,是我教资质稍差之人的方法。二位如果相互补充运用,那么无论资质高低都可引入正道;如果各执一边,眼前便有人不能入道,就等于你们在道体上还有欠缺。"

王阳明停了片刻，让二位同学消化了一下，然后才接着说：

"今后与朋友讲学，切不可丢掉我的宗旨。无善无恶是心的本体，有善有恶是意念的发动，知善知恶就是良知，为善去恶就是格物。只要照我这话，根据学人各自的情况进行指点，自然没有毛病。这本是贯通上下的功夫。资质极高的人，世上很难遇到。对本体、功夫一悟全透，就算颜回、程颢也不敢自居，岂敢指望谁有这种资质？人都有受到习染的心，不教他在良知上切实去用为善去恶的功夫，只去悬空想那个本体，一切行为都落不到实处，最后不过是养成了一个空虚守静的毛病。这个不是小毛病，所以我不能不早给你们讲透。"

是日，钱德洪和王汝中都有所省悟。

那么，小钱同学和小王同学省悟的是什么呢？

可以借用禅宗的八个字来概括：理须顿悟，事须渐修。

理就是王阳明说的本体，亦即心学的根本智慧；事就是王阳明说的功夫，亦即具体的修学实践。一个修行人如果对根本智慧毫无体悟，就会盲修瞎练，变成一个磨砖作镜的笨伯，就像五祖弘忍对六祖慧能说的："不见本性，修法无益。"同样，若是一个人以为悟到了本体就不必在日常生活中老实用功，便会凌空蹈虚，沦为光说不练的假把式。

因此，正确的修行方法应该是把顿悟与渐修结合起来，让本体与功夫相资为用。

南宋的高峰原妙禅师，曾经说过他一生大悟十八次、小悟无数次。可见，真正的修行绝非只悟一次就天下太平了，而是要在顿悟之后渐修，修一段时间后又有所悟，然后再修，再悟……如此循环往复，方有功德圆满的那一天。

人性"本善"，还是人性"向善"？

王阳明和其弟子的这场论道，就是宋明思想史上非常著名的"天泉证道"。

综观王阳明的上述讲论，首先值得我们注意的问题就是：为什么他会说人心的本体是"无善无恶"的？

在我们绝大多数人的印象中，儒家历来强调"人性本善"，最典型的证据莫过于《三字经》开头那句"人之初，性本善"，现在很多幼儿园小朋友都会背。

在这一点上，王阳明的观点为什么与儒家的核心思想不一致呢？

其实，认为儒家历来就有"人性本善"的思想，这纯属误会。事实上，不管是孔子还是孟子，都没有说过人性本善。儒家真正开始讲"人性本善"，其实是从程颐、朱熹开始的。后来的儒家学人普遍沿袭了程朱的观点，尤其是《三字经》的普及和它在后世的广泛影响，更是让绝大多数中国人都认定："人性本善"是儒家固有的、从孔孟开始就有的思想。

那么，关于人性本质，孔孟的真正看法是什么呢？

孔子只说过一句："性相近也，习相远也。"（《论语·阳货》）

孟子也只是说："人性之善也，犹水之就下也。人无有不善，水无有不下。"（《孟子·告子上》）

假如孔子认为人性本善，那人性就是"相同"了，怎么会是"相近"呢？

假如孟子认为人性本善，那就直接说"本善"了，又怎么会拿"水往低处流"来作比呢？

由此可见，在孔子和孟子看来，人并非生来就是善的，而是生来就具有向善的倾向。当代学者傅佩荣先生就认为，应该把"人性本善"改为"人性向善"。我觉得这种说法是很符合孔孟原意的。

说人性本善，在现实世界，尤其是在当下社会中，显然是窒碍难通的。如果真的是人性本善的话，那这个世界早就是一个"善人俱乐部"了，为什么世界上还有这么多让人触目惊心的丑恶、黑暗和不公？可见，程朱理学强调"人性本善"，更多的是一种"应然"（应该如此），而不是"实然"（实际如此）。"应然"是一种信念，"实然"才是一种判断。作为信念，我们当然可以把人性的至善视为一种美好的愿景来追求；但是作为判断，我们却不宜过分高估人性。

因此，王阳明认为人性是无善无恶的，就是一种"实然"的判断。

当然，王阳明也曾经在很多地方说过"至善是心之本体""人性皆善""至善只在吾心"之类的话，看上去好像与"无善无恶心之体"自相矛盾，实际上，后一类说法都是一种"应然"的信念。

关于这个说法不一的问题，王阳明本人也曾经谈到过。

有一次，一个学生问他："古人论性，各有异同，何者乃为定论？"

王阳明的回答是："性无定体，论亦无定体。有自本体上说者，有自发用上说者，有自源头上说者，有自流弊处说者。总而言之，只是一个性。但所见有深浅尔。若执定一边，便不是了。"（《传习录》卷下）

我们在上节说过，阳明心学与佛教禅宗都有一个共同特征，就是"法无定法"——所有的说法都要根据问题的性质和学人的情况而定（有真问题，有伪问题；有利根人，有钝根人），因此表面上自相矛盾的话，实则都有助于学人的入道。从这个角度来理解王阳明前后说法的不同，就没有什么困惑了。

这也教会了我们一个读古人书的方法：要掌握古人的学问，就必须先体悟其根本宗旨，然后将其整体思想融会贯通，这样回头来看他的每一句话，自能体会到当时的语境，以及他这么说的用意何在，从而避免了盲人摸象、窒碍难通的问题。

用王阳明自己的话说，就是"见得时，横说竖说皆是。若于此处通，彼处不通，只是未见得"（《传习录》卷上）。

一旦你"见得"其学问的根本宗旨，或者说体悟到了"第一义"，那就不管他"横说竖说"，你这里都可以做到了了分明、处处通透。

道德意识 & 自由意志

对于王阳明"无善无恶心之体"的思想，后世有不少学者提出了尖锐的批评，比如明末东林党领袖顾宪成就是典型代表。他认为，王阳明的这个思想太空疏、太含混，"空则一切解脱，无复挂碍""混则一切含糊，无复拣择"，如此便混淆了现实中的善恶。

顾宪成批评王阳明，固然是有见于晚明时期王学末流谈玄说妙、不务实学的流弊，但是，因下游河水的污浊而怀疑源头水质的清澈，显然是不公平的。

此外，顾宪成把"无善无恶心之体"从"良知四句教"中剥离出来单独进行批判，也是不太厚道的。要全面理解阳明思想，就必须把四句话综合起来看。换言之，如果说"天泉证道"是王阳明对自己一生学问的"总结陈词"，那么"良知四句教"就是我们打开其心灵世界（也是我们打开自己心灵世界）的终极密码。

事实上，王阳明之所以说人性无善无恶，并不是要取消善恶，更不是想混淆善恶，而是因为人性本质的善恶是根本无法定论的。确切地说，探讨人的本性是善还是恶，这本身就是戏论，就是伪命题。

打个最简单的比方，菜刀可以用来切菜，也可以用来砍人，但是你能说菜刀的本性是善的还是恶的吗？同理，人也是一样：李世民发动了骨肉相残的"玄武门之变"，也缔造了海晏河清的"贞观之治"；上海黑帮大佬杜月笙什么坏事都干过，却在抗战期间积极投身到抗日救亡运动中；四川的一名女毒贩，用贩毒赚来的钱去资助一个贫困的脑瘫患儿……面对这些善恶集于一身的人和事物，你能撇开他们所做的事情，单纯去讨论他们本性的善恶吗？

由此可见，无论是菜刀还是人，如果一定要说有什么"本性"的话，其本性在价值上也只能说是中性的，你可以将其用于善的目的，也可以将其用于恶的目的，但就是不能说其本性是善还是恶。换句话说，无论是人还是什么东西，都必须将其本性"用"到具体的事情上，落实到行为上，才可以评价善恶——但所评价的也仅止于事情或行为，而不是所谓本性。

综上所述，我们不难得出一个结论：撇开人的意念、行为而空谈本性的善恶，绝对是没有意义的。

正因如此，王阳明才会提出他的"良知四句教"：人的心体虽然没有善恶可言，但是意念上（包括由意念发动的行为）却肯定"有善有恶"，故而需要一个"知善知恶"的良知来监管，更需要一个"为善去恶"的功夫去格物。

也许有人会问：孟子和王阳明不是都说良知是人与生俱来、不学而知的吗？而且良知肯定是善的，既然如此，人的本性不就是善的吗？

没错，良知确实是我们与生俱来、不学而知的，但是要注意：良知本身并不是善，而是一种辨别善恶的道德意识。这种道德意识使人具有向善的倾向，却没有赋予人纯善无恶的本性，也不能自动使人成为善人。因为知道了善恶，并不等于你一定就会为善去恶——你可以选择行善，也可以选择作恶，这是你的自由。

孟子说，"见孺子将入于井"，任何人都会心生恻隐。这一念恻隐就是良知，就是你与生俱来的道德意识。但是，同样具有道德意识，同样心生恻隐，不同的人却可以有不同的选择——A 可以选择救人，B 可以选择报警，C 可以选择旁观，D 可以选择无视……

在这里，人是完全自由的。换言之，人虽然天生有一种面朝善的姿态，但你拥有调整姿态的自由——你可以选择侧身，也可以选择背对，如同上例中的 C 和 D。

"良知四句教"最终的落脚点之所以在"格物"上，儒家与佛教之所以都强调修行，就是因为人具有这种自由意志，可以在善恶之间自主选择——假如人生来就是善的或生来就是恶的，那还谈什么格物和修行呢？

因此，"良知四句教"对我们的最大启示就在于：它揭示了人的自由意志与道德的关系。

所谓自由意志，就是人可以自由地选择和支配自己的行为，倘若没有自由意志，就无所谓道德可言。例如，动物界的生存法则就是弱肉强食，但我们不能据此说动物是不道德的，因为动物的一切行为都服从于本能，不存在自由意志；在特定情况下，精神病人杀人放火，既不用承担刑事责任，也无须承担道德责任，因为他已经无法辨认或控制自己的行为，亦即丧失了自由意志。

同理，假如人性本善，不管做什么、怎么做都是对的，根本无须选择，那道德的可贵从何谈起呢？我们可以想象一下，假如将来科技高度发展，专门给一些机器人输入"见义勇为"的程序，其中一个机器人看见小孩子"将入于井"时救起了孩子，我们会不会赞扬这个机器人很有道德？显然不会。因为机器人是被程序控制的，没有自主选择的余地。

可见，道德的价值就在于自由选择。

人之所以比动物高贵，就在于人有道德意识和自由意志。如果一个人拥有道德意识和自由意志，却甘愿服从弱肉强食的法则，并全然被物质欲望和感官享乐支配，那他跟动物相差几何？

"人"这个字有两条腿，这两条腿象征什么呢？

在我看来，一条是道德意识，另一条就是自由意志。所有人都有这两条腿，但并不是所有人都能用这两条腿好好走路。

人因道德意识才与动物有所区别，从而具备了人的资格。这种资格不会被外在的力量剥夺，却可以被人自己剥夺——当一个人明明知善却不为善，明明知恶却又为恶的时候，他就是在运用自由意志剥夺自己做人的资格。

对这种人来讲，自由意志和道德意识就处于相互冲突的状态，所以他有腿也不会走路；反之，只有当人能够知善便为善、知恶便去恶的时候，他的"两条腿"才能协调一致，也才能正常地直立行走。

对于前者，人生就是一场艰难的跋涉，他只会感到紧张、焦虑、不安、痛苦，而且趔趔趄趄，不时被绊倒；而对于后者，人生就是一场美妙的散步，他会在行走中体验到自在、自由、安宁、喜悦。

从这个意义上说，一个能够知善知恶、为善去恶的人，无须他人或上天给他什么奖赏，只要他的两条腿协调运作、自如行走，这本身就已经是一种奖赏了——因为人活着，没有比心安理得更高的奖赏。

而一个人如果明知是善偏偏不行，明知是恶偏偏去做，那就无须等到外在的惩罚降临，他自己就已经在惩罚自己了——因为内心的冲突和不安就是对他最大的惩罚！

孔子说："君子坦荡荡，小人长戚戚。"

我认为，这并不是一句随便说说的迂阔之谈，而是理性思考与生命实践相融合的一种人生智慧。

四　什么样的人格，决定什么样的人生

决然以圣人为人人可到，便自有担当了。

——《传习录·下·钱德洪跋》

什么是真正的立志？

王阳明晚年在老家越城讲学，有一次对学生们谈起自己早年的入道经过，有感而发说了这句话。

放在今天来看，这句话似乎没有多大的现实意义，因为"圣人"这个概念，对我们普通人来讲实在是高不可攀，而且要求人人都去当圣人，这既不可能，也没必要。所以，我们可以暂且把"圣人"这个词拿开，然后由你来填空——无论你这辈子想成为什么样的人，你都可以把那个词放进去，然后按这句话说的去做。

也许你会说："这不就是立志吗？有什么好掰扯的？"

是的，这是立志，但问题是，你知道什么是真正的立志吗？

真正的立志，可不是你小时候作文写的那样，"我长大要当科学家，我长大要当解放军，我长大要当老师"。严格来讲，这些都只是职业愿景，并非真正的立志。

那么，真正的立志是什么呢？

"志"这个字，上面一个士，下面一颗心。古代的"士"原指贵族，后泛指知识分子。今天我们理解这个"士"，当然不必遵循古代的标准，就用"人"来代替就可以了。所以"志"这个字，就是上面一个人，下面一颗心。

那么，这个"心"又代表什么呢？

这个"心"，当然不是指你胸口扑通扑通跳动的那个肉团心，而是指你的心灵、你的品格、你整体的精神世界。这个精神世界的内涵非常丰富，它包括你的世界观、人生观、价值观等重大观念，也包括你的思维方式、行为方式、处世态度，还包括你的性格、气质、能力、习惯，等等。

一言以蔽之，这个"心"指的就是一个人整体的精神面貌，即具有一定倾向性和相对稳定性的心理特征的总和。

如果用一个词来概括，那就是人格。

因此，真正的立志，不是说你希望拥有什么样的职业、身份、财富、地位、名望等，而是说你决定让自己具有一个什么样的人格。

职业、身份等，都只是你所"有"的，却并非你所"是"的。换言之，"人有什么"与"人是什么"是两个完全不同的概念。比方说，我问你：你是一个什么人？而你回答：我是一个官员，我是一个美女，我是一个富豪，或者我是一个农民工，那你就答非所问了。

我问的不是你外在的身份、职业等，而是你这个人的内在品质，也就是不管外在的那些东西如何变来变去，你身上相对恒定的那个东西。理论上讲，外在拥有的东西都是可以被他人、被外在环境赋予或剥夺的，而你身上唯一不可被赋予或剥夺的东西，就是你的人格。

在法学意义上，人格也是一个人作为权利和义务主体的资格，这种资格在法律上是不得被转让和剥夺的。在心理学意义上，人格是构成一个人的思想、情感及行为的特有统合模式，这个独特模式包含了一个人与他人相区别的稳定而统一的心理品质。

可见，人格就是一个人相对恒定的总体品质，也是一个人区别于他人的最根本特征。

由于人格的组成特征因人而异，因此每个人都有其独特性。这种独特性致使每个人在面对同一情况时都可能有不同反应。在本书中，我们曾经举过很多这样的例子，都是为了说明：面对同一个事物、场景、境遇，不同的人会有千差万别的感受、体验、反应。

认知心理学认为，人的心灵在面对外界事物的时候，并不是一个被动的接收器，而是有着复杂而多层次的知觉活动。在这个活动中，任何外界事物都只是毫无意义的材料，人会通过选择、分组、推断、排除、投射、关联等有意识或无意识的方式，把自己的"解释性范畴"强加给材料。所谓"解释性范畴"，就是人的整体意识结构，亦即人格。

在此意义上，我们可以说，有什么样的人格，将决定你感受什么样的世界、体验什么样的人生。换句话说，尽管人在这个世界上生存，不能缺少种种物质上的东西，但最终让你感觉活得好不好的决定性力量，却不是物质上的东西，而是你的人格。

伊朗影片《心灵印记》，描述了一对新婚夫妇到印度蜜月旅行，坐在人力车上拿 DV 拍摄沿途风景的故事。丈夫拍到的都是残疾的小孩、贫民窟、垃圾堆，还有小孩在飞满苍蝇的垃圾堆上捡东西吃。丈夫说："印度好惨。"然后，妻子接过去拍，她拍到的却是一些穿着纱丽的印度女人，还有一些微笑的孩子，结果她说："印度好美。"

看到这个故事，你会想到什么？

从浅的地方说，世界因观察角度的不同而不同；从深的地方说，世界因人格的不同而不同。在这一生中，你是活得快乐还是郁闷、幸福还是悲摧，归根结底都是取决于你的人格。

阳明心学翻来覆去所讲的这个"心"，其实就是人格。而整本《传习录》，包括我们这本书，千言万语，说来说去，也无非就是这么一句话——什么样的人格，决定什么样的人生！

人格教育的缺失

在这个世界上，没有人不希望自己拥有高质量的人生，但是有多少人知道，拥有这种人生最需要的条件是什么？

阳明心学要告诉我们的答案就是：具有高品质的人格。

然而，在现实生活中，又有几个人知道这个答案呢？

正因如此，所以当我问你"你是什么人"时，你就只能拿职业、身份等似是而非的东西来回答我。

那么现在，如果我在人格意义上重复问你上面那个问题，你会怎么回答我？

你显然已经明白我想问的是什么了，但我估计你仍然会哑口无言，茫然若失。

对此反应，我绝不会感到奇怪，因为，我们这个社会对于"人格"这个东西，实在是太陌生了，陌生到都没有适当的词汇来界定和表达。所以，这不能怪你。

在这个世界上，人因财富的多寡分成了富人和穷人，因地位的高低分成了官员和民众，因权势的大小分成了权贵阶层和弱势群体。但是，人因人格的差异又分成了什么呢？

在古代，答案很简单，就是君子与小人、圣贤与凡夫。但是今天，我们又该寻找什么样的词汇来界定和表达呢？也许，我们今天仅剩的话语，就是小孩在看电视时最喜欢问的那句话：这个人是好人还是坏人？

"好人"与"坏人"，当然是判断人格的最基本用语，但是，成年人在生活中却很少使用这对概念。这不仅是因为把人简单地分成好人、坏人显得太过幼稚，更是在于我们已经丧失了足以支撑这对概念的整个文化体系和精神资源。

海德格尔说："语言是存在的家园。"当年新文学革命倡白话、反文言，固然是为了打破传统的枷锁、挣脱传统的束缚，但与此同时，也使得众多国人抛掉了传统文化中许多有价值的精神资源。当无数的传统语词（及其背后的义理系统）淡出人们的视线，退出人们的日常生活，随之失落的，还有几千年来无数中国人曾经安身立命的那个精神家园。

文化当然是会不断演变的，而且也应该不断演变。如果不对传统文化进行改造，中国的现代化转型就无从谈起。但是，我们在改造传统的时候，有没有真正做到"取其精华，去其糟粕"呢？

关于传统文化的精华与糟粕，有一个经典比喻，就是孩子与洗澡水。而值得我们追问的就是：大多数国人在 20 世纪的一百年间，非常给力地一遍又一遍地为传统文化"洗澡"，可到最后，他们是不是把孩子和洗澡水一起倒掉了？

古往今来，任何一个群体、种族、社会、国家，都拥有一套属于自己的人格教育系统。它可以通过高端的载体来表现，如文化、哲学、信仰、宗教等，也可以通过朴素的民间文化来承载，比如古代中国社会绵延数千年的"耕读传家"，就是一种朴素的教育传承。至今我们仍然能够看到的许多家书、家训，就是这种传承的见证。

但无论是什么形式，每一个族群教给下一代的最重要的事情，就是教他做一个什么样的人，亦即给予他正确的人格教育。

然而时至今日，我们还剩下什么样的人格教育？

在今天，我们每个做父母的、做老师的，如果希望孩子好，我们该对孩子说些什么？难道只能对孩子说一句"你要做好人，不要做坏人"吗？

如果孩子问"什么是好人，什么是坏人"，我们又该如何回答？

当然，你可以去买一些名人故事、励志故事、经典名著，或者是传统文化的童蒙书来给他看。但是，假如连你自己都说不清人格教育的 ABC，你能指望孩子看完这些书以后，就能自动培养起一种健全的人格吗？

孩子人格的"培"和"养"，跟培植花草、养鱼养鸟是不一样的，不是你买一堆肥料或饲料扔下去就完了。说到底，给孩子看什么书并不是最重要的，最重要的是你自己的言传身教。假如连你自己对人格养成的学问和知识都一无所知，你又要怎么培养孩子的人格呢？

曾国藩的人格养成之道

关于教育子弟如何做人、如何为官，我们且来看看一百多年前的一位中国官员的家书。

下面是这位官员写给几个弟弟的信，我做了节选：

君子之立志也，有民胞物与（民为同胞，物为同类；泛指爱人和一切物类）之量，有内圣外王之业，而后不忝于父母之所生，不愧为天地之完人。故其为忧也，以不如舜、不如周公为忧也，以德不修、学不讲为忧也。是故顽民梗化（无知之人，不服王化）则忧之，蛮夷猾夏（蛮夷之国，乱我华夏）则忧之，小人在位贤才否闭（贤人遭到否定和排斥）则忧之，匹夫匹妇不被己泽（没有沐浴到我的恩泽）则忧之。所谓悲天命而悯人穷，此君子之所忧也。若夫一身之屈伸，一家之饥饱，世俗之荣辱得失、贵贱毁誉，君子固不暇忧及此也。

盖人不读书则已，亦即自名曰读书人，则必从事于《大学》。《大学》之纲领有三：明德、新民、止至善，皆我分内事也。若读书不能体贴到身上去，谓此三项与我身了不相涉，则读书何用？虽使能文能诗，博雅自诩，亦只算得识字之牧猪奴（赌徒）耳！岂得谓之明理有用之人也？

朝廷以制艺（经义，代指科举考试）取士，亦谓其能代圣贤立言，必能明圣贤之理，行圣贤之行，可以居官莅民、整躬率物（整饬自身做出榜样，为下属示范）也。若以明德、新民为分外事，则虽能文能诗，而于修己治人之道实茫然不讲，朝廷用此等人作官，与用牧猪奴作官何以异哉？！

这封信的作者，就是晚清中兴名臣曾国藩。

众所周知，曾国藩很牛。是他灭了洪秀全，大清国才在风雨飘摇中又多活了半个多世纪；是他首倡洋务运动，中国才有了最早的军事工业；是他组建了骁勇善战的湘军，从此湖南才出现了人才喷涌的局面，"无湘不成军"的现象更是贯穿了整个中国的近代史。

在一位伟人眼中，曾国藩是他最佩服的近代人物："愚于近人，独服曾文正公。"乃至到了晚年，他依然认为："曾国藩是地主阶级中最厉害的人。"梁启超也认为，曾国藩是中国历史上数一数二的大人物，甚至放眼世界，也还是数一数二的大人物。此外，蔡锷等近现代的一大帮牛人，也都是曾国藩的粉丝。晚清三大名臣中的另外两位——左宗棠和李鸿章，也都是曾国藩提拔起来的。

曾国藩之所以备受后人推崇，原因不仅是他的外在成就，更在于他的内在成就，亦即人格修养的功夫。

从这封家书中，我们就不难窥见曾国藩的修身功夫。

在信中，曾国藩告诉他的弟弟们：君子之立志，就是要培养仁民爱物的广大胸怀（亦即王阳明所讲的"以天地万物为一体"），还要建立内圣外王的德行和事功。一个真正的君子，应该要心忧天下、心忧万民，而不是成天计较一己的荣辱得失和贵贱毁誉。

一个人为什么读书？并不是为了升官发财，也不是为了文章写得漂亮，而是为了"代圣贤立言，明圣贤之理，行圣贤之行"。总之，读书就是要"体贴到身上去"，完善自己的人格。这样的人，才有资格出来做官，才会真正对国家负责，为天下苍生谋福祉。

倘若一个人读书只为做官，做官只为财色名利，那国家要这种人何用？

曾国藩称这种人是"牧猪奴"，也就是赌徒。其实我看到这三个字的时候，更情愿把它理解成"猪狗不如"。比如，那些做官纯粹就为了攫取利益的人，那些动辄贪腐数十亿、包养情妇上百人的家伙，我觉得就应该做一块"猪狗不如"的牌匾送给他们。

在曾国藩的另外一些家书中，他还曾一再告诫两个儿子："银钱田产，最易长骄气逸气，我家中断不可积钱，断不可买田，尔兄弟努力读书，决不怕没饭吃。"此外，他还曾在日记中引用苏东坡的两句诗自勉，"治生不求富，读书不求官"，并且在后面又加了两句，"修德不求报，能文不求名"。

他说，只要做到这四点，一个人的胸怀自然广大，并且能够得到天下最大的快乐——"能兼此四者，则胸次广大，含天下之至乐矣！"

就是在这样的言传身教之下，曾家三代人才辈出，一百多年来没有出过一个纨绔子弟。

有人说，中国几千年历史上一共才出了两个半圣人：一个是孔子，一个是王阳明，还有半个就是曾国藩。

这么说当然不太准确，容易引发争议，但至少可以表明：这三个人都具有彪炳千秋的人格力量。

如何才能获得这样的人格力量？

王阳明说了："决然以圣人为人人可到，便自有担当了。"

当然，我也说过，在今天的时代条件下，鼓动人人都去当圣人是不现实的，也是没必要的。所以，我还是想把"圣人"这个词暂且拿掉，让你自己填空。你可以填上"贤人""君子"或者是"凡夫""小人"，都没关系，因为这是你的权利。

如果上面的词你都不太喜欢，那我给你一个建议，你可以填上"最好的自己"。

所谓最好的自己，就是经由人格的完善，获得一种高品质的人生。

一个人一辈子可以赚多少钱、获取多高的职位、得到多大的名声，会受到各种各样的外在因素的影响，绝非一己之力所能掌控。但是，一个人可以练就一颗什么样的心，成就一种什么样的人格，却是完全操之在己，无须求助于任何外部力量。

所以，假如你看完这本书后什么都没记住，我只希望你记住最后这两句话——

我的人格我做主。

什么样的人格，决定什么样的人生。

附录一
王阳明年谱

宪宗成化八年（1472年），农历九月三十，出生于浙江绍兴府余姚县（今浙江余姚市）。

成化十八年（1482年），11岁，随父亲王华寓京师，向塾师追问"何为第一等事"。

成化二十二年（1486年），15岁，游历居庸三关，"慨然有经略四方之志"。

孝宗弘治元年（1488年），17岁，与诸氏完婚于江西洪都（今江西南昌市）。

弘治二年（1489年），18岁，拜访娄谅，坚定了"圣人必可学而至"的志向；在京师寓所中格竹失败，对程朱的"格物穷理"产生困惑。

弘治五年（1492年），21岁，举浙江乡试。

弘治六年（1493年），22岁，会试不第，归余姚，结龙泉诗社，对弈联诗。

弘治九年（1496年），25岁，第二次会试落第。

弘治十年（1497年），26岁，苦学兵法，"凡兵家秘书，莫不精究"。

弘治十二年（1499年），28岁，进士及第，观政工部，与李梦阳等"前七子"诗文唱和，此谓"泛滥词章"之时。

弘治十三年（1500年），29岁，授刑部云南清吏司主事。

弘治十四年（1501年），30岁，到直隶、淮安审决积案；游九华山，出入佛寺道观，寻访奇人异士。

弘治十五年（1502年），31岁，告病归越城（今浙江绍兴市），筑室会稽山阳明洞，修习静坐内观，颇有所得，遂生"离世远去"之想，后因孝亲之念起，"复思用世"。

弘治十七年（1504年），33岁，主持山东乡试，九月任兵部武选清吏司主事。

弘治十八年（1505年），34岁，在京师，开始授徒讲学，与湛若水定交。

武宗正德元年（1506年），35岁，上疏直言，下诏狱，贬谪贵州龙场（今属贵州修文县）。

正德三年（1508年），37岁，至龙场，于"居夷处困"中大悟格物致知之旨，倡言"圣人之道，吾性自足"。

正德四年（1509年），38岁，在贵阳，受邀主讲于文明书院，始揭"知行合一"之旨。

正德五年（1510年），39岁，三月任庐陵知县，十二月任南京刑部清吏司主事。

正德六年（1511年），40岁，调任吏部验封清吏司主事，十二月升任文选清吏司员外郎。

正德七年（1512年），41岁，三月升任考功清吏司郎中，十二月升任南京太仆寺少卿；徐爱、黄绾等人同受业。

正德八年（1513年），42岁，至滁州，督马政，地僻官闲，日与门人游，从学者日众。

正德九年（1514年），43岁，升任南京鸿胪寺卿，教学者"存天理，去人欲"。

正德十一年（1516年），45岁，升任都察院左佥都御史，平定南赣、汀、漳等地暴动。

正德十二年（1517年），46岁，二月平漳南象湖山，十月平南赣衡水、桶冈。

正德十三年（1518年），47岁，春，征三浰；六月，升任都察院右副都御史；七月，刻古本《大学》《朱子晚年定论》；八月，门人薛侃刻《传习录》，门人徐爱病卒。

正德十四年（1519年），48岁，六月，平定宁王朱宸濠叛乱，巡抚江西。

正德十五年（1520年），49岁，王艮投其门下。

正德十六年（1521年），50岁，始揭"致良知"之教；六月升任南京兵部尚书，十月封新建伯。

世宗嘉靖元年（1522年），51岁，父王华卒，丁忧。

嘉靖二年（1523年），52岁，居越城，天下"谤议日炽"，自言"只依良知行"，宁为狂者，不为乡愿。

嘉靖三年（1524年），53岁，居越城，门人南大吉续刻《传习录》。

嘉靖四年（1525年），54岁，夫人诸氏卒；十月，立阳明书院于越城。

嘉靖六年（1527年），56岁，兼任都察院左都御史，征广西思恩、田州；行前，与门人钱德洪、王畿论学，提出"良知四句教"，史称"天泉论道"。

嘉靖七年（1528年），57岁，二月平思、田之乱；七月平八寨、断藤峡；十月疾病加剧，上疏请求致仕；十一月二十九（1529年1月9日）辰时，病逝于江西南安府大庾县（今江西省大余县）青龙埔码头的客舟中，临终留下一语："此心光明，亦复何言！"

附录二
阳明心学简明纲要

阳明心学是一种哲学。

哲学与其他学问最显著的区别是：一般学问研究的大多是局部的、个别的事物，而哲学则是研究整体的、根本的事物。那么，什么事物才是整体的和根本的呢？答案就是：宇宙和人生。所以，哲学最主要的任务不外乎两个：一是认识宇宙；二是安顿人生。思考并研究宇宙和生命的来源，就构成了哲学的本体论（或称宇宙论）；反思人的认识能力，研究我们对世界的认识，就构成了认识论（或称知识论）；在此基础上，确立人生的意义，知道如何做人、如何处世，从而安排人生、安顿心灵，就构成了哲学中的人生论。在儒学（阳明心学）的语境中，人生论其实就是做人之道，也就是完善人格、成圣成贤的学问。这种学问通常包含两个方面：功夫和境界。所以，当我们把一般哲学中的人生论放在阳明心学的特定语境中讨论时，不妨称其为功夫论和境界论。

综上所述，阳明心学大致包含了本体论、认识论、功夫论、境界论四个方面。本文将以此为框架，对阳明心学的思想体系进行一个扼要的梳理，以明其学问的脉络及先后次第，并对其主要概念及其相互关系做出分析，旨在让读者对阳明心学有一个系统和纲要性的认识，为进一步研究打下基础。

一　本体论

宋明理学是儒学应对佛、道挑战的产物，由北宋大儒周敦颐、张载、邵雍等人发端，经程颢、程颐兄弟发展创立，至南宋朱熹集其大成。理学援佛、道思想入儒，打破了汉唐经学专务章句训诂的学风，重在阐发儒家经典的义理，并以"理"为宇宙的本体、本原，故而称为"理学"。差不多与朱熹同一时代的陆九渊，则以"心"为宇宙本原，创立"心学"；至明代，王阳明集心学之大成，继承了陆九渊的思想并将其发扬光大，使阳明心学大行于世，终成一代显学。

从狭义上讲，"陆王心学"与"程朱理学"是两个不同的学派，二者并立，分庭抗礼；但是从广义上讲，二者又同属宋明理学。因为无论是程朱还是陆王，其学问宗旨都在于人格完善，并且都把"存天理，去人欲"视为完善人格的必由之路、成圣成贤的不二法门。所以，对所有宋明理学家，包括王阳明而言，"理"（天理）始终是圣贤学问的终极旨归。在这一基本点上，陆王心学与程朱理学显然是统一的。

理

在宋明理学的语境中，"理"是最高的哲学范畴，具有两层含义：

首先，理是派生天地万物的宇宙本体，也是所有生命的本原。朱熹说："理也者，形而上之道也，生物之本也。"所谓"形而上"，就是形体未生之前，也就是天地万物和所有生命都还没形成的时候。朱熹说"理"是万有形成之前的"道"，也就等于说"理"是永恒的、超验的、抽象的。他曾经用这样的语言描述"理"：它"只是个净洁空阔的世界，无形迹"，"无情意，无计度，无造作"。而作为心学鼻祖的陆九渊，虽然以"心"立说，但同样承认"理"的本体意义。他说："塞宇宙一理耳。""万物森然于方寸之间，满心而发，充塞宇宙，无非此理。"

其次，"理"也是指事物的条理、规律和准则，寓于具体的万事万物之中。

如程颐就认为,"凡一物上有一理",甚至"一草一木皆有理"。

由于"理"除了本体上的抽象意义外,又作为规律性的知识寓于具体的事物中,所以它就是可以认知并践履的。而当"理"落实到道德实践层面时,它就表现为社会的伦理原则和道德规范,所以又称为"天理",与"人欲"成了一对并立的概念。所谓人欲,不是指人的正常、基本欲望,而是指那些违背道德的不合理、不正当的欲望。宋明理学的全部内容,包括阳明心学在内,就是要在日用伦常的道德实践中,彻底去除人欲,让天理全体呈现,从而获得人格完善,达到圣贤境界。如朱熹说:"尽夫天理之极,而无一毫人欲之私。"王阳明说:"须是平日好色、好利、好名等项一应私心扫除荡涤,无复纤毫留滞,而此心全体廓然,纯是天理……"(《传习录》卷上)

由此可见,无论是二程、朱熹还是陆九渊、王阳明,在"存天理,去人欲"这一理学的根本宗旨上是毫无二致的。程朱与陆王最重要的不同点,在于如何认识"理",也就是要通过什么样的修行功夫,才能让此心"纯是天理"。

程朱的修行方法,是格物致知、即物穷理。由于程朱认为,理在万事万物中,所以,必须把万事万物中的理一一研究透彻,功夫方能得力。如平时读书治学、待人接物等,都是修行功夫,"凡一物上有一理,须是穷致其理","须是今日格一件,明日又格一件,积习既多,然后脱然自有贯通处"(《近思录》卷三)。

然而,在陆王看来,程朱的方法未免过于支离琐碎,会导致学人漫无所归,所以才提出了"心即理"的命题。心学与理学最根本的分歧就在这里。甚至可以说,两个学术系统的所有差异,都是从这个命题发端的。

不过,在了解"心即理"这个命题之前,我们有必要先弄清"心"这个概念。

心

在朱熹看来,心具有能知能觉的功能,是身体的主宰,"心者,人之知觉,主于身而应于事者也"。就是说,人以此知觉功能便能与外在的所有事物打交道。但是除此之外,朱熹又认为心具有二重性:"指其生于形气之私者而言,则谓之人心;指其发于义理之公者而言,则谓之道心。"也就是说,当心表现为个体之私时，便是人心；当它合乎天理时，便是道心。所以在朱熹那里，人格完善的过程就是以天理主宰人心、转人心为道心的过程。

而在王阳明这里，心首先当然也是指知觉功能："心不是一块血肉，凡知觉处便是心，如耳目之知视听，手足之知痛痒，此知觉便是心也。"（《传习录》卷下）但是，王阳明与朱熹的根本不同之处，就在于他没有把心打成两截，分什么人心和道心，而是认为此心即是天理。在王阳明看来，就是你当下能够直接体验的这个心，这个"能视听言动"的心，便是天地万物的本体，便是超越时空的宇宙本原。他说："心也者，吾所得于天之理也，无间于天人，无分于古今。"（《王阳明全集》卷二十一）关于心与宇宙的关系，陆九渊说得更直接："宇宙内事，乃己分内事；己分内事，乃宇宙内事。""宇宙便是吾心，吾心即是宇宙。"

由此可见，在陆王心学的思想体系中，"心"可以说是最高的哲学范畴。那么，心学与理学在本体论上的这一根本分歧，又会给学人的修行实践带来怎样的差异呢？

在修行和为学的方向上，程朱理学强调格物致知、即物穷理，就是强调学习知识的重要性，认为人的道德境界会随着知识的增长而逐步提升，所以朱熹说："格物穷理，乃吾人入圣之阶梯。"他认为，如果学人不脚踏实地走这条路，而是沉溺于玄思冥想，那就是"师心自用"，会导致空疏自大的毛病。

陆九渊则与朱熹针锋相对。他引用孟子的话说，为学最重要的就是"先立乎其大者"，也就是必须先肯定人的本心就是宇宙万物的本体，同时也是一切道德伦理的根源。如此，才能"不为小者所夺"，即不被万事万物所迷惑。倘若"本体不明，而徒致功于外索"，在不悟本体、不明本心的情况下徒然花费功夫向外求索，就会令修行和为学成为"无源之水"。

显然，在陆王看来，知识的增长并不能直接促成人格的完善，如果按照程朱的那条路去走，只能陷入"务外遗内、博而寡要、支离决裂"的困境。换言之，无论是学习和研究儒家经典，还是认知并把握外界事物，都不是提升道德境界的最有效手段。相反，倘若学人能够认知宇宙人生的本体不离自己的本心，那么一切圣贤学问自然就会了然于心。所以，陆九渊才会喊出那句振聋发聩的口号："学苟知本，六经皆我注脚。"

正是在这个意义上，陆九渊提出了"心即理"的命题，从而创立了与程朱理学分庭抗礼的心学。

心即理

众所周知，王阳明早年是朱子理学的忠实信徒，不仅笃信格物穷理之说，而且身体力行，但是徒然耗费多年的精力和光阴，始终一无所获，最后差点儿退失了学为圣贤的道心。究其原因，按照王阳明后来的反思，就在于朱熹的格物致知说会导致"物理吾心终若判而为二"的结果。换言之，就是心与理割裂为二、知与行断成两截。

最后，经过多年的反复摸索和苦心实践，王阳明终于在龙场驿那个"居夷处困"的绝境中，大悟陆九渊的"心即理"之旨，即"始知圣人之道，吾性自足，向之求理于事物者误也"。

阳明心学由此诞生。不可否认，王阳明之所以能够在龙场悟道并在后来创立自己的心学思想，其学术渊源肯定来自陆九渊。但是，倘若没有此前数十年的身心践履，没有颠沛流离、百死千难的生活经历，没有浴火重生、凤凰涅槃似的生命体验，就绝没有后来的王阳明，也不会有风靡天下、传诸后世的阳明心学。由此可知，阳明心学的根本特色，不在于其思想资源所自何来，而在于其独特的人生体验与强大的实践品格。

正是基于这种纯乎内心的特定体验，王阳明才会在"心即理"的基础上，陆续提出"知行合一""致良知"等重大命题。而在阳明心学的语境中，所有这些命题都具有一个共同的特征，就是一切修行手段和为学方法，无论如何变换花样，都是从同一个原点出发，最终又指向同一个归宿——心。王阳明说："……为学虽极解得明晓，亦终身无得。须于心体上用功，凡明不得，行不去，须反在自心上体当，即可通。盖四书五经，不过说这心体……心体明即是道明，更无二。此是为学头脑处。"（《传习录》卷上）

那么，王阳明以"心"为宇宙和生命的本体，又以"心"为一切修行的起点和归宿，对于今天的我们又有怎样的现实意义呢？

我认为，王阳明对"心"的体认，足以确立人的主体性，高扬人的主体意识。

何谓主体性和主体意识？

根据程朱的思想，理是永恒的、客观的，无论有没有人类存在，有没有人去认识，理始终在那里。如此一来，天理便只是外在于我的道德规范，人格完善与自我实现的基础便不是根植于我的内心了。所以，即便我被教导要成圣成贤，也只是被动服从于一套既定的社会价值观而已。在此，人的主体性和主体意识无疑遭到了严重的弱化。而在王阳明看来，理是自心本具、不假外求的，只要一念反观，当下体认这个心，便会发现，成圣成贤的潜能和动能一直都内在于我的生命之中。因此，人格完善与自我实现便是我与生俱来的责任（因为你是金矿，所以必须成为金子），同时又是我的天赋权利（任何外在遭遇都无法剥夺你的金子本色）。而人的主动性、自信心和创造力，也就在这里显露无遗并强势生发了。

这，就是阳明心学最核心的精神价值，也是王阳明留给我们的最重要的精神遗产。

良知

既然王阳明已经把"心"确立为宇宙本体和生命本原，那么，他为什么又要特别提出"良知"这个概念呢？在阳明心学后来的弘传中，王阳明为什么很少再讲到"心即理"，而几乎都在讲"致良知"呢？

原因其实很简单。就像王阳明自己是从程朱理学的阴影中走出来的一样，当时跟随王阳明的大部分学生，基本上也都还在二程和朱熹所划定的思想樊篱中苦苦挣扎，所以每当有人问学时，王阳明就经常要把"心即理"的道理反复宣讲。比如，心只有一个，不必强分人心和道心；格物致知不是到事事物物上去格，而是在自己心上做功夫；知和行本是一体，不可分成两件去做；心与理是一不是二，天下没有心外之事、心外之理；等等。

这样的现实，迫使王阳明必须提出自己的哲学概念，而且这个概念还必须言简意赅、提纲挈领。只有这样，才能一劳永逸地把上述义理总括在一个哲学范畴之下，从而形成自己的价值理念和学术特色，让心学思想更好地发展和传播。

于是，王阳明从孟子那里，找到了"良知"这个概念。

在孟子的语境中，"良知"指的是一种"不虑而知"的天赋道德观念，或者说是与生俱来的道德意识和道德情感。王阳明将"良知"引入自己的思想体系，首先保留了孟子的原意，继而又赋予了"良知"本体论的意义：

"良知是造化的精灵。这些精灵，生天生地，成鬼成帝，皆从此出，真是与物无对。"（《传习录》卷下）良知就是创造宇宙和生命的精神本原，这个精神本原，可生成天地，可化育鬼神，万物皆从其出，其又超越万物。

"此良知之妙用，所以无方体，无穷尽，语大天下莫能载，语小天下莫能破者也。"（《传习录》卷中）这就是良知的妙用，空间上无形体，时间上无穷尽：说它大，它可以无穷大，连宇宙都不能承载；说它小，它可以无穷小，没有任何力量可以打破。

由此可知，在阳明心学的语境中，良知就具有了两层含义：一是与生俱来、人皆有之的道德意识；二是内在于人又超越万物的宇宙本原。

当此二义同时具备，在阳明心学的思想体系中，"良知"就成了最高的哲学范畴。事实上，王阳明后来的言说，都是围绕这个范畴展开的。

那么，王阳明为何要建构这样一个范畴呢？

其因有二：首先，如上文所述，王阳明初期讲学，受到程朱理学既定思想框架很大的干扰，所以指点学人时，不免要多费许多口舌，而学人往往还掌握不住要领，不得其门而入。而"良知"这个概念的提出，就可以在很大程度上打破这个困局。由于良知既是宇宙本体，又是内在于人的道德意识，所以当王阳明讲学时，只要一提良知，就自然含摄了"心、理、天理、道、明德、至善"等儒家学人最常讨论的重大概念，而且可以把"心与理""知与行"等两两对立的范畴打成一片，从而使学人得以直接契入阳明心学的核心，把握其思想的特色与精髓，而不必再受程朱理学格物穷理之说的缠缚和干扰，同时也让王阳明省却了许多言说的麻烦。用王阳明的话说，这就叫"一语之下，洞见全体""令学者言下有悟"（《王阳明全集》卷四十一）。

其次，由于"良知"兼具本体论意义和道德实践的功夫论意义，所以既能让学人确立为学的大根大本，正所谓"本立而道生"，又能让学人的修行有一个切近而简明的下手处。尤其是当王阳明在"良知"之前再加上一个"致"字，就使得阳明心学更加具有"简易直截、当下即是"的特色，从而极大地便利了世人的修学。

二 认识论

认识论是哲学的重要组成部分。它研究的范围非常广泛，包括人类认识的对象和来源、认识的本质、认识的能力、认识的结构、认识的过程和规律等，总之，就是对人类知识本质及其确实程度的研究。其中最重要的，也是跟我们每个人息息相关的，就是对世界的认识。因为只有认识世界、理解世界，人才能在世界上明智地进行一切活动。但是，不同的认识会产生不同的世界观。哲学上一般把世界观分为两种：唯物和唯心。

阳明心学的世界观，通常被归入唯心主义。理由是王阳明不止一次说过，天下"无心外之理"，甚至说天下"无心外之物"（《传习录》卷上）。那么，王阳明的世界观究竟是不是某些书所批判的"主观唯心主义"呢？时至今日，我们到底该如何看待王阳明所说的"心外无物"？或者我们也可以问，难道世界观除了唯物和唯心两种，就没有别的了吗？

心外无物

要考察王阳明关于"心""物"关系的理论，首先必须从他当时言说的语境入手。我们知道，王阳明之所以提出"心外无理、心外无事、心外无物"的命题，其目的是想消除程朱理学即物穷理之说的弊端，而不是否定外在事物。也就是说，在王阳明看来，理是人心本具的，有是心方有是理，无是心必无是理："故有孝亲之心，即有孝之理，无孝亲之心，即无孝之理矣"（《传习录》卷中）。如果没有人的道德意识，外在伦理就不能成立了。换言之，道德意识与外在伦理是不可分的，脱离了心去谈理，或者脱离了理去论心，都将是毫无意义的。同样，脱离了人的知觉和意识去谈论外在事物，也没有意义。所以王阳明才说："夫物理不外于吾心，外吾心而求物理，无物理矣；遗物理而求吾心，吾心又何物邪？"（《传习录》卷中）

由此可见，在王阳明这里，主体与客体，内心与外物，本来就是不可分割的整体。换言之，王阳明说"无心外之理，无心外之物"，并不是想否定规律、法则和万事万物的存在，而只是想表明，任何规律、法则和事物，都不可能脱离人的认知能力而存在；同样，人的意识也不能脱离这些东西而单独存在，"意未有悬空的，必着事物"（《传习录》卷下）。在此意义上，我们完全有理由说，王阳明的世界观，其实既非唯心论，也非唯物论，而是一种即心即物、心物不二的整体论。

阳明心学的这种认识论，以及由这种认识论所产生的世界观，显然与我们今天的某些认知不符。不过，这并不等于王阳明就是错的。

根据唯物论和常识的世界观，世界的本质是物质，意识只是物质高度发展的产物，所以物质具有客观实在性。也就是说，无论有没有意识存在，无论有没有人去认识和观察，物质始终是客观存在的。然而，自从20世纪初量子力学在西方诞生以来，已经有许许多多物理学家通过各种实验和理论推导，向我们揭示了一个不同于唯物论的全新的世界观。如当代著名物理学家保罗·戴维斯说："人们对世界的常识性看法，即把客体看作是与我们的观察无关的'在那里'确实存在的东西，这种看法在量子论面前完全站不住脚了。""量子论已促使很多物理学家宣称，世上根本不存在'客观的'实在。那唯一的实在便是通过我们的观察而揭示出来的实在。"另一位物理学家约翰·惠勒（"黑洞"术语的发明者）也说过："实在的确切性质，要等到一个有意识的观察者参与之后才能确定。"（保罗·戴维斯《上帝与新物理学》）

事实上，当代的前沿科学也一直在努力建构一种"整体论"的世界观。诚如当代量子理论物理学家大卫·玻姆所言："现在最受强调的是不可分的整体性，在整体的世界中，观察工具与被观察的东西不是分开的。"玻姆以此来回应沃纳·海森堡所说："习惯上把世界分成主体与客体，内心世界与外部世界，肉体与灵魂，这种分法已不恰当了。"（保罗·戴维斯《上帝与新物理学》）

显而易见，阳明心学整体论的世界观，与当今前沿科学的世界观可以说是异曲同工、不谋而合的。倘若时至今日，我们依旧把阳明心学视为主观唯心主义，那对王阳明肯定是不公平的，同时也会让我们在认识传统文化时带上先入为主的成见。当然，错解古人的思想，对古人并不会有任何影响，只会给我们自己造成损失。如上文所述，要在这个世界上明智地生活，其先决条件就是正确地认识世界、理解世界。因此，如果我们能够摒弃成见，理性认识阳明心学所蕴含的哲学智慧，必定有助于我们更好地理解这个世界，同时也有助于我们建构一种更有意义的生活。

三　功夫论

以儒学为主体的中国哲学，相比于西方哲学，从根源上就存在显著的不同：古希腊哲人往往把世界看成研究的对象，所以他们从事哲学活动，重在抽象的理论思辨，目的是满足好奇心和求知欲；而对儒家哲人来说，世界则是一个生活的场所，所以古人所思所想，皆不离具体的日用伦常和道德实践，目的是更好地做人和处世。

如果说，西方哲学的本意是"爱好智慧"，其价值取向是"求真"，那么中国哲学的本质就是"践行道德"，其价值取向是"求善"；如果说西方哲学起源于"惊奇"，那么中国哲学就是起源于"忧患"。西方人所惊奇者何？惊奇于这个世界竟然是这个样子而不是别的样子；中国人所忧患者何？忧道之不行，患德之不立。

"自天子以至于庶人，壹是皆以修身为本。"《大学》里的这句话，很好地概括了中国哲学的本质特征。所谓修身，就是道德实践，用今天的话说就是修行，而修行自然不能不讨论功夫和境界。所以，功夫论与境界论，就是西方哲学所无，而为中国哲学所独具的。

立志

立志是儒家为学修身的起点，上自先秦孔孟，下至宋明的程朱陆王，教人修学莫不由此入手。孔子就说过"吾十有五而志于学"；孟子也说过，为学要"先立乎其大者"；王阳明也说"大抵吾人为学紧要大头脑，只是立志"（《传习录》卷中）。

世人所说立志，通常是指对未来的某种期望、某种愿景。比如，从事什么职业，拥有什么地位和身份，得到什么成就和名望，过一种什么样的生活，等等。但是这些，都不是儒学和阳明心学所说的立志。

"志"这个字，上面一个士，下面一颗心，其意就是一个人所拥有的"心"。这个心当然不是指心脏，而是指人的心灵、品格以及整体的精神世界。它包含人的世界观、人生观、价值观等重大观念，也包含思维方式、行为方式、处世态度，还包含人的性格、情感、气质、能力、习惯等等。一言以蔽之，"心"指的就是一个人整体的精神面貌，即具有一定倾向性和相对稳定性的心理特征的总和。如果用一个词来概括，那就是：人格。因此，真正的立志，不是说你希望拥有什么样的职业、身份、地位等，而是说你决定让自己具有一个什么样的人格。

儒家用以指称人格的概念，主要是圣人、贤人、君子、小人；还有些次一级的概念，如狂、狷、中行、乡愿等，一般也被用来指称人格方面的某种品质或特质。

所谓圣人，就是人格臻于至善，道德与智慧都达到最高境界的人；所谓贤人，就是拥有较好的道德品质，具备一定知识和才干的人；所谓君子，就是道德高尚，精神境界不同于流俗的人；所谓小人，就是虚伪自私、追名逐利、寡廉鲜耻、不仁不义之人；狂，指的是昂扬激进；狷，指的是拘谨保守；中行，就是不流于狂也不流于狷，中道而行；乡愿，就是圆滑世故、八面玲珑，表面上诚信忠厚，谁都说他好，实际上内心却没有是非、丧失原则。

显而易见，儒家（阳明心学）要成就的理想人格，就是贤人和君子，而其为学和修行的终极目标，就是圣人。所以王阳明教人立志，就是立个"必为圣人之志"。而立志之后，就要在日常的修学实践中念念"去人欲"，即去除那些有可能让人变成"小人"和"乡愿"的人格倾向，如虚伪、自私、好色、贪求名利、不知仁义等，同时还要坚持独立思考，不盲从，不随俗，不轻易认同社会流行的价值观，始终恪守良知赋予自己的是非准则。

当然，在学为圣贤的道路上，无论是圣人境界还是中道境界，都是一种终极理想，不可能一蹴而就，甚至终其一生也不一定能实现。所以，对于儒家学人而言，如果成不了圣人，那至少要立志当个贤人或君子；如果不能"中道而行"，那就宁可狂狷，也绝不当小人和乡愿。诚如孔子所言："不得中行而与之，必也狂狷乎？"也像王阳明所说："我今才做得个狂者的胸次，使天下之人都说我行不掩言也罢。"（《传习录》卷下）

诚意

儒家经典《大学》中，给后世学人指出了一个为学修行的次第，即通常所称的"八条目"：格物、致知、诚意、正心、修身、齐家、治国、平天下。其中，"格物、致知、诚意、正心"是修身的内容，"齐家、治国、平天下"则是修身的目的。所以，为学的功夫主要就在于前四条，即格物、致知、诚意、正心。

在程朱理学的语境中，格物就是研究事物的理则，致知就是获得相应的知识，做完这些功夫，才谈得上自诚其意，自正其心。然而，由于王阳明认为理在心而不在物，所以在他看来，功夫这么做是有问题的："先儒解格物为格天下之物，天下之物如何格得？且谓一草一木亦皆有理，今如何去格？纵格得草木来，如何反来诚得自家意？"（《传习录》卷下）也就是说，如果像程朱那样把"格物"训为"格天下之物"，就会把求知与修行打成两截，充其量只能增长学问，而与"诚意正心"的精神转化无关。

因此，王阳明重新解释了"格物"："格者，正也，正其不正以归于正之谓也。""物者，事也，凡意之所发必有其事，意所在之事谓之物。"（《〈大学〉问》）简单来说，王阳明的格物，其实就是"格心中之物"，也就是把我们心中种种错误的及不良的欲望、情绪、观念、意识、思想、心态等全都改正过来，亦即在心中做为善去恶的功夫。如此一来，在王阳明这里，格物、致知、诚意、正心就不是四段功夫，而是可以打成一片一起做的，说白了其实就只是一种功夫：诚意。如王阳明所说："为善去恶无非是诚意的事。"

（《传习录》卷上）

为何所有修身功夫都可以归结到"诚意"上呢？

按照王阳明的解释，"格物致知"就是要在心上做为善去恶的功夫，而一般人往往意不诚，所以明明知道是善的东西，却出于利害关系而不敢坚持；明明知道是恶的东西，也由于习性使然而偏偏去做。这就是自欺，就是没有诚意的功夫。因此，要想格物致知的功夫得力，就必须把诚意的功夫、不自欺的功夫贯穿到整个格物致知的过程中，亦即时时反观自己在每一件事上的意念，如果意念是善的，就坚持；意念是恶的，就去除。这样，做格物致知的功夫，其实也就是在做诚意的功夫。所以王阳明说："诚意的工夫只是格物致知。若以诚意为主，去用格物致知的工夫，即工夫始有下落。"倘若没有把握"诚意"的要领，而向外"去穷格事物之理"，便会"茫茫荡荡，都无着落处"（《传习录》卷上）。

综上所述，在王阳明这里，诚意绝不仅仅是修身中的一段功夫，而是整个修行过程的总枢纽，"工夫难处，全在格物致知上。此即诚意之事。意既诚，大段心亦自正，身亦自修"，"所以提出个诚意来说，正是学问的大头脑处"。诚意甚至可以贯穿儒家学人的整个修行生涯，"《大学》工夫即是明明德，明明德只是个诚意"（《传习录》卷上）。

知行合一

知行问题是中国哲学中一个十分古老的命题。由于中国哲学天生具有实践品格，所以求知问学与道德践履，就成了一对既相辅相成又彼此冲突的概念。用《中庸》里的语言表述，知又称为"道问学"，行又称为"尊德性"。理想的状态当然是二者不可偏废，但在具体的修学实践中，学人经常会顾此失彼或者是此非彼。朱熹和陆九渊就曾在这个命题上分歧巨大、争执不下：朱熹强调"道问学"，即以求知问学作为人格完善的前提；陆九渊强调"尊德性"，即以体认本心作为圣贤之学的关键。到了王阳明的时代，历史无疑赋予了他整合二者并且超越二者的使命。正是在这个意义上，王阳明提出了"知行合一"的命题："……圣学只一个功夫，知行不可分作两事。"（《传

习录》卷上）

那么，王阳明又是如何论证知行"只一个功夫"的呢？

王阳明认为，这道理就像《大学》里所说的"如好好色，如恶恶臭"。他说，"见好色属知，好好色属行。""闻恶臭属知，恶恶臭属行。"你看见一个美女，觉得她美，这就是知；随即动了一念喜欢之心，这就是行。你闻到一股臭味，觉得它臭，这就是知；随即动了一念厌恶之心，这就是行。也就是说，人的一切起心动念都是知，也都是行。换言之，知和行其实同为一个心体的两面，"知行本体原是如此"。

既然知行都不离本心，那么对于王阳明来说，"知"就不仅是程朱理学求知问学之知了，而更是对本心的体认；"行"当然也就不仅是外在的道德践履，而更是在心上做为善去恶的功夫。进而言之，学人一旦体认了本心，自然懂得在心上做为善去恶的功夫，所以王阳明说"知之真切笃实处，即是行"。回过头来，一个人会在心上做为善去恶的功夫，自然可以处处体认本心，所以王阳明说"行之明觉精察处，即是知"。

正是在这样的意义上，王阳明得出结论："……知行工夫本不可离。只为后世学者分作两截用功。"（《传习录》卷中）

在王阳明讲学的中后期，之所以提出"良知"概念，就是为了让学人不再走"务外遗内、博而寡要"的歧路，而是直接体认自己的本心。同时，为了把上述"知行工夫本不可离"更直截了当地说清楚，以避免朱子旧说的纠缠和一再讲解的麻烦，王阳明到了晚年，干脆撇开"知行合一"的话头，提出了心学思想最为核心，也最为言简意赅的命题：致良知。

致良知

致良知，是阳明心学的无上心印，也是他一生修学与智慧的结晶。王阳明曾不止一次强调过这个命题的重要性："故'致良知'是学问大头脑，是圣人教人第一义。"（《传习录》卷中）而且致良知还是"吾圣门正法眼藏"（《王阳明全集》卷五），更是"千古圣贤相传一点骨血也"（《王阳明全集》卷三十二）。

王阳明如此重视"致良知",原因有二:

首先,这个命题可以把阳明心学早先的两个重要命题"心即理"和"知行合一"全部囊括在内,使学人更容易领会和掌握阳明心学的根本精神,令其"一语之下便了然矣"。其次,这个命题兼具本体论和功夫论的意义,足以含摄阳明心学乃至圣贤学问的主要内容,可让学人窥一斑而知全豹,"当下便有实地步可用工"(《传习录》卷中)。

"良知"之义,前文已述,此处不赘。"致"则有体认、扩充、践行三义。由"致良知"一语,我们便不难发现阳明心学的根本精神:一切圣贤学问,归根结底,都在于体认内心本具的良知;一切道德践履,也无非是在心上做为善去恶的功夫,并把这种功夫扩充到生活中的方方面面,进而推至万事万物。

之所以说"致良知"能够含摄圣贤学问的主要内容,是因为《大学》里所揭示的"三纲领"和"八条目",其实都可以用"致良知"一语道尽。"八条目"前文已述,"格物、致知、诚意、正心"都可以归结为"诚意",而王阳明说过,"着实去致良知,便是诚意"(《传习录》卷中)。后四个步骤"修身、齐家、治国、平天下",按照王阳明的说法,也无非都是致良知的功夫,由一己之身向外推展扩充,以至于天地万物,因而无不是道德践履,也无不是致良知。

所谓"三纲领",是《大学》开宗明义的第一句话:"大学之道,在明明德,在亲民,在止于至善。"这是历代儒家学人千古向往的终极目标和最高的人格境界。而在王阳明看来,无论是"明明德""亲民",还是"止于至善",其实都不出"致良知"这三个字。正如他在《〈大学〉问》中所说:"明明德者,立其天地万物一体之体也。亲民者,达其天地万物一体之用也。……至善者,明德、亲民之极则也。……其灵昭不昧者,此其至善之发见,是乃明德之本体,而即所谓良知也。"

由此可见,在阳明心学的语境中,《大学》的全部内容都可以归结为一句话:致良知。

四　境界论

中国哲学历来重视境界。《大学》里所倡言的"三纲领""八条目"，最终都是指向一种至善圆满的人格境界。那么，儒家学人所向往的境界，与普通人的境界，到底有何差异呢？一切圣贤学问最终想要成就的境界，又具有怎样的格局和气象呢？

现代新儒家冯友兰先生，曾经提出过著名的"境界说"。在他看来，活在这个世界上的人，都因其对宇宙人生所具有的"觉解"程度的差异，而分出不同的境界。冯友兰将其归结为四种：自然境界、功利境界、道德境界、天地境界。按照冯友兰的这个说法，阳明心学显然正是要我们通过致良知的修行，超越一般人的自然境界与功利境界，进入贤人、君子的道德境界，最终抵达圣人的天地境界。而王阳明向我们指呈的心学的最高境界，至少具备了常人所无的两种精神特征：一是万物一体；二是圣贤之乐。

万物一体

王阳明"万物一体"的思想，最集中地体现在他所著的《〈大学〉问》中。"大学"的意思就是大人之学，这里的"大人"其实与圣人同义。王阳明说："大人者，以天地万物为一体者也，其视天下犹一家，中国犹一人焉。若夫间形骸而分尔我者，小人矣。大人之能以天地万物为一体也，非意之也，其心之仁本若是，其与天地万物而为一也。岂惟大人，虽小人之心亦莫不然，彼顾自小之耳。"

这段话的大意是：所谓圣人，就是要达到"以天地万物为一体"的境界。在这样的境界中，圣人视天下如同一家，视中国如同一人。倘若因形体有别而区分你我，那就是普通人了。圣人之所以能进入天地万物为一体的境界，并非意识构想出来的，而是因为人心所具的仁德，本来就是与天地万物为一体的。岂止是圣人，就算是普通人，也是同样的，他只是自己把境界缩小了而已。

上述思想中，有一点最值得我们注意："以天地万物为一体"的境界，并不是我们自己臆想出来的,也不是向外追求而得的,而是所有人本自具足的,不光是圣人,就连我们普通人也一样具足。而我们之所以体验不到这种境界,只是因为我们被自己的人欲遮蔽了。"一有私欲之蔽,则虽大人之心,而其分隔隘陋犹小人矣。"(《〈大学〉问》)这里的"私欲",既包括食、色等动物性的自然欲望,也包括名、利等各种功利欲望。整个宋明理学,包括阳明心学,之所以全都教我们"存天理,去人欲",教我们念念致良知,就是要让我们超越动物欲望和功利欲望,恢复内心本具之仁。儒家所说的仁,指的是我们与他人、万物之间本来具有的一种痛痒相关的情感。这种情感在理学就叫天理,在王阳明这里就叫良知,意思都一样,只是名称不同。所以,只要我们恢复了本心之仁,也就是存了天理,也就是致了良知,从而就能超越自然境界和功利境界,乃至超越善恶对立的道德境界,进入"万物一体"的天地境界。

那么,达到天地境界的人,会有怎样的外在表现呢?

在儒家看来,这样的人,自然会生发出一种博大的人文关怀与社会关怀,如王阳明所说:"……见善不啻若己出,见恶不啻若己入,视民之饥溺犹己之饥溺,而一夫不获,若己推而纳诸沟中者,非故为是而以蕲天下之信己也,务致其良知,求自慊而已矣。"(《传习录》卷中)

这段话的大意是:看见别人做好事,就像自己做了好事;看见别人做坏事,就像自己做了坏事;看到百姓饥饿痛苦,就像自己饥饿痛苦;有一个人生活没有着落,就像是自己把他推入了困境之中。之所以能如此,并非要故意这样做以取信于天下,而是一心致其良知以求得自足而已。

什么叫自足?自足是儒家最为看重的人格特质之一,其含义是:本自具足,不假于外,无所求,非功利。

王阳明的意思就是:一个人出于自然而然的人文关怀和社会关怀去做事情,并不是为了追求外在的鲜花和掌声,也不是为了炫耀自己道德高尚,而只是出于良知的召唤,出于一种与他人休戚相关、生死与共的情感,做其应该做的而已。

这就是自足,也是当一个人达到"万物一体"的境界时,必然会有的一种人格特质。而当一个人具有了这样的人格特质,他也必然能够获得一种由内心生发的、不依赖于外在条件的快乐。这种快乐就是历代大儒和王阳明常说的"自得之乐",又称为"圣贤之乐"。

圣贤之乐

儒家对于圣贤之乐的最早描述,见于《论语》中孔子对颜回的赞叹:"贤哉回也!一箪食,一瓢饮,在陋巷,人不堪其忧,回也不改其乐。"

我们常人所拥有的快乐,通常都要依赖于各种外在条件,尤其是物质条件。而颜回的快乐,却可以摆脱外在环境的制约,只需最低的物质条件就能拥有。这种快乐,就是历代儒家学人最为向往,也最为称道的"孔颜乐处"。儒家的圣贤之学,固然有其严肃的一面,但也有其自得其乐的一面。若只是一味地刻板拘谨,那肯定不是真正的圣贤之学。用王阳明的话说,就叫"常快活便是功夫"(《传习录》卷下)。不过,圣贤之学的"快活",与常人的快活,自不可同日而语。普通人的快活,大都建立在感官欲望的满足和外物的拥有之上,其方式往往是"做加法"。而儒家学人的快活,恰恰反其道而行之,必须是摆脱欲望的掌控,消除对外物的占有欲,其方式属于"做减法"。在儒学的语境中,做减法又叫"克己"。如王阳明所说:"克己须要扫除廓清,一毫不存方是。"(《传习录》卷上)

颜回之所以能在贫困的物质环境中"不改其乐",就是因为他做减法的功夫已经纯熟。当然,做减法并不意味着要让自己变得贫穷,更不是说人要贫穷才会快乐,而是说不管贫穷还是富贵,人都应该让自己脱离欲望的掌控,学会体验一种无条件的快乐。《中庸》里所说的"素富贵行乎富贵,素贫贱行乎贫贱",大抵也是这个意思。换言之,快乐实际上与外在环境无关,而是取决于"心境",也就是内在的人格品质。

这种人格品质不是别的,就是一种自足的境界。

普通人用做加法的方式追求快乐,是因为生命有一种匮乏感,所以必须用外物来填充;儒家学人用做减法的方式得到快乐,是因为体验到了内心的自足,所以无须依赖外在条件。要想获得这种自足的快乐,最简易直截的方法,无非还是王阳明一再强调的体认本心、致良知。因为本心和良知就是我们最大的宝藏,它什么都不欠缺,一旦体验到,自然其乐无穷。如孟子所说:"万物皆备于我矣。反身而诚，乐莫大焉。"王阳明也说："人若复得他（良知）完完全全，无少亏欠，自不觉手舞足蹈，不知天地间更有何乐可代。"（《传习录》卷下）

关于阳明心学与圣贤之乐的关系，王阳明的衣钵传人王艮所作的《乐学歌》，描述得最为淋漓尽致：

人心本自乐，自将私欲缚。
私欲一萌时，良知还自觉。
一觉便消除，人心依旧乐。
乐是乐此学，学是学此乐。
不乐不是学，不学不是乐。
乐便然后学，学便然后乐。
乐是学，学是乐。
於乎！天下之乐，何如此学！
天下之学，何如此乐！

再版后记

本书的第一版印行于 2013 年。自首版面世以来，我收到了不少读者的反馈，其中既有读者来信、微博留言，也有网上购书者的评论，他们都对本书表达了相当程度的肯定和鼓励，让我颇为感动。另外，我还接到了一些机关、企业、书院、民间团体等各方面的讲学邀请，他们也对王阳明心学及中国传统文化表现出了极大的热情和喜爱，令我深感欣慰。身为作者，能够得到这么多读者的共鸣，实在是一种莫大的幸福。

当然，本书能够引起一定反响，首先应该归功于大儒王阳明的人格魅力和心学本身的吸引力；其次要归功于出版界的有识之士对传统文化的重视和挖掘；最后，如果说我本人也在其中发挥了一点儿作用的话，那可能就是我对古人思想的解读方式比较契合当下，所以较易为今天的读者所接受吧。

面对阳明心学及儒释道等传统文化，我有一个态度是始终鲜明的，那就是：一定要在继承的基础上发展，在"返本"的基础上"开新"，也就是像冯友兰先生提出的那样，必须是有所发展、有所创新地"接着讲"，而不能是照本宣科、故步自封地"照着讲"。具体言之，就是无论古人的学问和智慧多么有价值，我们都不能原封不动地搬给今天的读者，而是必须从当下的立场出发，以今日国人的精神需求、价值关切和审美趣味为切入点，对传统文化进行创造性的诠释和解读，令古代思想重新焕发生机，从而解决我们今天所面临的诸多问题，拯救我们这个社会的道德与精神危机。唯其如此，传统文化的复兴才有现实意义，对于我们也才有真正的价值。如若不然，古人的智慧就只能深埋于故纸堆中，不管重新翻译、注释、出版多少，都与我们的心灵和生活了不相干。

正是在这个意义上，本书的写作就与一般解读传统文化的书籍有了很大不同。正如我在首版自序中提到的，在对阳明心学进行解析时，我引用了诸多貌似与心学无关的知识系统和价值理念，如佛教禅宗、西方哲学、心理学、量子力学等。我这么做，目的并不是炫耀我的博学，而是想给读者提供更多的参照系，开阔读者的阅读视野，通过古今中外不同智慧的比较和相互印证，让大家更深入地理解心学。

此外，我在书中很多地方采用了"对话体"的方式，也就是让王阳明和他的学生围绕许多问题展开对话。之所以这么做，一是让文风更为轻松，增加阅读快感；二是通过反复问答增强逻辑性，使得相关问题的思考更为严密、更为深入。有必要指出的是，这些对话的内容大部分不是王阳明说的，而是我在充分理解、吸收心学精神的基础上，结合其他知识（如佛教禅宗、西方哲学等），针对当下国人的许多现实问题所做的思考和讨论。我这么做，旨在解决当下的问题，而不仅是简单地对阳明心学进行翻译和注释。严格意义上讲，书中讨论的一些东西已经超出了阳明心学的范畴，而某些地方似乎也显得不太严肃（如偶尔让阳明"穿越"一下，讨论一些当下话题），但我的本意并不是想曲解古人或博读者眼球，而只是为了让古人的智慧与今天的问题直接碰撞，希望因此绽放的思想火花有助于读者解除一些现实困惑。

究竟而言，我写这本书，不仅是想替古人说一个明白（宋明理学和阳明心学遭遇的百年沉冤该得以昭雪了），更是想让今天的中国人在更多智慧的启迪下活得幸福。

如果读者想研究原汁原味的阳明心学，那我建议你直接去读王阳明的代表作《传习录》，甚至可以去研究《王阳明全集》。但是，如果你没有时间，也没有条件去做精深的研究，同时又希望用心学指导自己的生活，那么本书应该能够帮助你——它能让你用尽可能少的时间和精力，去领略一个大儒的强大内心和精神境界，去了解许许多多与阳明心学有着诸多相通之处的古今中外的生命智慧。

关于本书的写作，我希望做到的是通俗而不庸俗、浅显而不浅薄、深刻而不晦涩、兼收并蓄而不混乱芜杂。我不知道自己是否做到了，但至少我已经尽力。写这本书，我完成了一趟心灵之旅，大致重走了一遍从十几岁到现在二十多年间的心路历程。书中大多数的困惑、烦恼、纠结、追问，都是我自己曾经经历过的。现在，我真诚地写下了自己求索和找到的答案，期待着与你分享。

这一版，我应编辑之邀，撰写了一篇《阳明心学简明纲要》，以附录形式放在正文之后。该文的主旨，是对阳明心学的主要概念和思想体系进行纲要性的梳理，以期令读者对阳明心学有一个较为完整而清晰的认识，奠定进一步研究的基础。

借本书再版之际，我谨向首版的所有读者表示深深的感谢，因为你们的反馈给了我极大的动力，使我能够更自觉地为传统文化的弘扬竭尽绵薄之力；同时，我也要感谢本书的出版方及编辑，是你们的辛勤付出和精心制作，才使拙作能以更完善的面目问世，并且通过更多的渠道与更广大的读者见面。

2015 年 5 月于福建漳州

新版后记

时间似水，逝者如斯。一转眼，距本书首次出版，已经过去整整十年了。

十年间，本书出了三版，做了两次修订，这次是第四版，做了第三次修订。在我所有的作品中，本书应该是修订次数最多、幅度也最大的。就像前两次修订一样，本次修订，我对内容也做了不少增删和修改，目的是想让本书以更严谨、更完善的面目出现在当下读者面前。

佛陀说"诸行无常，诸法无我"，诚哉斯言。世界一直处在变化之中，而这十年来，各方面的变化尤其剧烈；我们自身也一直在变化，而作为一个信奉"终身成长"的人，我的变化或许要比别人更大一些。既然世界变了，人也在变，那么当我翻看这本成书于十年前的旧作时，自然会有诸多不满意的地方，也自然会发现一些不合时宜的东西。所以，一定程度的修改就显得很有必要了。当然，对于已过天命之年的我来说，不论有多少改变，根本的三观和主要思想是不会变的。要说变，也许就是经过这十年，我对阳明心学的体悟和践行又有了一些深化吧。

这样的深化多少体现在了本次修订中，但完全反映出来肯定是不可能的，只能留待下一本书。目前，我也已经有了第二本解读阳明心学的写作计划，相信不用太久就能与读者见面。

通常来讲，大部分作者对于自己的少作和旧作都会有一种复杂的情感：一方面，由于自身的成长和思想的不断成熟，会发现过去作品的问题和缺憾；另一方面，不论少作或旧作回头看是什么样的，它都是作者心血和智慧的结晶，也都是过去最真实的心路历程的反映，所以又显得弥足珍贵。

这种感觉，就像我们翻看自己过去的照片，不论当年的那个自己有多么青涩、不够完美，都是我们真实的生命过往，也都是一段不可替代的宝贵记忆。我们固然可以对稍许泛黄的照片进行一些技术处理，以便它能够保存得更为长久，但绝对没必要用今天这个似乎更成熟、更完美的自己，把过去那个我替换掉。

人如此，作品亦然。

让旧作基本保持其本来面目，是作者对自己的诚实，也是对读者的诚实。

更何况，不管一个作者在后来的岁月里还会写多少作品，其具有代表性的某些旧作，永远有着不可被取代的独特价值。这本《王阳明心学》之于我，似乎就有这样的意义。

据本书首版编辑给我的信息，自本书首版发行十年来，市场反应一直不错，不论是实体书还是电子书、有声书，销量都很可观，且保持稳定。这至少说明，本书在一定程度上经受住了市场和时间的考验，按编辑的说法，就是从畅销书变成了"常销书"。这同时也说明，今日国人在精神和心理层面上，仍然被诸多问题困扰，所以一直在寻求解决之道；换言之，他们的心灵，仍然需要像王阳明这种古代大儒的智慧的滋养。

这一点，不论是十年前、现在，还是未来可以预见的一段时期内，可能都不会改变。

而我，也愿意用这本《王阳明心学》及此后的新作，陪伴万千读者一路前行、终身成长。

2024 年 1 月于福建漳州